钱宇明 著

第二次世界大战与
英美海权转移进程研究

WUHAN UNIVERSITY PRESS
武汉大学出版社

图书在版编目(CIP)数据

第二次世界大战与英美海权转移进程研究/钱宇明著.—武汉：武汉大学出版社,2022.12(2023.11 重印)

ISBN 978-7-307-23376-8

Ⅰ.第…　Ⅱ.钱…　Ⅲ.①制海权—研究—英国　②制海权—研究—美国　Ⅳ.E815

中国版本图书馆 CIP 数据核字(2022)第 198436 号

责任编辑:蒋培卓　　　责任校对:鄢春梅　　　版式设计:韩闻锦

出版发行:**武汉大学出版社**　　(430072　武昌　珞珈山)

(电子邮箱:cbs22@whu.edu.cn　网址:www.wdp.com.cn)

印刷:武汉邮科印务有限公司

开本:720×1000　1/16　　印张:18　　字数:266 千字　　插页:2

版次:2022 年 12 月第 1 版　　2023 年 11 月第 2 次印刷

ISBN 978-7-307-23376-8　　　定价:75.00 元

序　言

　　海洋是生命的摇篮，是富饶的资源宝库，是气候的调节器，是人类活动的重要空间，是世界贸易货物运输的主要通道，是人类所赖以生存的生态系统的重要组成部分，也是国际政治、经济和军事斗争的大舞台。

　　在近代以来的世界历史上，凡是面向海洋发展的国家都获得了成功。自15、16世纪始，人类历史进入了大航海时代，海洋文明自此蓬勃兴起。到20世纪初，葡萄牙、西班牙、荷兰、英国、法国、美国、俄罗斯、德国、日本等国先后崛起为海洋强国。借助向海发展，这些国家不仅极大促进了本国的发展，还深刻地影响了人类海洋文明的走向以及世界历史的进程。近代以来的世界历史已经反复证明，世界强国的崛起大多是通过海洋发展起来的。向海而兴、背海而衰，已经成为一条亘古不变的铁律。国家的繁荣、民族的兴盛，也已经与海洋事业的发展密不可分。总之，面向海洋发展，是强国崛起的必由之路。

　　近代以来，人类在面向海洋发展的历史进程中充满了血腥的征服与战争。15、16世纪以后人类迎来了大航海时期，由于资本主义的兴起，西欧、北美利用海路大通最早走上海洋强国道路。所谓征服是指西方列强利用海洋向亚非拉弱小国家进行武力征服，将其变成任意宰割的殖民地予以统治与掠夺；所谓战争是指西方列强为争夺殖民地和海洋霸权而展开的海洋争霸战争，新兴的海洋霸主不断取代老牌的海洋霸主，使得海洋霸权不断更替演进。钱宇明博士所著《第二次世界大战与英美海权转移进程研究》一书，所选取的研究主题是20世纪上半叶至战后初期，世界海权从英国转移到美国的历史演进及其原因探讨。

　　关于英美海洋霸权的转移研究，近年来在西方学界颇受青睐的新兴大国兴衰理论，即英美海洋霸权转移模式的新理论，认为英国的国力衰落是直到20世纪40年代才出现的突发性快速衰退的结果，为此，英美海洋霸权转移的开始时间应当定位于20世纪40年代的“二战”中后期，而非更早的年代。《第二次世界大战与英美海权转移进程研究》一书，使用大量的原始政府档案、中英文专著与期刊论文，在对英美工业产能和海军力量等硬实力消长对海权转移的作用进行分析论述的同时，也着重对两国决策体系效率、军政系统能力、组织结构有效性等软实力的强弱变化进行了深入的剖析，观察其对英美海权博弈的影响，对西方学界新兴大国兴衰理论提出了不同的见解。该书指出，西方学界认为，直到第一次世界大战前后英国仍是世界海洋霸主，英美海洋霸权转移始于20世纪40年代，即“二战”时期英国出现的突发性快速衰落。该书认为，这种说法虽有一定的道理，即英国国力衰落固然可以被看作短期内出现的突发性历史事件，但这只是英国一方的情况，另一方的美国却是因长期发展积累使国力增强从而能取代英国的海洋霸权。因此，把英美海洋霸权转移的过程看作简单的短期或长期过程都是片面的。该书认为，英美海权转移的过程，既受到长期的英美海权的力量消长变化的影响，又受到短期内不可预知的突发性因素的影响。因此，英美海洋霸权转移开始于20世纪40年代的观点不符合历史事实。

　　该书认为，早在20世纪初，美国已崛起为世界第一经济大国，到第一次世界大战时美国的经济实力远超英国，军事力量已与英国平起平坐，综合国力已超过英国，但在国际事务中英国仍然是主宰，究其原因，主要是英国作为世界海洋霸主已经营了几个世纪，形成的软实力远胜美国，因此，直到在“二战”爆发之前，尽管美国的硬实力远超英国，但在软实力方面与英国仍有较大的差距，导致英国作为全球海洋霸主的地位并未被动摇。1940—1942年，在大西洋和太平洋海战中，英国由于海军实力有限，加之战略决策的重大失误，遭遇了塌方式的快速国力崩溃，美国借助英国快速衰退的机会，成为海上打败法西斯国家的主要力量，建立了太平洋海洋霸权，并在大西洋实现了大规模的海权扩张。

由于美国在"二战"中的巨大贡献，其硬实力、软实力均迅速上升，英国的硬实力、软实力均迅速衰退，"二战"结束后，双方的世界地位以及关系模式均发生剧烈转变，美国取代英国正式确立全球海洋霸权，从而完成了英美海洋霸权的和平转移。

综上可见，《第二次世界大战与英美海权转移进程研究》一书，在重视英美经济力量和海军力量等硬实力消长对海权转移的作用进行分析论述的同时，也着重对两国决策体系效率、军政系统能力、组织结构有效性等软实力的强弱变化进行了深入的剖析，指出软实力对英美海权博弈的影响。这一研究使该书所得出的结论与基于传统观点、单纯观察硬实力变化的研究所得出的结论有明显的不同，是对学界研究的有益补充，也是该书的重要创新。

英美之间的海洋霸权和平转移，是距今最近的一轮海权转移。"二战"之后，世界历史进入了和平与发展的新时代，向海发展也进入了大规模和平利用海洋的新时代，从世界范围而言，海洋争霸已不符合和平与发展的世界潮流，但各国如何在向海发展中和平利用海洋、避免冲突与战争，英美海洋霸权和平转移所蕴含的历史经验仍具有借鉴意义。

诚然，任何一项新课题的研究都不可避免地存在一些不足，这部著作也不例外。例如，英美海洋霸权的和平转移也是英美霸权的和平转移，在论述英美海洋霸权的和平转移时，还需加强从宏观的角度论证与英美霸权和平转移的关系。但这些不足并不影响该书是一部有重要学术价值的著作，希望作者再接再厉，有更多的新作问世。

胡德坤

2021 年 11 月 25 日于武汉大学珞珈山

目　　录

第一章 导 论

第一节 提 出 问 题

一、选题背景

第二次世界大战，是国际反法西斯联盟共同反抗法西斯侵略者的正义战争，它深刻地影响了世界历史进程，并重构了延续至今的世界秩序。在这场战争结束之后，美国取代了同为盟友的英国在战争爆发前所享有的地位，成了世界秩序的一极。尽管这一权力交接是诞生于战争进程之中的，但是作为被取代者的英国和取代者美国之间却并未在这一权力转移的过程中爆发任何武装冲突。因此，英美之间于第二次世界大战期间所发生的权力转移，被认为是目前为止史无前例的第一次和平转移。

1783 年 9 月 3 日，随着《巴黎条约》的签订，英国承认了北美殖民地的独立。然而，由于不再受到英国海军的保护，独立之后海军力量孱弱的美国长期受海运航线被海盗劫掠之苦。特别是在海盗猖獗的北非地区，直到 19 世纪 30 年代，航行在地中海上的美国商船都要面临缺乏护航、被北非海盗劫掠甚至扣押的风险。1803 年，美国征讨北非海盗舰队中的"费城"号风帆护卫舰竟因为搁浅被北非海盗俘虏，一时被美国社会上下视为奇耻大辱。

19 世纪 80 至 90 年代，基本完成了大陆扩张的美国，终于开始抬头看向世界舞台。这一时期，以马汉的《海权论》为标志，美国开始了由陆权国家向海权国家的转向，美国的海权扩张史亦自此开始。1898年美国在美西战争中打败了西班牙，吹响了海权扩张的号角。截至1936 年，美国获得了与英国几乎同等的主力舰总吨位比。在大西洋上，美国基本上保证了其近海的安全，并开始将海权影响力向南延伸至拉丁美洲海岸；在太平洋上，美国的影响力可以一直延伸到中国近海以及东南亚海域。经过 40 余年的爆发式扩张，虽然仍然无法同唯一的超级海洋霸权国家即英国相提并论，但"二战"前的美国也已经在世界舞台上取得了堪称海权大国的地位。

在"二战"爆发之前，美国的全球海权影响力总体上仍显著弱于英国。在大西洋，美国被英国压制，而地中海和印度洋则更是英国不容他人插足的"后花园"。然而，这一局势在战争结束后却发生了剧烈的变化，借助战争，美国完全确立了对太平洋海域的绝对控制，而整个大西洋也基本上被纳入美国海上权力的辐射范围。地中海这一英国苦心经营数百年、连通其本土与其欧亚非殖民地的海上命脉，也变成了一片"美国人的海洋"。到了 20 世纪 60—70 年代，甚至是美国之前极少踏足的印度洋也成为美国海军的利益关切海域。

在某种意义上可以说，世界霸权的核心是海权。回顾历史不难看出，借由第二次世界大战的历史机遇，美国成功地实现了海权转移进而成为全球性霸主。美国究竟是如何利用这一历史机遇的？美国是如何"和平"地从英国手中夺走与全球海权有关的各种权力的？美英战时围绕海权的交接产生了何种交锋？本书希望通过对"二战"前后英美两国海权消长及其原因的研究，来回答这些有关英美海权转移历史过程的重大问题。

二、研究目的和意义

尽管由于独特的历史时代与政治环境因素，美英之间在第二次世界大战时发生的海权和平转移难以被后来者复制，但这一转移过程中宝贵的历史经验，仍然值得我们研究和探讨。

当前，我国正在实施海洋强国战略，以加快民族复兴步伐，在海洋强国的过程中，我国不可避免地会与现有的世界海洋霸主美国发生利益冲突。我国是否最终会落入西方政论家们所谓的"修昔底德陷阱"？我国能否在海洋强国战略发展的进程中规避战争风险？我国海洋强国战略的实现将会对国际社会和现行海洋秩序造成怎样的影响？通过对英美海洋霸权转移的历史过程及诸因素进行分析和总结，将其作为可供借鉴的历史经验，无疑具有重要的现实意义。

在学术层面上，国内学界对于英美海洋霸权转移的研究成果已经较为丰富且详尽。不过，目前国内学界在开展相关主题的研究时，基本上遵循着相对传统的观点，即将签订《华盛顿海军条约》等相对早期的历史事件定义为英美海洋霸权转移关键时间节点之一，然而自20世纪末开始，西方学界中已经出现了对这一观点的质疑。但国内反映这些最新理论变化的研究仍然十分稀少。此外，国内已有的论述英美海洋霸权转移的研究大多数集中关注两国海权地位变化过程中工业产能和海军力量等硬实力的消长，而英美两国决策系统的统一性、军政官员的专业性、组织结构的有效性等软实力的强弱变化则较少被提及，而软实力的发展变化对两国海权博弈的影响将会是本书的重要内容之一。因此，无论是向国内学界介绍西方学界的理论发展，抑或是对英美软实力的发展变化过程进行重点关注和分析论述，在目前都具有重要的学术意义。

第二节　文 献 回 顾

20世纪上半叶所发生的英美之间的海洋权力转移是国际关系中的重大事件，由于其"和平转移"的独特性而吸引了学界众多学者的注意，产生了丰硕的研究成果。

一、英美海权转移模式的研究

1. 国外研究动态

目前，西方学界存在主流的两大类对英美权力转移模式的不同理解。其中之一是长期理论，即认为英美权力转移进程的主体是在一个为期五十余年的长期历史时期中发生的。

长期理论或称长年表理论（Long Chronology）之下，又有数个不同的分支解释，其中较为经典的两种解释都以英国的国力衰落为主线，在此主线之上，两种解释分别采用1900年和1918年开始的两种断代法来测算英美的相对权力地位的变化进程。1900年断代法主要聚焦于长期的生产力和经济水平的发展变化，此种断代法认为，英国自1890年至1900年开始逐步失去了其在第一次工业革命中得到的第一工业国地位，被美德两国超过，自此开始了漫长的衰落历程。1918年断代法则强调和突出了由第一次世界大战所造成的金融和国际政治经济情况的转变，以及旧有的金本位制度和英国控制下的第一次全球化的崩溃。总体而言，两种断代法都将英国表现为一个被动面对美国国力长期上升并赶超英国这一历史潮流的受体。

在上述两个经典的断代法之外，支持长年表理论的研究者们在近年来提出了一种更新的分支，即美国帝国论（American Empire Debate）。美国国际关系学者约瑟夫·奈（Joseph Nye）认为，这一分支是21世纪最具影响力的长年表理论叙事。① 具体而言，美国帝国论是将美国自"二战"后的世界霸权放在一个更广阔的历史背景上进行对比研究，并认为美国是与古典时代的罗马和近代的英国相对应的现代和当代的帝国。持美国帝国论观点的研究者希望通过这种帝国之间相似性的对比来

---

① Joseph S. Nye. U. S. Power and Strategy After Iraq, Foreign Affairs, Vol. 82, No. 4 (2003), pp. 60-73.

寻找英美之间权力转移在历史中的位置。朱利安·高(Julian Go)是美国帝国论支持者的代表性人物,他认为美国其实在新的世界秩序下继续保持着维多利亚英国的遗风,并对比了两国各自由盛转衰的历史阶段。通过这种对比,朱利安·高得出了英美两国具备相同的"帝国模式"(Patterns of Empire)的结论,美英之间的权力转移则正是两国所拥有的类似的兴衰规律和历史阶段发生相互交错而产生的结果。①

长年表理论最为著名的代表学者之一就是著名的国际战略和国际关系学者保罗·肯尼迪(Paul Kennedy),其所撰写的《大国的兴衰》②一书是对权力转移理论以及英美权力转移模式这两个课题最具代表性和知名度的研究著作之一,长久以来,这部著作被认为是国际关系学研究者以及入门爱好者的经典必读著作。

在《大国的兴衰》中,保罗·肯尼迪研究了5个世纪以来国际社会所发生的主要的政治博弈和军事冲突,通过对5个世纪国际关系史发展历程的研究,保罗·肯尼迪认为,某一个大国在经济上的兴衰同其作为一个重要的军事强国的兴衰之间有着非常清楚直接的联系,即经济实力更强者通常也会具备更强的军事实力,从而也就具备更强的国家实力,更容易在国家竞争中取得霸权。

除了经济方面以外,肯尼迪所总结出的另一个一般性结论就是,以争夺霸权为目标爆发的大规模联合性战争,其结局通常与各方所能动员的资源的多寡有着极为紧密的联系。在一场旷日持久的大国联合战争中,胜利通常都是由生产力和经济实力更为强大的一方所获得的,而从这样的战争中获胜的一方将无疑被证明拥有更强的国家实力,也因此更有资格获取霸权。具体到本书所主要研究的英美在20世纪的权力转移,肯尼迪在书中也基于他所总结出的上述规律给出了自己的解释。大致上,肯尼迪将英国这个国家的霸权巅峰时期定位在了1815年至1870年

---

① Julian Go. Patterns of Empire: The British and American Empires, 1688 to the Present. New York NY: Cambridge University Press, 2011.

② Paul Kennedy. The Rise and Fall of Great Powers: Economic Change and Military Conflict From 1500 to 2000. London: Fontana Press, 1989.

的半个多世纪的时间里，并认为英国的衰落过程自 1870 年开始便已经初现端倪。肯尼迪提出，虽然早在第一次世界大战之前，英国就已经走上了衰落的道路，但是第一次世界大战所带来的严重打击明显地加速了这一进程。而与此同时，肯尼迪又特别强调了美国在间战期的高速发展。他认为，作为唯一一个在战前就具备显著的工业和经济优势，且又未受到战争破坏反而从战争中获得显著经济利益的大国，美国在"一战"后虽然未能取得与之相称的政治影响力，但是在生产总值和人均生产力这些数据上，美国已经完全超越了英国，从而在部分程度上取代了英国的霸权。而在第二次世界大战前夕，英国就国家实力而言在世界上已经不占优势了，在战争结束后，英国更是受到战争消耗的拖累而精疲力竭，而美国本就雄厚的经济和军事力量却由于战争的刺激愈加突飞猛进。在 1945 年，从经济上讲，整个世界都变成了美国的"盘中餐"，而在军事上讲，美国的海军和空军具有了超强的军事力量，远远超过了其他任何一个国家的海军和空军实力。这使得美国理所当然地具备了全面夺走英国霸权，成为新的超级大国的资格。总而言之，保罗·肯尼迪认为，英美之前的权力转移是在一场漫长的两国国力此消彼长的过程当中逐渐发生，并随着"二战"的结束而全部完成的历史进程。

　　比肯尼迪更早一些的衰退论观点持有者，著名的英国军事史学家柯瑞利·巴奈特（Correlli Barnett）的经典著作《英国的崩溃》①则将英国衰退开始的时间定位在了拿破仑战争结束之后，根据巴奈特的观点，英国衰退的起源自 1815 年便已经呈现，至 1945 年，英国共经历了 130 年的漫长衰退过程。巴奈特认为，英国在 19 世纪开始建立起全球殖民体系的行为恰恰为之后英国的崩溃埋下了伏笔，在他的观点中，英国既不能从它所建立起的殖民帝国中充分地获取经济利益，也无法为其提供足够的战略保护，这使得英国 19 世纪所建立并引以为傲的全球海外资产在 20 世纪变成了拖垮英国的累赘。

---

① Correlli Barnett. The Collapse of British Power. London：Eyre Methuen Limited，1972.

保罗·肯尼迪以及柯瑞利·巴奈特等人所持有的这一论断是长年表理论的经典论断，也代表了西方学界曾经对英美权力转移模式的经典解释，而这一经典解释也对世界上的权力转移研究者们造成了极为深远的影响。然而随着现代史研究的逐步发展，曾经被学界甚至社会各界所广泛认可为解释英美权力转移案例经典的长年表理论在当下开始显露颓势。尽管其中存在着多种分支，但是长年表理论整体所得以成立的理论基础是统一的，即呈长期的、规律的、线性的"英国的衰落"（British Decline）。但是近年来的研究成果则表明这个理论基础本身很有可能不能真正地反映这一历史过程。

这些新的研究成果催生了另一派更具说服力的理论的诞生，这一理论的基础根植于新的学界发现，即所谓英国的衰落至少在"二战"之前并未发生，而美国开始发力赶超英国所用的时间长度应当只有几年而已，这远比之前所广泛认为的几十年时间要短得多。基于这一全新理解的理论被称为短年表理论（Short Chronology）。

短年表理论学者主要的论点集中于英国衰落这一过程具体发生时间的测定上，他们认为保罗·肯尼迪以及柯瑞利·巴奈特等类似持衰退观点的学者将英国衰落的时间点定义得过早了。与通常将英国在第一次世界大战中的胜利描绘成"皮洛士式胜利"的观点不同，短年表理论学者认为英国是"一战"最大的胜利者之一。他们认为，1918年后，英国几乎所有的主要国际对手都一蹶不振，而未遭到严重打击、经济出现腾飞的美国也并未能掌控战后国际秩序，通过国际联盟掌控战后国际秩序的正是法国支持之下的英国。

短年表理论最早的代表人物之一，著名英国历史学家戈登·马特尔（Gordon Martel）在他的《权力的含义，对英国兴衰的再思考》（The Meaning of Power：Rethinking the Decline and Fall of Great Britain）①一文中就认为肯尼迪关于大国兴衰和英美权力转移模式的分析存在很多问题。在

①　Gordon Martel. The Meaning of Power：Rethinking the Decline and Fall of Great Britain. The International History Review，Vol. 13，No. 4（1991），pp. 662-694.

对比了英国"一战"前后的工业和经济数据之后，马特尔指出所谓英国在 20 世纪初期经历的大衰退其实是一种比较常见的对英国的误解。无论是纵向还是横向对比，英国在"一战"结束后都依然是一个经济超级大国。而从地缘政治和战略角度来看，"一战"后在全球范围内也都暂时没有国家具备挑战英国殖民霸权的实力。马特尔由此得出结论，间战期的英国实际上比之前任何一个时期的英国都要更加强大，也更加安全，所谓英国在"一战"之后出现国力大衰退的说法实际上是夸大了事实，而肯尼迪在其书中将"一战"之后定位为英美权力转移的关键时间节点则很明显是将这一历史进程提前得过早了。在 1918 年至 1940 年这段时间里，英国并没有发生权力的衰落，英国的超级大国地位一直保持到了 20 世纪 30 年代末期，直到第二次世界大战结束，英国的全球殖民体系才被真正击溃，美国才得以接管世界霸权。

甚至保罗·肯尼迪在其作品中对于大国兴衰规律和国力决定因素的论述在近年来也屡受质疑，著名英国历史学家大卫·雷诺兹（David Reynolds）在其著作《权力、财富与现当代世界的战争》①一文中就批评保罗·肯尼迪对"权力"或者"国家实力"（Power）的解释是非常粗糙的。雷诺兹指出，在《大国的兴衰》中，肯尼迪将国家的"权力"视为某种能与经济、工业产能和军事力量形成简单正相关关系的、可以量化的物品，而其实这个概念并不能如此被简单地解读，"权力"更应该被视作一种"关系"（Relationship）的体现。戈登·马特尔也指出②，英国在 19 世纪和 20 世纪初所经历的国际关系史恰恰说明了一个国家在经济、工业或者是更直观的军事上的规模或者是力量并不能简单地转化为国际竞争中相较对方国家的实力，在这一段历史时期内，英国在外交以及战争中所取得的功绩恰恰更多地是源于其在欧陆的同盟，而非其本身所拥有的作为超级大国的硬实力。

---

① David Reynolds. Power, Wealth and War in the Modern World. The Historical Journal, Vol. 32, No. 2 (1989), pp. 475-487.

② Gordon Martel. The Meaning of Power: Rethinking the Decline and Fall of Great Britain. The International History Review, Vol. 13, No. 4 (1991), pp. 662-694.

除了马特尔之外，西方学界在同时期也涌现了另一批对肯尼迪等人所持的英国长期衰落论抱有批评态度的历史学家，他们一般都认为英国在两次世界大战之间这段时期所享有的世界地位被后世的研究者和公众普遍低估了。加拿大军事史学家基斯·尼尔森（Keith Neilson）就在其文章《"严重的夸大"：英国1914年以前的衰退之谜》①中指出，所谓英国在1914年就已经走上衰落道路的说法并没有得到历史事实的支撑。尼尔森认为，虽然20世纪初的英国在一般意义上并不符合当代"超级大国"（Superpower）的概念，它也并非一个"无所不能"的国家，但是1914年之前的英国的确是当仁不让的强权，并且它还是世界上唯一的全球性强权。虽然当时英国的经济水平不再像40年前那样在世界上占据着绝对的统治地位，但是却依旧保持着世界第一，英国的经济基础也仍然足够支撑英国领先世界的工业实力，并借此打造出了一支无与伦比的海军，保护着英国遍布全球的殖民地。就外交实力而言，英国也是欧洲唯一一个在游刃有余地保卫己方利益不受侵犯的同时仍能在相当程度上自由决定外交政策的国家。当然，英国在面对美国逐渐增长的综合实力时能够选择的手段非常有限，但是这并不影响英国1914年在全世界所享有的超然地位。

历史学家约翰·R.费里斯（John R. Ferris）在文章《"世界上最强大的国家"：1920年代的英国》②中也提到，在20世纪20年代，英国在世界上其他国家眼中所拥有的实力和地位甚至要远超自1850年以来任何一个时间段的英国。在这个时期，英国所拥有的国际影响力使得它成为所有主要大国制定任何政策、采取任何外交活动都必须要考虑的因素。费里斯认可尼尔森的观点，即20世纪上半叶的英国并不能够被简单地等同于现代意义上在所有领域都具备顶尖实力的超级大国，但是费里斯也指出，在20世纪20年代，同时期世界上其他任何一个国家都不

---

① Keith Neilson. 'Greatly Exaggerated': The Myth of the Decline of Great Britain Before 1914. The International History Review, Vol. 13, No. 4 (1991), pp. 695-725.

② John R. Ferris. 'The Greatest Power on Earth': Great Britain in the 1920s. The International History Review, Vol. 13, No. 4 (1991), pp. 726-750.

具备能够与英国相抗衡的影响力。

著名的加拿大世界史与外交政策学家 B. J. C. 麦克尔彻(B. J. C. McKercher)则在其著作《"我们最危险的敌人":30 年代的英国霸权》①中指出,"在两次世界大战之间,尤其是在 30 年代,英国是世界上唯一的超级霸权"。麦克尔彻同时强调,即使在 30 年代末由于需要同时应对多方的军事威胁而出现了经济竞争力的下降,英国仍然没有在任何意义上被它的对手超越,英国真正的衰落是从 1939 年"二战"爆发开始的,是一种急剧的断崖式衰落。

著名的英国历史学家约翰·达尔文(John Darwin)也同意马特尔等人关于英美权力转移的大部分过程是在 20 世纪 40 年代的短短几年内快速完成的观点。在其著作《帝国伟业:英国世界体系的兴衰,1830—1970》②中,达尔文指出,由于灾难性的战略决策失误,使得盟国未能通过震慑外交吓阻轴心国,并且使得法国在开战后快速投降,导致了战略局势的全面恶化,从而让英国的国力在 1939—1942 年这极短的时间内遭受了塌方式的崩溃。对于英国来说,最首要的问题几乎是一夜之间就从如何维持本国全球霸权,变成了如何维持本国的生存。在对无数之前被认为是核心利益的问题作出牺牲让步后,英国和英国的殖民体系才得以在"二战"的毁灭性打击中存活下来。但是,达尔文指出,生存下来的代价却极端高昂,在"二战"结束后的短时间内,英国失去了包括印度在内的大片殖民地,依靠这些殖民地进行国内经济复苏的计划也成为泡影,英国的物质财富的蒸发和人口的大量损失更是让其经济系统变得十分脆弱,无法摆脱对美国支持的依赖。这也为 20 世纪 50 年代英国彻底接受其从属地位、放弃对西半球海洋霸权的竞争和英美权力转移的最终完成铺平了道路。

---

① B. J. C. McKercher. "Our Most Dangerous Enemy": Great Britain Pre-Eminent in the 1930s. The International History Review, Vol. 13, No. 4 (1991), pp. 751-783.

② John Darwin. The Empire Project, the Rise and Fall of the British World-System 1830-1970. Cambridge : Cambridge University Press, 2011.

借助对长年表理论和短年表理论各自发展轨迹的研究，英国国际关系学者托马斯·W. 博特利耶（Thomas W. Bottelier）在其著作《曾经的与未来的王者：国家崛起讨论中的英美案例再思考》①一文中为我们提供了权力转移研究领域的未来思路。博特利耶认为，是第二次世界大战剧烈改变了英美的实力对比和关系走向，英美之间的权力转移是随着这一剧变在上述的短时期内基本完成的，而并非在持续数十年的漫长时期内逐步完成的。根据短年表理论，在这一时期之前的英国仍然拥有着全球超级大国的实力和地位，但是在这一时期结束后，英国却已经几乎被美国完全取代，更值得注意的是，造成这一剧变的最主要原因并非外部因素的宏观演变，例如国际经济和政治局势的长期发展，而主要是短期内制定和生效的一系列主观政治决策。

目前，西方学界的长年表理论与短年表理论之争仍然在继续，两个学派的影响力大致平分秋色，并在争论中不断地更新着各自的理论结构。双方都在尝试着寻找到对英美海洋霸权转移案例的更加准确的解释，并以此为重要基础建构新时代的大国兴衰理论体系。

2. 国内研究动态

清华大学人文社科资深教授阎学通的著作《世界权力的转移：政治领导与战略竞争》②一书尝试使用先秦诸子百家的治世理论来寻找当代中国未来在世界舞台上应有的道路，在这一过程中，阎学通教授吸收运用了传统的西方权力转移理论加以完善和增补，这其中也包括了保罗·肯尼迪关于国家实力理论和大国兴衰的解释。阎学通教授关于英美之间20世纪权力转移过程模式的论述与西方学界曾经的传统解释，即长年表理论存在高度的一致性，认为在第一次世界大战后，美国很快就取代

---

① Th. W. Bottelier. Of Once and Future Kings：Rethinking the Anglo-American Analogy in the Rising Powers Debate. The International History Review, Vol. 39, No. 5（2017）, pp. 751-769.

② 阎学通. 世界权力的转移：政治领导与战略竞争[M]. 北京：北京大学出版社，2015.

了英国成了世界的首要强国，但是却并没有从英国手中获得世界秩序的主导权，美国的政治影响力是直到"二战"期间才得到确立的。

南丹麦大学教授、经济学博士张啸天所著的《大国权力转移》①一书也重点分析了海权对于国家霸权的重要性，并简析了世界海权的发展历程。张啸天教授关于19至20世纪英美海权的发展和两国国力的兴衰对比的论述也与长年表理论高度重合，认为英国在第一次世界大战中元气大伤，而美国则通过"一战"的考验成为"一等海上强国"。此外，张啸天教授还认为，"一战"后至1921年《华盛顿海军条约》的签订，标志着海上霸权由英国向美国转移，而第二次世界大战则是英国最终输掉世界霸权地位、美国确立为世界霸主的过程。

上海交通大学副教授黄琪轩在其作品《大国权力转移与技术变迁》②中则重点观察了生产力技术革命的产生以及扩散对大国权力转移所带来的影响。在书中，黄琪轩副教授特别研究了历史上发生在欧洲大陆上的大规模技术革命对霸权兴衰的影响。在英国霸权的问题上，他也得出了同长年表理论类似的结论，认为英国的世界霸权由于没有及时赶上第二次工业革命而受到了极大的削弱，由此便开始了直至20世纪中期时长半个多世纪的衰退历程。

袁伟华博士在其论文《权力转移：国家意志与国际秩序变迁》③中提供了三个权力转移的案例以供论证，即英美权力转移"前期"爆发的委内瑞拉危机、俄德权力转移"相持期"爆发的"七月危机"，以及同样是发生在英美权力转移过程中，爆发于"超越期"的伦敦世界经济会议。从这里不难看出，袁伟华博士认为，英美权力的转移过程是一个能够被分为数个阶段（"前期""相持期"和"超越期"）的漫长过程，而在这个过程中，主导国维护现有国际秩序的国家意志与崛起国重建国际秩序的国

---

① 张啸天. 大国权力转移[M]. 北京：新华出版社，2019.

② 黄琪轩. 大国权力转移与技术变迁[M]. 上海：上海交通大学出版社，2013.

③ 袁伟华. 权力转移、国家意志与国际秩序变迁[D]：博士. 天津：南开大学，2014.

家意志的互动决定了国际秩序变迁的机制。

胡杰博士的论文《海洋战略与不列颠帝国的兴衰》①则将主要研究范围设定在英法百年战争至20世纪下半叶这一极为宏大的历史片段中，并在这一持续数百年的历史时期中研究英国海洋战略与海权影响力的演进史。在书中，胡杰博士强调，英国海洋霸权衰落的开始以第一次世界大战为起点，自华盛顿海军会议开始加速，而在经历了三十余年的持续衰退后，英国的海洋霸权终于在第二次世界大战中彻底终结，美国在战争之中成为新的全球海洋霸权。

军事科学院研究员、海权史学者师小芹在其所著的《海权战略思想寻迹》②一文中也提出，19世纪后期是英国海洋霸权逐渐趋于衰落的时期。在"一战"爆发后，英国就被困于海权战略思想固有的困境之中。师小芹随后提出，两次世界大战之间的国际秩序短暂而脆弱，英国没有能够在这一时期保留住其全球海洋霸权，而美国也没有能够建立起符合它的利益的海权秩序，因此这一时期整体属于英美海洋霸权转移的中间过渡时期。

相较于西方学界而言，目前国内对于霸权转移理论和英美海洋霸权转移模式的研究学者们主要受到的仍是来自约翰·肯尼迪以及与其同学派的研究者们所持的长年表理论的影响。在论述英国在20世纪的衰落以及美国在同时期的崛起时，国内的研究学者们大部分是以肯尼迪的长期衰落理论以及相关的大国兴衰理论为基础进行研究论述的。

二、英美海权转移的具体过程研究

1. 国外研究动态

在赢得了对西班牙战争的胜利后，美国获得了在菲律宾和加勒比的

① 胡杰. 海洋战略与不列颠帝国的兴衰[M]. 北京：社会科学文献出版社，2012.

② 师小芹. 海权战略思想寻迹[J]. 史学月刊，2018(02)：17-21.

海军存在，由此开始了向两洋海权强国进军的道路。正如乔治·C. 赫林(George C. Herring)所著的《从殖民地到超级大国：美国1776年以来的外交关系》①一书中所写，这样巨大的国家成就极大鼓舞了美国的公众，并强化了一个美国人早已树立起来的信念，"昭昭天命"，即美国是上天注定的伟大国家。通过成功击败一个老牌欧陆强权，美国人开始相信美国的道路是通向未来唯一正确的道路。由此，美国人开始将他们的国家视为一个有能力和意愿改造现存国际秩序和国际关系常态的变革者。自1901年开始，美国政府和美国人开始以不曾有过的热情投入对国际事务的参与。但是，尽管有着如此高涨的参与外交事务的主动性，20世纪初的美国政府却对结盟站队没有兴趣，而总是扮演一个中立的角色，这一表态在20世纪初的大国中是极为罕见的。赫林认为，这一决定的根源是美国公众根深蒂固的孤立主义思维和美国政府希望表现本国独立性的政治诉求共同的产物。

在"一战"于1914年爆发后，美国出于其孤立主义思维和中立主义政策影响而并未立刻加入战争。H. C. 阿伦(H. C. Allen)在其著作②中指出，美国通过国际自由贸易攫取了大量的经济红利，并由此成了海上航行和商贸自由的坚定支持者和维护者，而中立商船航行不应受到政治争端和军事斗争的影响在当时的美国社会则是一种被广泛认可的政治正确。因此，直到1916年，美国商船遭到同盟国击沉，美国所维护的海上航行和商贸自由理念遭到侵犯，时任总统威尔逊才找到了能够说服美国社会加入战争的合理借口。尽管在战争背景下英美的军事合作似乎得到了强化，但是英美在海权理念和欧陆政治局势战后处置等问题上的分歧很快造成了两国关系的裂痕。随着威尔逊在巴黎和会上的失败，"一战"后的英美关系迅速陷入了困难和冲突重重的僵局。

亲历了第一次世界大战的美国决策集团从战争的走向和发展中汲取

---

　① George C. Herring. From Colony to Superpower: U. S. Foreign Relations since 1776. Oxford: Oxford University Press, 2008.

　② H. C. Allen. Great Britain and the United States: A History of Anglo-American Relations (1783-1952). New York NY: St. Martin's, 1955.

了很多宝贵经验，而最重要的成果之一就是对传统海权理论的反思。进入 20 世纪 50 年代后，在厄内斯特·金（Ernest King）的协助下，史蒂芬·安布罗斯（Stephen Ambrose）写下了《一战和二战的海权》①一文，其中记录了美国决策集团对英德海洋战略的思考。安布罗斯指出，德国在德皇的直接影响下选择与英国进行主力舰建造比赛，以期通过主力舰队之间的决战获得海上的胜利，这一决定从后来者的眼光来看是错误的，德国应该从一开始就选择关注对英国海上航运线的打击，并集中发展巡洋舰和潜艇等破袭战舰。在错误的指导思想下建成的德国公海舰队靡费了无数的政治和经济投入而贡献却寥寥无几，可以说是血本无归。而另一方面，无限制潜艇战却切实地威胁到了英国的生死存亡，英国为了应对潜艇对运输线的袭扰，被迫不断地从驻守在斯卡帕湾阻击德国主力舰队的己方大舰队中抽调舰船来保障运输线的护航，逐渐把英国大舰队所扮演的角色从决战舰队变成了护航舰队。最终，作为战前海军竞赛的绝对焦点，也是英德双方斥巨资打造的庞大的主力舰队，却并未在战争进程中发挥出它们本应发挥的作用。而当时的美国决策集团敏锐地观察到了这一海权竞争形式的根本转变，为美国在之后数十年里海权战略的制定带来了深远的影响。

在"一战"结束后，英国政府迎来了严重的军事预算困难，这为间战期英国海军建设带来了很大的限制。根据约翰·R. 费里斯所著《英国战略政策的演变，1919—1926》②一书所述，尽管战后英国政府财政总体上相比 1914 年以前的水平有着大幅提高，但是劳合·乔治的内阁却必须将这其中的大部分投入社会开支和偿还债务中，因此军事预算相比战前反而有不小的缩水。除此之外，军队系统内部还存在着由新建的英国空军所挑起的资源争夺，这让英国海军的建设受到了阻碍，舰队规模受限，造船业不兴，从而使英国争夺海权的能力在间战期受到了一定的

---

① Stephen E. Ambrose & Ernest J. King. Seapower in World Wars I and II. Naval War College Review, Vol. 22, No. 7(1970), pp. 26-40.

② John R. Ferris. The Evolution of British Strategic Policy, 1919-1926. London: Macmillan, 1989.

削弱。

有关于间战期限制英国海军发展的一系列要素，英国海军高级职业军官和英国海军史学家史蒂芬·罗斯基尔（Stephen Roskill）在其系列著作《间战期的海军政策》①的第一部中提到，其与学界和公众通常所认知的，规定了主力舰吨位比的1921年《华盛顿海军条约》对英国海军造成了极大限制的印象不同。在历史上限制英国海军发展的最主要因素是前文费里斯所提到的英国海军开支由于政府财政投入和军种竞争而出现的缩水。《华盛顿海军条约》非但不是限制英国海军发展的负面因素，它反而在相当程度上给予了英国建造航空母舰的自由，并且完全没有对巡洋舰、驱逐舰和其他小型辅助舰只的建造作出限制。罗斯基尔指出，最终恰恰是英国海军部自己放弃了按照海军条约的限额建造足量的8英寸炮重巡洋舰，而非英国海军部的舰队扩充计划被条约所禁止。

然而，即使面临着由于财政紧缩而导致的相对尴尬的处境，间战期的英国在西半球的海权仍然是不容挑战的。克里斯托弗·贝尔（Christopher Bell）在其文章《不可能的设想：1918—1931年英美两国的英美战争海洋战略预案》②中仔细研究了间战期处于关系低潮期的英美两国各自对可能发生的英美战争形势的预想。贝尔的研究结论是专业的海军参谋——无论英美——都不认为美国会在可能的英美战争中取得海上的主动权。面临着加拿大所带来的巨大军事压力，美国海军的主力必须要留在本土海域采取守势以应对可能的来自加拿大的进攻，而与此同时，英国方面的计划却是派遣一支远洋舰队前往美国近海，主动寻找战机。英美两国在这一设想的战争环境下各自的策略选择从侧面表明了间战期两国相对的海权关系和各自的海权地位。尽管美国海军在间战期达到了不输于英国海军的规模，美国在太平洋的海权也日趋稳固，但是在大西洋

---

① Stephen Roskill. Naval Policy Between the Wars. London: Collins, 1968-1976.

② Christopher M. Bell. Thinking the Unthinkable: British and American Naval Strategies for an Anglo-American War, 1918-1931. The International History Review, Vol. 19, No. 4(1997), pp. 789-808.

海域，美国在这一时期的海权仍要明显弱于英国。

不过，英国相对美国在海权上的优势并不等于美国在对英关系中完全处于劣势，麦克尔彻在其著作中重点阐述了英国在第二次鲍德温内阁时期所经历的英美外交关系低谷，以及第二次鲍德温内阁晚期外交大臣奥斯丁·张伯伦（Austen Chamberlain）选择主动缓解同美国的冷淡关系以寻求外交支持的历史发展。麦克尔彻指出，1928年，英国外交部开始认识到"英国需要美国，更甚于美国需要英国"。在第二次鲍德温内阁时期，英美之间就交战国海洋权利问题爆发了尖锐的外交冲突，双方关系跌至冰点，由此开始了新一轮更狂热的巡洋舰造舰竞赛和1927年英美海军会议谈判的破裂。在这之后，英国决策集团认识到了英国再也无法通过常规手段遏制美国的海权发展，因此，从1929年开始，曾在鲍德温内阁中担任外交大臣的奥斯丁·张伯伦说服他的大部分同僚软化对英美之间的争端议题的态度，并开始主动寻求修复和美国之间的外交关系。

从1930年开始，出于《华盛顿海军条约》中本身规定与主力舰和航母相关的条约内容须在10年后重新审议的需要，同时也出于英国政府决定采取措施控制不断发展的海军军备竞赛的需要，两次海军会议在伦敦召开。正如麦克·辛普森（Michael Simpson）在《1919—1939年英美海军关系》①一书中所述，第一次伦敦海军会议主要关注的焦点是巡洋舰舰队规模和主力舰及航母吨位的控制，这次海军会议基本上是成功的。美国方面在会议上有意维护英美关系，深化双方合作，因此回避了之前一直争执不下的中立国商船航行权利的问题，而英国方面则完全接受了与美国1∶1的巡洋舰舰队规模比例。但是，第二次伦敦海军会议却是一场失败的会议。尽管在这次会议上美英两国的立场走得更近，但是由于法意两国自1930年以来的海军发展便不再受到条约限制，而日本又在会议上坚决要求与英美在所有种类的作战舰只上都达成1∶1∶1的规模

---

① Michael Simpson. Anglo-American Naval Relations, 1919-1939. London：Routledge，2019.

比例，国际性的海军军备控制从客观条件上已经变得不现实。不过，在伦敦海军会议最终失败后，面对野心和实力不断膨胀的日本，英美两国开始走上了军事合作的轨道。

在间战期末期，英美双方大部分的外交争端都已经消解，两国关系不断改善，并针对轴心国威胁开始致力于构建联合海军作战的框架。但是就像美国海军史学者詹姆斯·洛依茨（James Leutze）的《霸权争夺：1937—1941 年英美海军合作》①一书所论述的，这一过程的推进十分艰难而缓慢。洛依茨指出，战争的严峻形势迫使英国引入美援，让美国来代为保护英国的殖民地和它的全球霸权。但是美国方面当然不甘心只当一个维系英国霸主地位的"打手"，它想要的是通过战争换取盟国内部的领导权、欧陆事务的主导权和世界秩序的制定权。双方的沟通一度陷入僵局，直到丘吉尔在极端恶劣的战略环境下被迫做出直接指示避免一切可能的与美方的冲突。借助英方在最后关头的让步，美国在珍珠港事件爆发前夕通过正式的英美海军合作框架从英国获取了大量的战略利益和主动权，并在英美的双边合作关系中成为了两国共同默认的优势一方。

在《英帝国与第二次世界大战》②一书中，英国历史学者阿什利·杰克逊（Ashley Jackson）对英属殖民地的战争参与情况进行了比较详尽的论述。在这之中，杰克逊特别指出，通过与英国签定的《驱逐舰换基地协定》，美国在英属圭亚那、巴哈马、牙买加、圣卢西亚、安提瓜、百慕大、特立尼达和纽芬兰获得了其所一直渴望的海军前进活动基地，并顺理成章地将加勒比海囊括入了美国的海空势力范围，这也是美国完成其国家战略所长久追求的西半球防卫网的关键一环。

美国历史学者凯文·史密斯（Kevin Smith）在其著作《护航舰队之

---

① James R. Leutze. Bargaining for Supremacy：Anglo-American Naval Collaboration, 1937-41. Chapel Hill：University of North Carolina Press，1977.

② Ashley Jackson. The British Empire and the Second World War. London：Hambledon Continuum，2006.

争：二战时期的英美后勤外交》①中指出，由于英国在战前的造船业生产力的下降，英国在战争开始后受限于船舶的产能，逐渐开始依赖由美国方面所生产和提供的商船船队来支撑本国的海上航运后勤补给网络。然而，由于1941底美国并非主动加入战争而是受到日本的突袭而被动宣战，因此美国的初期战争准备是极为仓促和不足的，这也反映在美国的商船生产和运作以及美国对英美两国所共同依赖的海上后勤补给网络的保护上。由于美国本身从中立国变为参战国，原本就已经非常宝贵的商船资源由于新的支持美国所开辟的多条战线的需要而显得愈发捉襟见肘，能够用于供英国维持其生存所必须的海上运输线的商船吨位在一夜之间锐减。

而雪上加霜的是，美国方面在很长一段时间内都刻意忽视了商船船队护航力量的建设。根据美国海军史学者乔治·W. 贝尔（George W. Baer）《1890年至1945年美国海军战略》②一文的论述，美国在整个间战期都没有对海上后勤线的保护给予任何关注，直接导致在美国参战初期，游弋东海岸完全没有保护的美国商船队受到了来自德国潜艇的沉重打击，而英国方面则是美国这一不负责任决定的直接受害者。由于认为美方运作和处置后勤护航的态度完全不可接受，英国方面不得不派遣以海军上将庞德为代表的海军部军官"手把手"训练美方的护航意识，毫无保留地将英国海军在这一领域的经验和知识传授给了美国人。从长远而言，这一举动在极短时间内将美国海军运作、维持和保护长程海上后勤补给线的能力从一片空白提升到了世界先进水平，并大大加强了美国后续维持其全球霸权重要一环的全球投送能力。

然而就短期而言，英国方面的经验和技能的传授只是改善了美国方面的护航意识，客观上的商船船只供应不足以填补需求和消耗的问题仍然存在，而丘吉尔误判了美方的海上后勤线支持力度，从而导致英国后

---

① Kevin Smith. Conflict over Convoys：Anglo-American Logistics Diplomacy in the Second World War. New York NY：Cambridge University Press，1996.

② George W. Baer. U. S. Naval Strategy 1890-1945. Naval War College Review，Vol. 44，No. 1（1991），pp. 6-33.

勤补给困难的尴尬处境也未能立刻得到改善。《护航舰队之争：二战时期的英美后勤外交》一书中明确写道，英美之间很快就围绕商船船只资源的控制权、分配权和使用权问题出现了外交争端，这一外交争端一直持续到 1943 年中期才随着大西洋反潜战的逐步胜利和美国商船产能的稳步提高有所缓解。但是，随着后勤危机的消解，盟军内部由美方完全占据海上后勤运输线建设和营运主导权的格局也已经被确定了下来，英国方面对美国后勤日益增加的依赖已经无法逆转。

著名英国军事史学家安德鲁·布坎南（Andrew Buchanan）在《二战时期的美国地中海总体战略》①一书中细致论述和分析了美国借助战争机会逐步在环地中海地区建立起主导地位和政治影响力，并为战后地中海成为"一个美国的内湖"铺平道路的过程。布坎南指出，英美在地中海的外交博弈几乎成了"二战"中后期欧洲战场的主旋律之一，其持续时间长，斗争烈度大，也很好地呼应了英美两国战时相对实力的强弱变化轨迹。

在《争夺地中之海：1940 年至 1945 年地中海战场各大国海军作战》②一书中，文森特·P. 欧哈拉（Vincent P. O'Hara）则从军事作战的角度论述了英国是如何逐步失去对地中海周边地区事务的话语权的。欧哈拉指出，英国海军在地中海主要采取的是海域拒止（Sea Denial）而非海域控制（Sea Control）的策略，主要集中关注的是防御敌方海军对己方控制海域的进攻，这导致英国海军在地中海打了三年的拉锯消耗战，却始终未能打开地中海战场的局面。而最终破解地中海战场僵局的却是在该地区投入重兵和大量技术装备、主导了五次大规模两栖登陆作战行动的美国军队，自然而然地，美国在这一过程中取代了无法独自破局的英国成了地中海最重要的综合性力量。

作为英国海军系统中的高级职业军官，史蒂芬·罗斯基尔曾亲身参

---

① Andrew Buchanan. American Grand Strategy in the Mediterranean During World War II. Cambridge：Cambridge University Press，2014.

② Vincent P. O'Hara. Struggle for the Middle Sea：The Great Navies at War in the Mediterranean Theater，1940-1945. Annapolis MA：Naval Institute Press，2008.

与英战时海军战略的制定与实施过程，并在很大程度上是英美战时海军交流合作的亲历者。他所撰写的海上战争系列专著①因此也以其历史真实性、研究视角以及对战略决策的准确理解而闻名，更是海军史研究者的必读著作。罗斯基尔为大西洋、地中海以及太平洋战场的战争过程所作的细致描述，为本书厘清英美两国各自在战争时期的海洋战略以及两国政军高层就相关内容的交流脉络提供了极有价值的第一手参考。罗斯基尔提出，在太平洋战场，英国在经历了头四个月的连续军事失败后，开始在亚太和印度洋海域采取保船避战而非争夺海权的策略，并将整个太平洋的战略指挥权拱手让给了美国。由此，太平洋战场并未发生如地中海和大西洋战场那样的美英之间对战略主导权的争夺，美国也因此得以几乎在不受打扰的情况下独自完成了击败日本海军、确立太平洋地区海洋霸权的壮举。

著名的英国政治与外交学者阿伦·P. 多布森（Alan P. Dobson）在其著作《1940年至1946年美国战时对英援助》②一书中深入观察了美英之间的战时援助项目，特别是租借法案的运作情况。多布森指出，在赢得"二战"的胜利后，美国在很短时间之内就宣布了租借法案的终止，这使得饱经战火的英国立刻陷入了严重的财政危机。英国政府在走投无路的情况下，只好主动请求美国继续给英国提供经济援助。美国则趁机向英国提出政治条件必须与经济援助绑定，向英国未来的整体经济政策提出了要求，而英国方面几乎没有任何反制的筹码。因此在新的经济援助协定中，美方几乎完全达成了其自战前便开始存在的经济野心，即拆解英镑区和帝国特惠体系，并强迫英国加入美国主导建立的全球自由贸易体系。

美国历史学家克里斯托佛·奥沙利文（Christopher D. O'Sullivan）所

---

① Stephen Roskill. The War at Sea, 1939-1945. London：H. M. Stationery Office，1954-1961.

② Alan P. Dobson. US wartime aid to Britain 1940-1946. London：Croom Helm，1986.

著的《萨姆纳·威尔斯，战后规划与新世界秩序之路，1937—1943》①将主视角放在了罗斯福战时内阁中一位非常有影响力的智囊——副国务卿萨姆纳·威尔斯身上。在战争时期，威尔斯基本上独自主导了美国战后世界秩序的设想以及规划工作，这些工作对战后世界秩序的最终确立产生了极为深远的影响。威尔斯提出了普适性去殖民化、集体安全以及全球贸易自由的政策理念，并在这些理念的支持下基本上完成了对战后海洋秩序的设想。威尔斯认为，战后英美两国作为仅剩的海军强国，将以大致公平的权责划分对全球海洋行使管理责任，而为了保证英美共管海洋秩序这一格局的稳定，美国需要剥夺几乎所有主要参战国，尤其是日本和欧洲国家的海外殖民利益，并且一并剥夺这些国家在未来对美国海权形成威胁的能力。同时，美国还必须将海洋自由航行理念彻底确定为战后全球海洋秩序的基础原则。这些理念对战后美国进一步完成全球海洋霸权的构建，以及战后美国主导下的全球海洋新秩序的建立起到了关键的指导作用。

与美国方面的战后规划不同，英国在战争期间所做的战后规划是以维持其已有的全球海洋利益，并对侵犯这一利益的苏联进行遏制和打压为核心目标的。正如英国历史学家以及政治家朱利安·刘易斯（Julian Lewis）在《政策变向：1942年至1947年的英国战略防卫计划制定》②一书中所阐明的，自1942年开始，英国内阁和军方就已经逐步确定下了在战后继续巩固全球海洋霸权和进一步扩张殖民地的战略目标。为了达成这一战略目标，英国内阁提出在战后剥夺除英美法以外几乎所有国家继续争夺海权的能力，并借助美国的帮助将苏联锁死在大西洋、地中海和太平洋之外的规划。然而，这些规划在战争中由于英国相对于美国的颓势逐渐显现而基本上未能得到实现。

在其著作《大英帝国的最后一千天：丘吉尔、罗斯福以及美利坚治

---

① Christopher D. O'Sullivan. Sumner Welles, Postwar Planning, and the Quest for a New World Order, 1937-1943. New York NY: Columbia University Press, 2008.

② Julian Lewis. Changing Direction: British Military Planning for Post-war Strategic Defence, 1942-1947. London: Routledge, 2002.

下的和平的诞生》①中，著名英国历史学家彼得·克拉克（Peter Clarke）将视角重点放在了 1944 年 9 月至 1947 年 8 月的这三年时间中，详细记录和叙述了英国殖民帝国与依附于其殖民帝国的世界秩序体系瓦解崩溃、并被美国所建立的世界秩序所取代的高潮时刻。克拉克提出，战后英国在短期内就迎来殖民帝国解体和全球战略大撤退，根本原因是英国饱受战争重创的经济没有能够完成软着陆。经济上的困难极大地限制了英国的战略决策，迫使英国政府优先关注国内需求以稳定政局，并在这一过程中不可避免地逐步牺牲掉海外的众多关键利益。

著名英国历史学家大卫·雷诺兹所著的《从世界大战到冷战：丘吉尔、罗斯福与 20 世纪 40 年代国际关系史》②则对英美特殊关系的起源进行了十分独到的剖析。雷诺兹认为，"特殊关系"这一概念是英国方面有意创造的，其意图在于将英国利益同美国绑定，从而在英国即使失去全球性霸权身份后依然能维持超然的国际地位。"英美特殊关系"是英国方面所制造的外交工具，其意义在于让一个衰落的大国利用另一个崛起的大国来为其利益而服务。

美国历史学家乔治·马丁·亚历山大（George Martin Alexander）所著的《杜鲁门主义的前奏：1944 年至 1947 年英国的希腊政策》③和爱德华·约翰·希伊（Edward John Sheehy）的著作《美国海军、地中海以及冷战，1945—1947》④从两个角度描述了新的国际和地区秩序在希腊危机中初现端倪的过程。在战争末期，英国由于害怕希腊左翼游击队同苏联合流，在 1944 年断然采取了军事干预。但是这场军事干预却因为英国方面的实力不足而陷入僵局。在认识到己方力量不足以完成扼杀希腊革

---

① Peter Clarke. The Last Thousand Days of the British Empire, Churchill, Roosevelt, and the Birth of the Pax Americana. New York NY: Bloomsbury Press, 2008.

② David Reynolds. From World War to Cold War: Churchill, Roosevelt and the International History of the 1940s. Oxford: Oxford University Press, 2007.

③ George Martin Alexander. The Prelude to the Truman Doctrine: British Policy in Greece 1944-1947. Oxford: Oxford University Press, 1982.

④ Edward John Sheehy. The U. S. Navy, the Mediterranean, and the Cold War, 1945-1947. Westport CT: Greenwood Press, 1992.

命的任务后，英国主动要求美国在地中海部署永久性军事存在，并不断尝试将美国卷入希腊冲突。1947 年，英国撤出希腊，美国接管了对希腊左翼组织的武装干涉，通过对希腊革命的打压，美国初步获得了其军事力量在地中海地区长期部署存在的合法性，以希腊为源头的东地中海危机也是美苏走向阵营对抗的预演。

美国外交家与国际关系学者亨利·巴特菲尔德·莱恩（Henry Butterfield Ryan）、美国公共政策研究学者罗伯特·M. 哈撒韦（Robert M. Hathaway）和爱尔兰历史学家马丁·麦考利（Martin McCauley）三人各自的著作：《英美关系展望：1943—1946 年美英同盟以及冷战的萌芽》①、《暧昧的伙伴：1944—1947 年的英美关系》②和《冷战的起源：1941—1949》③，则从不同的角度论述了战后早期美国的全球战略和地缘政策逐步被英国所影响，并直接导致美苏对立格局形成的过程。英国认为罗斯福所提出的战后世界秩序设想并不符合其利益，因此在罗斯福于1944 年突然离世后，英国决策集团就开始借由战后美英两国国防利益高度趋同的基础，逐步对杜鲁门政府施加潜移默化的影响。通过对东地中海等地区爆发的地缘政治危机的操纵和对杜鲁门个人外交倾向的利用，英国渐渐将美国的全球战略和地缘政策思维转变为英式的阵营对立和大国遏制思维，将美国变成了英国殖民帝国政策事实上的继承者，并成功煽动起了美苏之间的对抗情绪。虽然英国已经失去了霸权，但是通过对盟友的思维渗透，英国曾经依靠霸权所获得的全球利益仍然得以被美国所保护。此外，一个阵营对抗的世界体系也能让英国有更多的操作空间供其更灵活地施加影响力，同时也能够确保英国能够持续维持一个优越的国际地位。

---

① Henry Butterfield Ryan. The Vision of Anglo-America: The US-UK Alliance and the Emerging Cold War, 1943-1946. Cambridge: Cambridge University Press, 2004.

② Robert M. Hathaway. Ambiguous Partnership: Britain and America, 1944-1947. New York NY: Columbia University Press, 1981.

③ Martin McCauley. Origins of the Cold War: 1941-1949. New York NY: Routledge, 2015.

阿伦·P. 多布森在其另一篇文章《丘吉尔在峰会：大西洋盟军最高司令会议和1952年1月的英美关系基调》①中叙述了丘吉尔在1952年英美关于大西洋海军指挥权的协商峰会上的个人谈判表现。在确定北约内部大西洋海防权责的会议中，美国提出大西洋战区的所有海军力量要由一名美方的最高指挥官实行完全的统一指挥，在美方的统一指挥之下，英国军队会负责东大西洋的海防。而在1951年重新组阁的丘吉尔则希望能够阻止这一意图的实现，并确保英国能够在北约内部仍旧保持其在英美关系中的超然地位，因此提出承认美方的总体领导权，但是希望能够在东大西洋战区保留独立于美国司令的战略指挥权。最终，双方达成了部分妥协，英国海军获得了本土海域防务的独立指挥权和东大西洋的战时独立指挥权。这次会议以制度形式确立了大西洋的海权归属，并在北约这一广泛的政治与军事国际组织内合法化了美国所掌握的环大西洋海洋霸权。

总体而言，国外，尤其是西方学界对英美海洋霸权转移过程的研究已经非常精细化，几乎所有在这一课题之下的内容都已经有了对应的研究成果。客观而言，由于各种因素的影响，西方学界在英美海洋霸权转移的研究中相较国内学界有着天然的优势。西方研究者具备大量的第一手文献乃至亲历者的资料支持，可以支撑研究者进行极为细分的研究，其所列举的各项数据以及历史事实因此也具备较高的可信度，而其在理论以及观点的更新速度上较之国内也更快。

2. 国内研究动态

中华人民共和国成立后，长期处于冷战包围封锁中，面海发展十分艰难。改革开放后，中国海洋事业得到了蓬勃发展。此时国内学界逐渐开始出现对传统海军强国及其海权发展过程的系统性研究。在

---

① Alan P. Dobson. Churchill at the Summit: SACLANT and the Tone of Anglo-American Relations in January 1952. The International History Review, Vol. 32, No. 2 (2010), pp. 211-228.

20世纪90年代，著名的军事学术研究专家张炜与许华所著的《海权与兴衰》①就是当时十分具有代表性的研究著作。《海权与兴衰》一书主要介绍了海权和海权理论产生、发展的来龙去脉及其内涵，并分析了海权对国家兴衰产生影响的原因。此书所选取的研究范围非常宏大，几乎囊括了近现代全球的海权发展史，其研究对象包括晚清、沙俄、日本、英国、美国、德国以及新中国，由于研究对象繁多，《海权与兴衰》一书并未对某一个或某几个国家的海权发展的历史轨迹形成较为系统的理论，而只是在全书最后发出了"一定要把新中国建设为海权强国"的呼吁。

而在同一时期，陈海宏教授所著的《美国军事史纲》②则将视角聚焦于美国一国自立国以来的军事建设与影响力拓张的历史。同前一本著作类似的是，陈海宏在《美国军事史纲》的写作中也选取了十分宏大的研究范围，将研究的时间范围拓展为殖民地时期直至现代的美国陆海军军事建设、军事作战与国家影响力发展的历史进程。不过，在《美国军事史纲》的写作中，陈海宏将大部分内容的重心都放在了美国陆军力量的建设发展与军事行动的历史研究上，而对于奠定和巩固了美国现代国际地位基础的美国海军的建设发展与军事行动历史的研究没有足够的侧重，尤其是在第二次世界大战部分的论述中，关于美国海洋战略与海军作战行动的研究不足。这种偏差在一定程度上导致了此书研究结论的失真。

以上两部著作应当是我国自改革开放以来较早的试图从军事战略角度解读美国崛起历程的研究成果。虽然受限于时代等原因，以现在的眼光来看两书都存在不小的瑕疵，也有着诸如因视角范围选取过大而导致细节部分论述欠缺的问题，但是这不能抹消这两部著作以及同一时期在类似问题下其他著作的撰写者的努力。

在21世纪的第二个十年，随着国家综合国力的进一步发展，建设

---

①　张炜，许华. 海权与兴衰［M］. 北京：海洋出版社，1991.

②　陈海宏. 美国军事史纲［M］. 北京：长征出版社，1991.

海洋强国已成为国家战略，也越来越多地受到了来自社会各界的关注。关于英美第二次世界大战期间的海洋战略以及英美海洋权力转移的国内研究，也随着海洋强国战略的提出而受到重视，涌现出了一批高品质的学术研究成果。

于 2016 年出版的海军史研究学者章骞的《不列颠太阳下的美国海权之路》①是关于英美海权转移的历史问题的极具代表性的研究著作，该书的研究范围自 19 世纪英国依托殖民帝国体系建立起全球海权开始，至 20 世纪第二次世界大战后美国取代英国获得全球海权为止。作者章骞在该书中研究了英国规模空前的海上力量逐渐被美国所取代，一些同样企图以对抗形式攫取海上霸权的其他力量却遭遇衰败的历史进程。还以 19 到 20 世纪各国海权发展之路作对比，对美国如何一步一步走向海权大国的历程加以了极为细致的考察与分析。

而在另一方面，白海军的著作《海洋霸权：美国的全球海洋战略》②则将目光主要聚焦在了美国的海洋战略与海权的研究之上，该书的主要研究范围为 1783 年美国独立建国以来至 21 世纪初为止美国的对外扩张史、海洋战略演进史以及最终形成世界霸权的历史过程。从地理、历史、政治、经济等角度出发，全面、系统地阐述了美国海洋霸权的历史原因、形成脉络以及发展轨迹。不过，该书虽然花费了将近一半的篇幅来论述美国海洋战略与海权影响力在第二次世界大战时期的发展与扩张，但是其中大部分内容的重心放在了对太平洋战场的论述上，对美国在大西洋与欧洲方向的海洋战略发展与海权影响力的扩张史存在研究不充分的情况。

卞秀瑜博士则在其所作的对美国在第二次世界大战时期海权战略的研究《二战期间美国世界海权霸主地位的确立》以及《从海权强国向海权霸

① 章骞. 不列颠太阳下的美国海权之路［M］. 上海：上海交通大学出版社，2016.

② 白海军. 海洋霸权：美国的全球海洋战略［M］. 南京：江苏人民出版社，2014.

主的转变——第二次世界大战期间美国海权战略探析》①中提出，早在战争爆发之前，美国已经为卷入战争做了一系列的海权战略准备，这些准备在对德日两国的海战中证明了其价值，并帮助美国在"二战"时期建立起了所向无敌的海军力量。在此分析论述的基础之上，卞秀瑜认为，在"二战"结束时，美国已经取代了英国，成了世界海洋霸权的控制者。

刘娟博士所著的《美国海权战略的演进》②则是对美国海权战略的演进以及海权在美国海洋强国之路中的实践和作用等问题系统探讨的成果。相较于前文所提及的类似著作，该书的研究范围较为细致，选用的参考材料也更加翔实。其主要研究内容的时间跨度从1898年美西战争始，至美国形成新的海洋全球霸权战略为止。在极为丰富的英文资料的研究基础之上，作者通过该著作探讨了19世纪末20世纪初，美国如何成功地完成了从传统内向的"大陆扩张"到新型外向的"海洋扩张"的转型问题；探讨了第一次世界大战及战后一段时期内，美国如何保持海权力量的持续增长并确立海权强国的地位问题；探讨了"二战"期间美国的西洋战争以及如何成为世界海洋霸主问题；探讨了冷战期间美苏海陆对抗以及美国超级大国地位的形成问题；探讨了后冷战时期，美国海权战略的新变化问题。

在薛晨博士的论著《美国海权研究：成因与变迁》③中，通过对美国海权思想的自然条件、社会文化和意识形态成因以及美国海军战略的历史变迁进行分析，作者对支撑和制约美国海权思想形成的自然地理环境与物质因素进行了观察，分析了美国的民族心理与政治意识形态对于美国海权思想形成的重要作用，着重论述了海外意识形态对于美国海权思想形成的影响，并对美国海军战略的变迁与美国海权思想的相互关系进行了深入的研究与思考。对19世纪末至21世纪初的美国海权思想、

① 卞秀瑜. 二战期间美国世界海权霸主地位的确立[J]. 山西大学学报(哲学社会科学版)，2013(04)：72-76；卞秀瑜、胡德坤. 从海权强国向海权霸主的转变——第二次世界大战期间美国海权战略探析[J]. 江汉论坛，2013(09)：140-144.

② 刘娟. 美国海权战略的演进[M]. 北京：社会科学文献出版社，2014.

③ 薛晨. 美国海权研究：成因与变迁[D]. 博士. 上海：复旦大学，2011.

海权理论与海权实践的发展脉络进行了比较清晰的阐述。

而徐瑶博士的论著《美国海外基地体系的演变——一项基于战略认知的研究》①则对美国自 19 世纪末至后冷战时代的海外军事基地扩张史与体系建设史进行了研究，并以这一较为侧面的观察角度，描绘了美国自近代开始大力对外扩张以来的地缘利益、国家安全与国家威胁认知的演变史，以及基于此演变的美国全球海权与军事影响力范围版图的变化历程。该书认为，建立海外基地与海外设施，既是一国维护自身利益的有效手段，亦是一国发展海权战略时所应当采取的正当手段。我国在大力发展海权建设、打造海洋强国的战略背景下，也理应享有合理运用这一手段的权利。

在《1945—1955 年英国防务战略研究》②中，作者陈向阳博士通过对"二战"结束后十年之内英国的防务战略发展历程以及冷战起源问题的研究，对英国在这一时期内的防务战略演变进行了阶段划分。通过对 1945—1947 年独立对抗苏联的"三个支柱"战略、1948—1951 年转向"大西洋联盟"战略；1952—1955 年在"大西洋联盟"战略框架内确立"核威慑"战略这三个发展阶段的分析与解读，作者对英国在这一时期从冷战东西对抗格局的"主角"之一转变为"配角"，最终在防务战略制定的问题上选择全方位依附于美国的演变过程进行了细致的论述。而这一转变则可以被认为是美英之间自"二战"爆发以来所发生的和平权力转移历史进程的最后一步。

李文雯博士的论文《美国海洋航行自由原则的演变及其对美国海军力量发展的影响(美国建国—第二次世界大战结束)》③则专注于研究美国在外交领域与海洋战略领域所秉持的航行自由政策的发源以及其自美

---

① 徐瑶. 美国海外基地体系的演变——一项基于战略认知的研究[D]：博士. 上海：复旦大学，2013.

② 陈向阳. 1945—1955 年英国防务战略研究[D]：博士. 北京：首都师范大学，2013.

③ 李文雯. 美国海洋航行自由原则的演变及其对美国海军力量发展的影响(美国建国—第二次世界大战结束)[D]：博士. 北京：外交学院，2014.

国建国始至第二次世界大战结束后的发展历程与演变轨迹。作者在其中指出，美国在第一次与第二次世界大战期间维护海洋航行自由的政策为其海军力量的发展提供了机遇，而在战争中，美国逐渐强大的海军力量对海洋航线的控制又反过来帮助了美国航行自由政策的强化与发展。在论文的结论部分，李文雯博士指出，一方面，美国海洋航行自由政策的发展体现了美国外交的实用主义原则，其演变与美国国家利益的演变相一致；另一方面，美国在追求与维护海洋航行自由的时期，其海军力量也借此获得了发展的动力、机遇以及指导思想。

刘笑阳博士的《海洋强国战略研究——理论探索、历史逻辑和中国路径》①从为中国海洋强国战略的设计实施提供一定理论创新的目标出发，对海洋的战略价值、海洋强国战略的客观环境、海洋强国战略的国内基础以及海洋强国战略的基本框架等问题进行了细致的分析论述。选取了自新航路开辟至21世纪初的6个世纪中西方海洋强国的历史演进轨迹为研究对象，深入考察了海洋与大国兴衰的内在联系。在其论文中，作者将1895年至1945年这半个世纪的历史划分为"争霸时代"，并认为这一时期美国的海权发展从根本上奠定了现当代世界秩序与海权版图的基础。

岳鹏博士的《战略对接对崛起国家海权发展成败的影响研究》②则对国家间构建的战略对接如何对崛起国家的海权发展造成影响的问题进行了深入的探讨。与袁伟华博士的论文类似，本文的研究方法也同样选择了建立理论模型并以案例验证的方法。通过对美国和德国分别自19世纪末至20世纪中叶为止的海权发展与挑战霸权之路的两个案例进行研究，作者建立了一个国家间战略对接关系与国家海权发展之间影响关系的理论模型。而在文章的结论部分，作者岳鹏博士认为，美国得以成功发展为世界性海权大国，是由于在海权发展的道路上与英国建立了良

---

① 刘笑阳. 海洋强国战略研究——理论探索、历史逻辑和中国路径[D]：博士. 北京：中共中央党校，2016.

② 岳鹏. 战略对接对崛起国家海权发展成败的影响研究[D]：博士. 天津：天津师范大学，2017.

好的战略对接关系，使得英国也能从美国的海权发展中获益，而德国则相反。

　　浙江大学研究员杨震等在文章《美国海权思想演进探析》①中观察分析了从19世纪末至21世纪初美国海权格局以及海权思想的发展与变化。二人认为，在第一阶段即马汉海权思想的主导下，美国逐步取得了海权霸主的地位。而在"二战"结束后，苏联开始同美国展开冷战背景下的海权斗争，这一新常态下的海权斗争促使美国作出了制海权理论的变革，并最终获得了胜利。

　　聊城大学太平洋岛国研究中心研究员曲升教授在其文章《从海洋自由到海洋霸权：威尔逊海洋政策构想的转变》②中，分析研究了威尔逊总统的海权思想对美国在20世纪初的海权扩张过程中所造成的影响。曲升提出，威尔逊总统在巴黎和会前后的海权思想出现了明显的转型，在巴黎和会前，其以推崇海洋自由为主，希望通过和平手段改良国际海洋秩序。但在巴黎和会后，威尔逊总统的思想转变为和英国争夺海洋霸权。曲升认为，虽然威尔逊总统的个人努力最终全部走向了失败，但是他的思想以及政策还是为美国后续的海洋霸权建设留下了宝贵的遗产。

　　国防大学国家安全学院梁芳教授在《美国控制海上战略通道的理论实践与启示》③中提出，美国海军称霸海洋的历史就是夺取海上战略通道控制权的过程。根据梁芳的论述，美国海军从第一次世界大战开始便在专注于获取对海上战略通道的控制，而第二次世界大战的太平洋战场便是日美对战略通道的控制权争夺最为集中的海域。通过成功在太平洋建立对战略通道的控制权，美国才得以保证了两线战场的顺利进行。在冷战以及后冷战时代，建立和保卫对海上战略通道的控制更是逐步深化

---

　　①　杨震，周云亨，郑海琦. 美国海权思想演进探析[J]. 国外社会科学，2016（05）：99-109.

　　②　曲升. 从海洋自由到海洋霸权：威尔逊海洋政策构想的转变[J]. 世界历史，2017（03）：4-16.

　　③　梁芳. 美国控制海上战略通道的理论实践与启示[J]. 中国海洋大学学报，2019（05）：39-46.

为美国海权战略思维的核心，被持续地沿用于同海权挑战者的海权斗争之中。

复旦大学日本研究中心副主任高兰教授在其所撰写的《海权发展模式研究与中国海权理论构建》①一文中提出，英国自拿破仑战争开始建立起的海洋霸权是历史上出现的首个全球性海洋霸权，带有浓厚的全球化性质。在两次世界大战后，英国海军逐渐退缩为一支地区性的力量，而美国的海上力量开始取代英国，成为新的全球海洋霸权。高兰教授认为，英美各自在不同时期所主导的海洋霸权实际上存在着非常明显的共同点。两国维护海权的终极目标，是维护给本国带来巨大利益的国际贸易秩序。这使得两国有着可持续的巨大内生动力推动其继续维持对全球海洋霸权的控制。

总体而言，国内对英美海洋霸权、以及两国之间海洋霸权转移过程的研究近年来出现了快速的增长，整个研究领域开始逐渐趋向成熟。然而，由于资料获取的门槛相对较高，国内对相关课题的研究普遍更倾向宏观研究，而非针对细分问题的研究，现有的研究体系在某些问题上仍然存在一定的欠缺。此外，目前国内已有的研究成果由于客观需求的原因而存在较强的倾向性，对美国海权发展过程的研究要明显多于英国，这可能会导致对某些问题分析论述的不全面。

第三节 研 究 设 想

一、研究设计

本书以唯物史观和整体世界史观为指导思想，以地缘政治理论以

---

① 高兰. 海权发展模式研究与中国海权理论构建[J]. 亚太安全与海洋研究，2019(05)：29-48.

及近现代海权理论为主要研究理论，运用国际关系、历史学、国际法等学科方法，进行多学科的综合研究；使用的具体研究方法为文献研究法以及案例研究法，涉及的文献范围主要包括美英政府文件，美英官员往来信件、战争记录、会议纪要、回忆录以及学界著作与论文等资料。

本书的研究主题是 20 世纪上半叶至战后初期，世界海权从英国转移到美国的历史演进及其原因探讨。在论述中，本书借鉴了目前在西方学界颇受青睐、用于解释英美海洋霸权转移模式的新理论，即英国的国力衰落是直到 20 世纪 40 年代才出现的突发性快速衰落，为此，英美海洋霸权转移的开始时间应当定位于"二战"初期，而非更早的年代。笔者认为，英美海洋霸权转移始于 20 世纪 40 年代英国出现的突发性快速衰落这一结论有一定的道理，然而，英国国力衰落虽然可以被看作短期内出现的突发性历史事件，但是美国国力的增长在很大程度上依然是长期发展积累所导致的结果，因此，把英美海洋霸权转移的过程看作简单的短期或长期过程都是片面的。

笔者认为，美国得以在"二战"中获得大幅度的海权扩张，并奠定其在冷战时期成为全球海洋霸权的基础，是硬实力和软实力的发展共同作用的结果。本书通过对英美两国在海权竞争的博弈过程中软实力的发展与变化所进行的重点分析，认为英美海洋霸权转移在"二战"前并未能够发生的主要原因之一就是战前美国长期忽视、长期缺位的软实力建设。在软实力不足的情况下，纵使工业产能、舰队规模等硬实力发展迅速，硬实力远超英国，但始终未能将硬实力有效地转化为大国博弈中的竞争力，因而在世界上的影响力仍不及英国。而随着软实力建设在战争期间逐步趋于完善，美国在大国博弈中的竞争力也得到了长足的提升，才最终取代英国成为世界海洋霸主，完成了英美海洋霸权的转移。这是本书对世界海权从英国转移到美国的历史演进及其原因探讨得出的新论点，是对西方学界关于英美海洋霸权转移的开始时间应当定位于"二战"初期观点的修正。

二、结构设计

本书以 1921 年(签订《华盛顿海军条约》)至 1971 年(英国实行从苏伊士运河以东地区的战略撤退)为主要的研究时间段。在对包括政府档案、往来信件、政策报告、学术论著等在内的档案文献进行研究的基础上,引入了近年来在西方学界颇受青睐的、以戈登·马特尔为代表的新兴大国兴衰理论,试图对英美海洋霸权转移这一案例进行论证,并以时间顺序为主、地区顺序为辅的研究脉络,重点分析对这一历史进程的轨迹产生重大影响的节点事件。

除本章外,本书接下来分五章展开,第二章对间战期(1918—1938)的全球海权格局、英美的相对海权实力强弱以及两国基于海军和海权问题的外交博弈进行了较为详细的论述。基于近年来英美学界新出现的一些研究成果,笔者提出,1921 年签署的《华盛顿海军条约》并非英美海权影响力升降进程中的里程碑事件,而只是旧时代海权格局的延续,英国在《华盛顿海军条约》签署后相当长一段时间内仍然维持着全球海洋霸权。而美国则由于国家战略的缺失,长期无法将其国家实力转化为大国博弈中的竞争力,因此一直未能真正形成对英国海权的实际挑战。直至欧洲战争爆发前夕,英国在大西洋仍然占据着双方公认的对美海权优势,而在太平洋,英国和美国各自对东南亚海域和中东太平洋海域占有海权,大体居于互不依附的平等海权地位。

第三章重点论述了英国在“二战”欧洲战争前中期(1939—1943)快速的国力崩溃,以及随之出现的在大西洋以及太平洋地区的海权萎缩。结合短年表理论的论述以及对历史材料的分析,笔者提出,英国国力的大崩溃开始于 1939 年。随着对德威慑构建的失败、欧洲战争的爆发和全局战略设计的连环崩溃,英国被拖入其所最害怕的全球多线长期消耗战,并在短短一两年的时间里快速失血。军事和后勤上的巨大压力致使英国国家财富飞速蒸发,收支完全失控,倒逼英国在国家战略上作出重大让步以换取美国的援助乃至最终入场。而随着战争的进行,英国对美国物质及军事支持的依赖不断加剧，而这种依赖逐渐从军事传导至政治，并使英国逐步失去了在英美战略关系中的议价能力。

第四章则对对应时间段内（1942—1944）美国在太平洋和大西洋的海权扩张过程进行了详细的论述。美国在 1942 年加入战争后，便开始寻求从英国手中夺取盟军的战略主导权，让盟军遂行符合美国而非英国利益的行动。然而，即使在人力、物力上相较于英国有巨大的优势，美国在参战前期却始终无法赢得同英国的竞争。直到德黑兰会议，美国在内部极大提升了军政系统的软实力，在外部获得苏联支持后，才终于在竞争中压倒英国，并成功主导了大部分西欧国家的政治重建，这为美国在战后借参与欧洲政治事务契机巩固大西洋海权创造了宝贵的政治条件。而在太平洋，由于英国在战争初期就放弃了战略指挥权，因此美国在太平洋战场确立海权的过程几乎没有经历政治斗争。战争末期，英国不得不依附于美国的太平洋海权来完成其在东南亚的海权重建，由此彻底改变了战前两国基本上平起平坐的太平洋海权格局。

第五章则论述了美国主导下战后世界秩序的形成和美国全球海洋霸权在冷战时期确立的过程（1945—1971）。在"二战"结束之时，美国顺利完成了它所期望的两洋海权目标。另一方面，英国却因为未能通过其所期望的殖民地扩张补偿经济损失，从而陷入了财政崩溃和战略收缩的恶性循环。在世界秩序逐步转入冷战格局的大背景下，为了在衰退期继续保持其全球战略利益的英国决定通过可控的权力让渡，寻求美国继续代理英国所秉持的地缘政策。作为这一决策的结果，英国在冷战时期主动引导美国接手了地中海和印度洋的海权，由此终于使美国成为全球海洋霸权的掌控者。

基于第二至第五章对文献资料和历史事实细致而深入的研究，本书在第六章结论部分认为，英国在"二战"爆发之前都仍然是世界上唯一的全球海洋霸权，同一时期的美国并没有能够借助《华盛顿海军条约》等历史事件成功开启美英之间的海权转移。然而，在 1940—1942 年，英国由于重大的战略决策失误遭遇了塌方式的快速国力崩溃。这一过程不仅使得全球包括西太平洋在内的多个海域出现了战略真空，同时也使美国得以在战时建立起对英国的巨大博弈优势。该优势帮助美国在"二战"时期获得了太平洋海洋霸权，并在大西洋实现了大规模的海权扩张。而在战后，随着冷战格局的形成，英美两国的海权利益在新的国际环境下出现了高度的趋同。在这种趋同关系的影响下，英国在战后持续的国力衰退期中选择将它在地中海、印度洋和部分大西洋海域中仍然保留的海洋霸权主动让渡给美国，借此实现了让美国帮助保护其海权利益的目标，而美国也得以通过和平手段取代英国，在冷战中后期成功完成了全球海洋霸权的建立。

第二章 "二战"前英国全球海洋霸权及美国海权的状况（1918—1938）

在"二战"爆发之前，美国凭借长期的高速发展，基本上具备了足够支撑一场海权扩张的工业与经济实力。但是，限于国际国内两方面的不利因素，"二战"前的美国并没有能够将它的工业和经济实力成功转化为强大的海权竞争力。于是英国在这一时期仍然得以继续保持其全球海洋霸权。从华盛顿海军会议开始，直到第二次伦敦会议结束，英美两国经历了一段海权利益从冲突到共存的过程，而随着这一过程的进行，英美两国的关系也逐渐从"一战"后的低谷中走出，产生了建立军事合作的基础。从历史的角度上看，这一过程不仅让反法西斯大同盟的诞生成为了可能，同时也为后续美国在"二战"时期从英国手中和平获取海洋霸权做了重要的铺垫。

第一节 间战期英美海权概况

在甲午战争、美西战争和日俄战争后，全球海权格局在 20 世纪初开始逐步趋向于明确，国际上出现了英、美、日、法、意五大海权强国，在这之中，英国掌握全球海洋霸权，而在其之下的美日法意各自对某一片海域拥有独占性影响力。在随后的一段时间内，这样的海权格局一直保持着相对的稳定，而德国作为这一时期的新兴海权挑战者，并没有能够对该格局造成显著的冲击。因此，直到"一战"结束，这一自 19 世纪末开始孕育，并在 20 世纪初基本成型的海权格局仍然存在，并深刻影响着"一战"后的大国博弈形势。

一、间战期英国国力以及海权概况

1918 年,英国有惊无险地获得了第一次世界大战的胜利。在战争中,英国经受了难以想象的考验,并付出了高昂的代价。英国损失的商船吨位达到 900 万吨,累计损失几乎达到了 1913 年商船总吨位的一半;海军则付出了包括两艘无畏舰在内 13 艘战列舰、3 艘战列巡洋舰和 25 艘巡洋舰以及百余艘小型舰艇被击沉的代价,陆海空三军作战人员战死 90 万,失踪 20 万,累计超过 100 万人,另有各种物资和作战装备的损失无法统计。而更加严重的是经济上的损失:1914—1915 年,英国消耗了其海外资产的 15% 用于购买美国的物资,此后转而以向美借款作为主要的支付手段。从 1915 年开始,为了维持英国乃至整个协约国的战争,英国向美国大量发行债券,英国外债由此开始高涨,在这一过程中,为了保证英镑的币值稳定,英国还投入了大量的黄金储备和美元外汇来稳定汇率市场,这些都对英国的财政造成了巨大的压力。截至 1918 年 11 月,英国对美国外债达到了 10 亿英镑,并且其中有相当一部分是英国出面代替其盟国所借的债务,此类借款的大部分给了俄罗斯,而战后的苏俄政权当然不可能偿还这些债务,因此只能由英国代偿。在整场战争中,英国消耗了价值超过 100 亿英镑的军费,占去同期英国国民生产总值的 40% 以上。①

诚然,如上所述,"一战"对于英国来说是一场代价高昂的胜利,但是在另一方面,"一战"也为英国带来了巨大到难以想象的政治和战略红利。首先,最为重大的变化便是在"一战"过后,全球范围内暂时出现了没有国家对英国殖民霸权形成挑战的局面,而这一局面的出现在历史上尚属第一次。曾经长期困扰英国的法国、德国和俄罗斯这三大欧

---

① John Darwin. The Empire Project: The Rise and Fall of the British World System, 1830-1970. Cambridge: Cambridge University Press, 2009: 319-328.

陆强权，在战争结束后全部都失去了对英国的威胁。俄罗斯在战争中爆发了十月社会主义革命，彻底摧毁了沙皇统治，忙于巩固苏俄政权和专注国内建设；德国战败，全部的海外领土都被剥夺，海军力量几乎被完全消灭，经济上背上了沉重的战争赔款包袱，国力一落千丈；而法国则在遭受战争重创后不得不继续维持和英国的战略合作关系以保障其在欧陆的安全。以上这些国家都无力再对英国的利益形成挑战。在欧洲之外，日本的威胁尚未成型，而处于国力上升期又未蒙受战祸的美国则在战争结束后选择了孤立主义，无意干涉国际事务。由此，战后的英帝国迎来了一个较之以前历史上任何时候都要更加安全的时期，而这正是历代英国政府所梦寐以求的局面。①

此外，英国对世界，特别是对欧陆的影响力也随着战争的结束走向了一个高峰。首先，英国拥有了对欧陆战后处置事务的绝对话语权。虽然在战争中，英国向美国借下了大笔的债款，但另一方面英国自己也是所有欧洲协约国家最大的借款方。② 同时在战争时期，英国还和欧洲几乎所有受到战事影响的国家都签下了有关战后欧陆秩序设置问题的密约。③ 借助债权以及密约两大武器，英国在巴黎和会上得以在法国的支持下几乎达成了对欧洲战后处置问题的独断，对密约毫不知情的美国则在英法瓜分胜利成果时遭到边缘化，成为了无法影响结果的旁观者。而在国联设立之后，英国的国际影响力又在原本的基础上更进了一步。作为第一个全球性的国际政治组织，国联并没有将苏俄和美国纳入其体系之中，因此作为国联实际上领导者的英国得以在法国的支持下实现对国联几乎所有政治以及经济议题的掌控。在整个间战期，国联都没有如其宗旨所说的那样为世界和平而服务，而是成了为列强，尤其是为法国所

---

① Gordon Martel. The Meaning of Power: Rethinking the Decline and Fall of Great Britain. The International History Review, Vol. 13, No. 4 (1991), pp. 662-694.

② John Darwin. The Empire Project: The Rise and Fall of the British World System, 1830-1970. Cambridge: Cambridge University Press, 2009: 359.

③ Christopher D. O'Sullivan. Sumner Welles, Postwar Planning, and the Quest for a New World Order, 1937-1943. New York: Columbia University Press, 2008: 33.

支持的英国的战略利益而服务的工具。①

除了战略利益以外，英国也在战争中获得了任何国家都难以想象的巨大的实际收益。首先是殖民地的大幅扩张。在非洲，英国获得了多哥以及坦噶尼喀，并巩固了其在埃及的殖民统治，英帝国的殖民地南非联邦则并吞了西南非洲；在亚洲，英国更是将原属奥斯曼帝国的巴勒斯坦、伊拉克、卡塔尔和约旦尽数纳入掌控；在太平洋，英帝国的殖民地澳大利亚和新西兰则分别吞并了德属新几内亚和德属萨摩亚。"一战"也就此成为英国历史上最后一次大规模的殖民扩张。

其次，英国的经济仍具有活力。虽然在战争中，英国消耗了巨额的物质财富，但是它的本土工农业在战争中并没有遭到战火的摧残，由此战后的英国经济还是成功地以较快的速度走上了复苏轨道。在经历了"一战"的打击后，英国仍然设法维持住了其贸易船队的巨大规模，它为英国在战时弥补支出缺口和在战后的经济复苏作出了显著的贡献。在1918—1919年，美国派往欧洲的参战部队有一大半是乘坐英国船队抵达的，在欧洲，他们主要购买和消耗的也是来自英国的物资，仅此一项，美国就向英国支出了将近20亿美元（当时约合4000万英镑）的款项，在一定程度上帮助英国平衡了收支。此外，英国的海外投资也一直在保持着持续的稳定盈利，1920年，英国统计数据表明，海外投资盈利200万英镑，其余不可见出口盈利近400万英镑，总计盈利约600万英镑，相较1913年的369万英镑有了大幅度的提升。②

英国在经济快速复苏的过程中，其殖民地扮演了至关重要的角色。在战争时期，目睹飞涨的英国对美债务，英国著名经济学家约翰·凯恩斯（John Maynard Keynes）曾经不无悲观地表示，要是战争再多继续一年，可能整个英国就要把自己打包卖给美国了。从某种意义上来说，凯

---

① Th. W. Bottelier. Of Once and Future Kings: Rethinking the Anglo-American Analogy in the Rising Powers Debate. The International History Review, Vol. 39, No. 5 (2017), pp. 751-769.

② John Darwin. The Empire Project: The Rise and Fall of the British World System, 1830-1970. Cambridge: Cambridge University Press, 2009: 323.

恩斯的观点是正确的，时任美国总统伍德罗·威尔逊就观察到了这一契机，并乐观地表示在战争结束后，美国就有能力强迫英国接受符合美国利益的政治、经贸以及海洋政策。但是威尔逊的表态最终却没有能够成为现实，协约国在1918年击溃敌人赢得胜利，此时美国还没有来得及让英国对其的经济依赖形成无法挽回的局面，美国的经济杠杆也并没有成长到足够强大的地步。缓解英国经济压力的正是来自加拿大、印度以及南非这几块重要殖民地的支援。其中南非始终保持着对英国本土源源不断的黄金供给，用于平抑汇率、稳定英镑币值，然而在另一方面，英国却不需要将等值的英镑转移给南非，从而节省了大批货币储备。加拿大则是英帝国范围内除本土以外工业化程度最高的殖民地，在战争后期承担了英国相当大一部分的军工产能。而更重要的是，加拿大不属于英镑区，通行美元，1916年之后，加拿大成为了英国在殖民地内绝无仅有的美元外汇提供者，在整场战争中为英国提供了10亿美元的借款，达到了美国对英国借款数字的25%。最后的印度虽然在工业化程度上远远不如加拿大，但是其人力充沛，同时财富积累也非常可观，在战争时期，印度以低廉的维持费用向英国提供了超过100万名士兵，并且也同样维持着对英国源源不断的英镑财富支援。1917年，印度总督将等同于全印度一年收入的1亿英镑无偿赠予英国政府，以巨大的经济牺牲为代价有力支援了英国的财政运转。①

　　英国在殖民地的支持下，使美国在"一战"后以经济手段向英国施压的计划破产了。在美国切断对欧洲的美元借贷后，欧洲各国马上就放弃了美国货，转而重新开始进口英国生产的货物。而与此同时，威尔逊政府又令人吃惊地并没有表现出和欧洲诸国建立战后经贸合作的强烈意愿，由此本该和国际联盟（以下简称国联）的诞生一同出现的跨大西洋自由贸易秩序也胎死腹中。美国在战争时期所开拓的对欧出口市场由此在战后又迅速被英国抢占回去。于是，在经历了"一战"后，

---

　　① John Darwin. The Empire Project：The Rise and Fall of the British World System, 1830-1970. Cambridge：Cambridge University Press，2009：324-325.

英国的经济霸权虽然遭到了动摇，但实际上却并没有丢失。诚然，第一次世界大战终结了以伦敦为核心、被伦敦所掌控的金本位体系，并且纽约在世界金融经贸体系中的地位也迎来了显著的崛起，并部分取代了伦敦的职能。但是英国依然享有全世界最高的对外贸易额、最高的海外收入、最高比例的国际服务业和规模最大的贸易船队。此外，英国所拥有的诸多殖民地和自治领也是英国经济实力重要的组成部分，英国可以任意地从这些海外领地调动物质财富或是出借黄金和货币储备，同时在外部经济情况恶化，例如大萧条时，英国还能够对外封闭经济，在其本土和其殖民地所构成的英镑区内部进行经济大循环。具备这些能力的英国无疑仍旧具有非常强劲的国际金融竞争力，其经济的韧性和活力在国际上也都依然属于顶尖水平。[1]

诚然，英国作为一个整体在世界上的经济金融霸权地位在"一战"中确实遭到了削弱，但是在某种意义上而言，英国政府手中所掌握的经济金融霸权在"一战"后反而还被强化了。这是因为伦敦金融城在战前享有非常超然的、独立于英国政府之外的地位。在这样的组织结构设置下，英国政府并不直接掌握经济霸权，伦敦金融城在英国银行和资本家的影响下自主制定着金融和经济政策，有时这些政策甚至同英国的战略利益相冲突。但在战争中，英国政府通过一系列强制手段终结了伦敦金融城的金融政策自治自由，并将其彻底纳入了英国财政部的掌控。控制了金融城的英国财政部由此取代了英国银行，并在历史上第一次拥有了征用任意数额的外国证券、决定利率、规划黄金储备额度以及审核资本对外投资数额与目的的权力。[2]

在"一战"结束后，英国留下了一支规模巨大的海军，共计有70艘战列舰和战列巡洋舰、120艘巡洋舰、463艘驱逐舰和147艘潜艇，同时期美国则拥有一支由40艘战列舰、35艘巡洋舰和131艘驱逐舰所组

① John Darwin. The Empire Project: The Rise and Fall of the British World System, 1830-1970. Cambridge: Cambridge University Press, 2009: 325-326.

② Hew Strachan. The First World War, Vol 1. Oxford: Oxford University Press, 2001: 908, 965.

成、规模位居世界第二的海军。不过，出于经济复苏考虑，战后英国的军费被大幅削减，海军预算从1918—1919年的3.3亿英镑直降到5000万英镑左右，已经绝无可能继续在和平时期维持这样一支庞大的舰队，精简海军因此便成了当务之急。但在精简海军时，英国必须保证能够继续确保全球海权。在经过评估后，英国政府认定当前最有可能形成海权威胁的国家是美日两国。考虑到美国对英国最主要、最核心的外交和军事施压手段之一即港口封锁政策的敌意态度（本章第二节对此会有更加详细的阐述），英国认为有必要将海军主力留在大西洋同美国对峙，在这样的预设条件下，英国决策层提出了最底线的海军建设目标，即同美国达成1∶1的海军吨位比，这样由于美国需要在太平洋维持一支主力舰队防御日本，因而英国有足够的自信在大西洋形成对美国的海权优势，并且还能够同样分出一支对20年代的日本海军形成绝对优势的主力舰队进驻亚太地区。

然而，在当时，英国这一期望显得有些不切实际，因为威尔逊总统挟美国经济腾飞之势，提出了野心勃勃的海军扩建计划，并在1918年出炉了建造20艘"超无畏"舰与12艘战列巡洋舰的计划。为了应对美国的海军膨胀，英国提出希望能够和美国一同达成海军军备裁减协定，这便是《华盛顿海军条约》的诞生。在会议上，英国提出了一系列对美国有利的条件，包括放弃英日同盟、停止在西太平洋建造军用设施等，并最终成功同美国达成了1∶1的主力舰吨位比。因此我们可以看到，《华盛顿海军条约》实际上并不是对英国海权的削弱，美国固然通过这一条约达成了它所期望的一部分目标，但是英国也同样借助外交手段和条款的设置，以最小的代价获得了继续拥有全球海洋霸权的资格。

不过在一定程度上，《华盛顿海军条约》确实对英国在远东的海权影响力产生了负面影响。由于《华盛顿海军条约》规定不得在西太平洋增建军事设施，因而对英国海权辐射能力的继续东扩形成了阻碍。英国在亚太地区设施最完备的军港至此停留在新加坡，更东边的香港则再也没有能够获得足够的军事基础设施建设投入，因此也没有能够取代新加坡成为理想的舰队基地。① 由此,英国在太平洋的海洋霸权被限定在东南亚海域,太平洋的其他地区则成了专属于美国以及后来的日本的角逐场所。

二、间战期美国国力概况及其初步海权扩张

在第一次世界大战结束后,世界秩序仍然维持着整体上的欧洲中心,或者说西欧中心格局。虽然西欧在战争中的确遭受了巨大的损耗,但是它作为世界政治中心的地位并没有被撼动,这是因为从战争中获得了极大经济利益的美国和日本两国,在战争结束后没有积极追求参与全球事务,而是专注于攫取地区霸权。苏俄则和其他的欧洲国家一样饱受战火摧残,更倾向关注和解决国内问题。因此在整个 20 年代,英国在法国的支持下得以继续通过国联这一工具领导世界政治。

但是在这样的政治大背景下,国际经济格局已然发生了不小的变化。作为除了日本之外唯一一个借助第一次世界大战获得了经济利益的参战国,美国在战争结束后便成了无可争议的世界经济强权。由于战争时期的移民潮等原因,1920 年的美国总人口相较于 1900 年暴涨了30%,达到 1.06 亿人以上。这一时期的美国工农业产能也随着人口的爆炸而问鼎世界,甚至超过了排在美国之后的六个国家的产能总和。工业产能的膨胀紧接着带动了美国在外贸市场上的活跃,1922 年,美国的对外贸易出口总额就已经达到了 38 亿美元,至 1929 年,这一数字更是上涨到了 51 亿美元,同时工业制成品在总出口货物中的占比也攀升到了 50%以上。②

在金融领域,美国也迎来了脱胎换骨般的剧变。在战争中,借助着向欧洲倾销货物的东风,美国成功从净债务国转变为世界上最大的债权

---

① Martin Gilbert, ed. Winston S. Churchill, Companion, Volume. V, Part 1, The Exchequer Years 1922-1929. London: Houghton Mifflin Company, 1979: 305.

② George C. Herring. From Colony to Superpower: U. S. Foreign Relations since 1776. Oxford: Oxford University Press, 2008: Chap. 8.

国。在战前习惯于向欧洲银行借贷的政府、组织和个人在战后也纷纷转向美国，到 20 世纪 20 年代末，以对外贷款形式放出的投资已经达到了 150 亿美元以上，其中大多数还是向国家政府放出的长期贷款，大量的美国资金注入拉丁美洲、日本和德国，为美国货物打开这些国家的市场开启了方便之门。①

对外建厂投资在这一时期也迎来了高速发展，在 20 世纪 20 年代，美国以投资设厂为目的的对外直接投资达到了 40 亿美元，开启了属于跨国公司的第一个黄金时代。在美国企业投资设厂活动最为集中的欧洲，仅在 20 世纪 20 年代投资总额就翻了一番，在当地新设立了超过 1300 家公司。到 1930 年，美国的对外直接投资超过了法国、荷兰和德国三国对外投资的总额。②

除了美国本身经济地位的提升以外，战争期间以及战后国际金融秩序的重新洗牌也在很大程度上促进了纽约对伦敦国际金融地位的部分取代。英国在战前所维持的全球金本位体系，在战争当中被各国自发的本国经济货币化浪潮所摧毁，从而导致了全球金融秩序的大转变。伦敦不再能够像维多利亚时代那样完全独占全球金融的中心，英国银行家也不再能够随心所欲地借助金本位规则之下的金融游戏任意操纵和搜刮其他国家的财富。虽然除此之外，英国，尤其是英国政府在国际金融秩序中的霸权地位并没有在战后发生彻底的动荡，但是这一转变对美国国际金融地位的提升无疑还是非常重要的。

然而，美国在间战期经济的蓬勃发展并没有能够充分地转化为它在大国博弈中的竞争力，因此直到"二战"爆发之前，美国也始终没有能够真正动摇英国的世界霸权。

首先就是威尔逊总统和美国社会在"一战"结束后由于对巴黎和会的处置结果不满等原因而拒绝加入国联，并重新选择了孤立主义的政

---

① George C. Herring. From Colony to Superpower：U. S. Foreign Relations since 1776. Oxford：Oxford University Press, 2008；Chap. 8.

② George C. Herring. From Colony to Superpower：U. S. Foreign Relations since 1776. Oxford：Oxford University Press, 2008；Chap. 8.

策,这直接导致了美国在战后外交影响力的长期停滞不前。由于美国的上述立场,它在整个20世纪20年代都几乎与欧洲的重要政治议题无缘,在世界上的其他地区,美国通常也只能扮演一个游离于国联体系之外的"边缘人"角色,在国际政治领域的存在感并没有获得相较战前的显著强化。①

此外,美国在间战期前中期所选择的军备建设政策对这种"竞争力"转化的不充分也存在一定的影响。在威尔逊之后上台的沃伦·哈定总统属于共和党一派,因而在军事力量的建设问题上充分继承了共和党早期所提倡的军备限制政策。在这一时期的共和党政府看来,追求国际裁军和本国军备的削减不但可以降低政府开支,降低税率,同时也有利于加强国际社会的稳定,以便于商贸活动的发展和流动。因此军控议题与共和党的外交和经济政策是息息相关的。正是因为如此,哈定以及后续的柯立芝都没有再继续推行威尔逊时代的大海军政策,并且顺水推舟地促成了世界上第一个军备控制协议,即《华盛顿海军条约》。②

《华盛顿海军条约》终止了当时正在疯狂进行的主力舰军备竞赛,并定下了为人所熟知的英美日5:5:3的主力舰吨位比。在当代,许多学界以及社会人士都将《华盛顿海军条约》的签订看作近代史上的重要转折点,认为这一条约象征着英国海权的衰落和美国海权的崛起。然而近年来,部分最为专业的海军以及海权研究学者们却提出一个观点,即《华盛顿海军条约》对当时的海权格局所带来的改变实际上几乎可以忽略不计。它的条款中对于英美日三国主力舰吨位所作出的限制实际上只是再度重申并强调了从1890年至1906年这段时间内所确立的世界海洋秩序,即所有的主要海权大国都在某一片特定海域享有霸权,而唯一的海权霸主英国则掌控着其余所有的海洋。在这一时期演化出的世界海洋

---

① B. J. C. McKercher. "Our Most Dangerous Enemy": Great Britain Pre-Eminent in the 1930s. The International History Review, Vol. 13, No. 4(1991), pp. 751-783.

② Donald J. Lisio. British Naval Supremacy and Anglo-American Antagonisms: 1914-1930. Cambridge: Cambridge University Press, 2014: 9-10.

秩序下，美国控制着中部和东部太平洋，日本控制着中国近海以及日本以东的西太平洋，法意则各自在欧洲控制一片海域。而 1921—1922 年《华盛顿海军条约》的签订完全没有改变这样的海权分布格局，英国也没有丧失掉任何一片原本由其所控制的水域。[1]

更戏剧性的是，《华盛顿海军条约》甚至都没有能够帮助美国动摇英国的相对海军优势地位。[2] 在与美国达成主力舰吨位 1∶1 比例的前提下，英国仍然能够同时维持着对美法意日四国的压制。这一战略目标的实现在很大程度上又得益于美国所奉行的孤立主义政策，美国在国际上同其他任何海军强国都不存在军事同盟关系，因此英国基本上不需要考虑在战争中同时面对美国和另外一个海军强国的情况。虽然在英国海军军官自 20 世纪 20 年代晚期开始构思的英美战争预案中，两国最有可能爆发战争的场景是美国由于英国在战争中对第三国的港口封锁政策而介入对英作战，但是在英国对该第三国启动全面港口封锁行动之时，该国的海军力量应当已经遭到重大打击并基本失去作战能力，美国海军在这样的情境下将仍然处在单打独斗的局面。而在整个间战期，英国海军都始终保持着技战术水平以及专业化训练程度对美国海军的显著优势。简单来说，在 20 世纪 20 和 30 年代，相同吨位和舰种的英国海军的作战效能依然要远远超过同时期的美国海军。这一点是被英美两国海军高层所共同承认、并在决策时纳入考量的。[3]

而在剔除了只会单独同英国展开海战的美国后，英国实际上依然对第三和第四海军强国，即日本与法国保持着两强标准。因此《华盛顿海军条约》实际上只是将英国在"一战"前"单轨制"的对所有国家的两强标准变为了"双轨制"的对美一强标准和对其他国家两强标准。而在《华盛

---

① B. J. C. McKercher ed. Anglo-American Relations in the 1920s: The Struggle for Supremacy. London: Palgrave Macmillan, 1991: 75-77.

② B. J. C. McKercher ed. Anglo-American Relations in the 1920s: The Struggle for Supremacy. London: Palgrave Macmillan, 1991: 75-77.

③ Christopher M. Bell. Thinking the Unthinkable: British and American Naval Strategies for an Anglo-American War, 1918-1931. The International History Review, Vol. 19, No. 4 (1997), pp. 789-808.

顿海军条约》体系下，英国无论是在对美的一强标准抑或是在对其他国家的两强标准中都能够保证自身海洋霸权的安全。

可以说，如果在 20 世纪 20 年代，美国真的能够下决心建造一支规模和英国持平的远洋舰队，积极投身到诸如国联等国际组织的事务之中影响和推动国际政治的发展，同时能够在西半球之外坚决地推动其外交政策、捍卫其战略利益，那么这样的美国的的确确就会在间战期成为另一个能够严重挑战英国国际地位的世界性超级大国，但是间战期的美国没有这么做。在 20 世纪 20 至 30 年代，美国的确通过包括建立和拓展海军基地在内的一系列措施，大幅度地强化了它对太平洋地区海权的掌控，这确实是美国成为海权强国之路上的一次显著的进步，然而美国却并没有能够借助《华盛顿海军条约》的契机继续将它的海权影响力向外拓展延伸到其他的海域。在"一战"结束后的这段时期内，美国放弃了实现建造一支无可比拟的舰队的口号，它也没有参与到国联所讨论的许多关键的政治议题中，它更没有在西半球之外坚决地捍卫自己的利益、推销自己的政策。因此，虽然 20 年代的美国在经济和金融水平上是同期最为强劲的国家之一，但是这一时期的美国却并没有将其强大的经济基础转化为切实的国家竞争力和影响力。作为间战期唯一一个拥有改变英国世界地位潜力的国家，美国却选择了重返孤立主义，因此没有能够真正成为撬动世界秩序的力量，间战期的英美霸权转移自然也就无从谈起了。①

三、英美两国在环大西洋以及太平洋地区的海权力量对比

在 20 世纪 20 年代至 30 年代初，正处于关系低潮期的英美对两国可能发生的战争形势给出了自己的预想。这些预想的出现背景是英美两

---

① B. J. C. McKercher. 'Our Most Dangerous Enemy': Great Britain Pre-Eminent in the 1930s. The International History Review, Vol. 13, No. 4(1991), pp. 751-783.

国在1918年战争结束后围绕战时中立国航行权的问题爆发外交冲突、关系迅速转冷。英美两国之间由于战后迅速暴露出来的巨大政策和利益分歧，出现了政治上甚至是军事上的紧张局面，于是双方的军事系统内都诞生了以对方为假想敌的作战预案。

在英国一方，不少军政人士此时都意识到了美国对于海权的野心，他们认为，如果英美之间真的爆发战争，那么导致这场战争的最大的可能性是美国在与英国的外交冲突中无意触及英国的底线，从而招致英国的武力回应。海军部中一些认真考虑了英美战争前景的军官在经过细致的分析后认为，当下此种外交冲突应当最有可能出现在英国和美国之外的第三国处于战争状态时。在这种状态下，英国会试图管控流向该第三国的贸易运输通道，并极有可能在这一过程中引发倡导海洋贸易自由的美国的强烈不满。美方拒绝接受英国的贸易管控并持续向第三国销售物资补给，而英方则面临封锁遭到实质性突破的局面。在别无选择的情况下，英国只能被迫向美国宣战。[1]

美国方面对于英美战争的预想则与英国方面存在着一些差别。出于内心深处对英国人的厌恶和不信任，美国海军军官们一致认为如果真的爆发英美战争，英国将是在和平状态下对美国主动宣战的一方，而宣战的原因将会是打压英国在经济上的有力竞争者。1930年，美国联合计划委员会总结道："红（英）蓝（美）之间爆发战争最可能的原因是蓝方经济和贸易影响力不断向原红方势力范围渗透，并在这一过程中极大损害红方生活水平和经济建设。"[2]

对于设想着英美战争的英国海军军官而言，最难以解决的问题是如何在这样的一场战争中取得决定性的胜利。通过陆上进攻直接打击美国本土的方案完全超出了英国的能力，根本不具备实施的可行性，而英国

---

[1]　Christopher M. Bell. Thinking the Unthinkable: British and American Naval Strategies for an Anglo-American War, 1918-1931. The International History Review, Vol. 19, No. 4 (1997), pp. 789-808.

[2]　Steven T. Ross, ed. American War Plans, 1919-1941, Vol. 2. New York: Routledge, 1992: 262.

所惯常使用的海军封锁、打击经济的手段，在短期内又无法对美国这样一个高度自给自足的大陆政权造成有效的冲击。因此，他们一致认为，英国在英美战争中能够达到的最好结果就是与美国形成僵持，并在僵持状态下通过持续不断的运输线袭扰和沿岸炮击来造成美国内部的不稳，尽可能削弱美国政府的战争意志，并寻求双方的和谈。这样，战争目标就变成了单纯的与美方形成战略相持，但是想要达成这一战争目标也并不容易，由于英国自身同样也非常容易因为海上运输线的打击而受到实质性的伤害，所以固守大西洋东部的防御战略同样是不可行的，在防御态势下，英国位于全球的海外运输线很有可能会因美国海军的袭扰而遭受致命的损失，反而会导致英国本土和殖民地陷入不利局面。英国出于保护商路的需求，阻止美国保船避战的需求，以及在谈判桌上争取更有利的和谈条件的需求，都指向了唯一可行的战略，即进攻性战略。作出这一设想的英国军官认为，英国的最优解是主动前出到西大西洋，在战争爆发的第一时间派遣一支强大的主力舰队横跨大洋，以百慕大为母港进行活动，寻求消灭美海军的机会，同时以位于加拿大和西印度群岛的海军基地为活动中心的巡洋舰队应当尽可能保护己方运输线和骚扰敌方运输线。[1] 这样的战略能够提供消灭美国海军的机会，只要美国的主力舰队能够被阻挡在西大西洋近海水域之内，英国的巡洋舰队就能保护大部分英国运输线的安全。不过英国同加拿大和南美之间的海上交通线仍会不可避免地受到较大的阻碍，根据英国方面的估算，就算美国能够完全切断英国同加拿大和南美的贸易联络，也并不能够对英国造成致命的打击。[2]

　　而美国的海军军官们在考虑英美战争预案时对此的评估结果也非常接近，那就是美国可能无法给予英国以决定性的打击。根据美国海军部的估算，在间战期，如果爆发英美战争，英国方面在开战时将会拥有一支占有压倒性优势的陆军和占有少许优势的海军。不过，美国方面有信

---

① NSC 6th meeting., 13 Jan. 1921, CAB 16/37/1.

② NSC 3rd meeting., 5 Jan. 1921, CAB 16/37/1.

心将战争打成持久战，并在战争的中后期通过更加强大的工业生产能力和动员能力扭转力量对比，将英国逼上谈判桌。然而，美国方面所设想的对英打击实际上就范围而言是高度受限的，在美国的对英作战计划中，美军的进攻任务几乎仅限于对加拿大的入侵，而并未提及对英国本土的打击。有些讽刺的是，如果加拿大在美英战争中"出人意料"地采取了中立态势，美国就束手无策了，因为美国的全部假想作战计划都是通过入侵和占领加拿大来给予英国决定性打击的，跨海直接入侵英国本土的构想从一开始就不存在。①

即使是在1930年出炉的红色计划也并没有能够解决这个问题。美国的决策者们在构想对英战争时非常习惯于将自己摆在防御性的角色上，这一点即使是在1930年双方海军力量大致接近，美方只占有稍许劣势的时候也并未发生改变。比起发动一场横跨大西洋的力量投射行动，美国的决策者们仍然倾向于固守传统的半球防卫（Hemispherical Security）策略。这种路径依赖实在是过于强大，以至于美国决策者们甚至拒绝考虑任何加拿大宣布中立、美国不与其开战的可能性。在最保守的构思中，美国都必须要占领加拿大的哈利法克斯、维多利亚、圣约翰和新布伦瑞克这四座港口，同时将加拿大国境线内的苏圣玛丽（Sault Ste. Marie）、圣克莱尔（Ste. Clair）、底特律河沿岸和安大略半岛攻占为桥头堡。但是红色计划也就到此为止了，美国决策者并没有考虑在占领了以上战略目标、保证了北线安全后要如何迫使英国结束战争，也就是说，对加拿大的部分占领就已经是美国决策层所能计划的对英国最有力的打击了。②

与陆军不同，红色计划分配给美国海军的任务主要是偏向防御性的。美国决策者清楚地认识到美国海军无法保证在与英国海军的主力舰

---

① Christopher M. Bell. Thinking the Unthinkable: British and American Naval Strategies for an Anglo-American War, 1918-1931. The International History Review, Vol. 19, No. 4 (1997), pp. 789-808.

② Steven T. Ross, ed. American War Plans, 1919-1941, Vol. 2. New York: Routledge, 1992: 260.

队决战中胜出。虽然《华盛顿海军条约》明面上为英美两国定下了相等的主力舰吨位比，但是在整个 20 世纪 20 年代乃至是 30 年代，美国海军中普遍认为英国海军的战斗力要明显超过他们。[1] 在这样的结论引导下，美方的海军决策者最终确定的海军假想策略是将海军力量集中在西北大西洋海域，等待有利机会展开舰队决战。"如果"取得胜利，美国海军将在随后开始破坏英国的海上贸易线，并寻求夺取英国在西半球的其他殖民地。[2] 可以看出，美国的作战计划在很大程度上以夺取加拿大告终，而英国的作战计划却在很大程度上以加拿大的沦陷为开始。与美国人的设想不同，英国并不认为失去加拿大算得上是"决定性的打击"。

　　亚洲太平洋地区成为英美两国主要交战区的可能性则并不高，如前文所述，英美双方的作战预想在这一点上是一致的：美国海军的绝大部分战舰将会被集中部署在西北大西洋海域，因此亚太地区不会有美国的主力舰队活动。但是英国方面也对亚太地区可能的战争爆发做了预案，即万一美国从西北大西洋抽调主力舰队到亚太海域，试图破坏英国的亚太海运和夺取其远东殖民地，那么英国方面将会同样抽调一支主力舰队作为回应。英国方面的计划制订者甚至认为，在西太平洋海域，英国将会拥有比在大西洋更大的海权优势。在这一预想下，英国的计划制订者认为，英国抽调到亚洲的舰队将能够在完成保护己方海运线任务的前提下破坏美国对中国、日本和东南亚的贸易。此外，英国方面还认为可以借助占优势地位的舰队直接进攻并占领菲律宾，打掉美国在西太平洋唯一的海军桥头堡，舰队和其他相关武装力量的消耗则完全可以由印度和澳大利亚负责解决。不过，英国方面认可美国在中部和东部太平洋的制海权超过英国，因此并没有对马尼拉以东的美国海权支点提出进攻计

　　[1]　Michael Vlahos. The Blue Sword: The Naval War College and the American Mission, 1919-1941. Newport RI: Naval War College Press, 1980: 105-108.

　　[2]　Christopher M. Bell. Thinking the Unthinkable: British and American Naval Strategies for an Anglo-American War, 1918-1931. The International History Review, Vol. 19, No. 4 (1997), pp. 789-808.

划。①

总而言之，在这一时期，专业的海军参谋——无论英美——都不认为美国会在可能的英美战争中在第一时间取得海上的主动权。面临着加拿大所带来的巨大军事压力，美国海军的主力必须要留在本土海域附近采取守势以应对可能的来自加拿大的进攻，而与此同时，英国方面的计划却是派遣一支远洋舰队前往美国近海，主动寻找战机。如果美方向亚洲抽调舰队，英国则也将予以对等的回应，并且英国有信心在西太平洋取得胜利。英美两国在这一设想的战争环境下各自的策略选择从侧面表明了间战期两国相对的海权关系和各自的海权地位。尽管美国海军在间战期就规模而言已经非常接近英国海军，在太平洋地区的海权也在稳步强化，但是就双方所构思和设想的英美战争预案而言，不难看出美国的海权力量——无论是在北大西洋还是在西太平洋海域——仍要明显弱于英国。

通过前文的论述，不难得出结论：直到"二战"爆发之前，英国都还仍然维持着其作为全球海洋霸权的地位，而美国一方则在海权影响力和海权竞争力两个方面都仍然存在着明显的对英国的劣势。《华盛顿海军条约》实际上并不是旧有海权格局的终结，而只是它的延续。

第二节　间战期英美海洋关系

在"一战"爆发之前，英美两国就在有关海权、经贸和国际秩序等多个议题上存在着利益冲突。这些冲突并没有在巴黎和会中得到妥善解决。因此，在"一战"结束后，曾经同为一个阵营的英美两国马上就出现了矛盾的激化。即使是在《华盛顿海军条约》签订之后，关系跌入冰点的英美两国也仍然没有停止海军竞赛的步伐。为了管控和逐步改善英美关系，两国的政治家自20年代末开始做出了许多努力来规避或者缓

---

① Imperial Naval Defence, Oct. 1919, ADM 167/56.

和矛盾。这一系列举动基本上和英国试图遏制轴心国阵营威胁的努力同步进行,并且直接影响到了"二战"初期的世界格局以及历史走向。

一、"一战"后英美海洋矛盾的产生

美国在近代晚期战略野心的形成与这个国家民族精神形成的历史有着紧密的联系,而美国这个国家民族精神的形成又与它的崛起期发展历程息息相关。

1898年美国在西班牙战争中的胜利对美国的社会心理造成了极为深远的影响。在战争之前的美国人心中,欧洲是世界的中心,也是世界上最"文明"、最发达的地方。而美国就和中国、日本、奥斯曼等国一样,是被欧洲列强的帝国主义政策所压迫和欺凌的对象。而在1898年的战争中对一个曾经的欧陆强权所取得的胜利极大地鼓舞了美国的民众,美国由此自恃是"全世界第一个成功反抗了帝国主义侵略政策"的国家。当满怀着这种精神满足感的美国人将眼光看向世界时,他们发现自己的国家在当时采用的是主要大国中几乎绝无仅有的民主政治体制,同时他们的经济也在自由市场和自由贸易制度下维持着长久的繁荣,创造了海量的物质财富,这更让美国社会上下所陶醉。在进入20世纪初期后,美国社会主流意识由此发生了巨大的转变,在19世纪曾被广泛应用于合法化美国领土扩张的"命定扩张理论"即"昭昭天命"(Manifest Destiny)被美国社会自发赋予了新的定义。20世纪初的美国人开始坚信,他们的国家在19世纪下半叶在政治和经济上所取得的光辉成就,证明美国的制度、美国的道路、美国的理念代表着全世界的未来,是唯一正确的道路。全世界都应当效仿和学习美国的模式,将自己的政治、经济理念推行到全世界,应当且必须是美国在20世纪所需要完成的"昭昭天命"。① 在这种前所未有的乐观心态和宗教般的狂热激情的驱

---

① Kori Schake. Safe Passage, the Transition from British to American Hegemony. Cambridge: Harvard University Press, 2017: 118-145.

使下，美国政府、社会组织甚至是个人在 20 世纪初曾经以非常积极的态度和相对崭新的大国面貌投身于世界事务和世界政治议题。美国政府和个人在这一时期由于这种国民精神和社会意识形态的影响，采取过很多似乎与这个时代格格不入、过于理想化的对外政策。在 1910 年，钢铁大亨安德鲁·卡内基就注资 1000 万美元创立了第一个致力于实现"世界和平"的基金会。1911 年，美国政府敦促沙皇俄国"改革"甚至"推翻"当时被美国认为是不人道的沙俄政府，甚至为此不惜废除了两国在 1832 年签订的商贸条约。①

美国政府在 20 世纪初所推行过的很多长期外交策略也让它显得与其他的欧洲列强截然不同，首先就是美国非常热衷于"居中调停"大国之间的争斗，在美国的积极运作之下，日俄战争得以尽早结束，法德之间的一场可能导致战争的国际危机也被勉强化解在了萌芽阶段。其次就是美国在 20 世纪初一直坚持着一个在当时看上去有些"古怪"的不结盟政策，在"一战"前列强争相投入结盟政治，制造欧洲大国集团对立之时，美国作为列强之一却在 20 世纪初没有正式地和任何一个列强国家建立过军事同盟关系，这种政策一直维持到美国加入第一次世界大战。

可以看出，经历过美西战争的洗礼之后，走上列强舞台的美国在 20 世纪初是如此得特立独行，而在陶醉于战争胜利、政治胜利、经济胜利和科技胜利的美国人眼中，既然美国的道路是正确的道路，那么这个和美国的行事风格所不相容的世界秩序就是"错误"的，那么美国人就必须建设一个能够与美国的道路、美国的价值观和美国的理念所相容的世界。这种改变世界秩序的主观意愿就逐渐促成了美国民间对于取代作为当时世界秩序制定者、维护者和领导者的英国的心理需求的形成。

而美国的精英阶层对取代英国地位的需求则是围绕着更加现实的经济利益所展开的。19 世纪晚期至 20 世纪早期的美国正处在其经济发展的黄金时期，社会物质财富极大提升，各类产业也都迎来了蓬勃发展。

---

① George C. Herring. From Colony to Superpower：U. S. Foreign Relations since 1776. Oxford：Oxford University Press，2008：Chap. 9.

得益于美国本身在这一时期所取得的制造业和农业大国的身份,美国的资本家精英团体通过大力开展对外贸易获得了巨大的经济收益。由于这样巨大的成功,美国资本家的利益逐渐同对外贸易高度绑定,并且对这一当时主要通过海洋所开展的经济活动形成了路径依赖。这就决定了美国资本家精英团体出于自身利益考虑,必然开始寻求对外贸易范围的不断扩大和对外贸易活动的不断增加,并最终实现对外贸易网络全球化和全天候化。

但是,美国基于其国内资本家精英团体的利益维系所在而倡导的对外贸易最大化理念,却与作为国际秩序领导者的英国的政策有着不可调和的根本冲突。英国是一个拥有着海洋霸权的国家,但是它的陆军力量在欧洲却并不算顶尖水平,而且英国在欧洲大陆也缺乏立足点,因此英国对欧陆直接进行力量投射的能力受到了比较大的限制。在这样的大前提下,英国如果需要向欧洲国家施加外交压力或者是对某一个欧洲国家开战,就需要充分利用它的海权优势。对敌国进行港口封锁(Blockade)便是这种海权施压手段在战争时期的应用中最关键的一环。凭借强大的海军,英国可以实现对欧洲任何一个敌国港口的完全封锁,从源头上断绝敌方的海上运输,从而达成对敌国决策集团施加压力迫使其就范的目的。英国认为,实行港口封锁行动不仅意味着禁止本国和敌国所属的船只入港,它也同样适用于任何一个不涉及这场战争的第三方国家所属的船只。

而对于美国社会,尤其是利益已经与海上自由贸易高度绑定的资本家精英团体而言,英国的战时港口封锁政策是绝对无法接受的。因为这意味着一旦欧洲某个国家与英国爆发战争,即使美国与这场战争毫无关系,它和这个国家在相当长一段时间内的所有贸易也会平白无故地被损失掉。如果英国不能顺利地通过自身的手段慑服对方,导致战事久拖不下,那么美国工商界的经济损失更是会大到无法想象,美国资本家团体自然对这样无端的池鱼之殃非常抵触。不止如此,这个问题如果更进一步上升到国家高度,就等于美国的经济利益在一定程度上是被英国的对外政策所决定的,这个潜台词同样是美国政府所不能接受的。因此美国的上层社会长期以来就旗帜鲜明地反对英国无差别地执行其交战国港口封锁政策，并坚持认为美国商船的航行不应该受到任何政治因素的影响，这种思潮后来便逐步发展成为对全球海洋自由航行秩序和自由贸易秩序的追求。①

但是美国的这种思潮同样也是英国所绝对不能接受的，英国也绝对不可能豁免任何一个国家的船只通过被它所封锁的敌国港口，港口封锁行为必须得到无差别的执行。原因就在于，如果某一个特定国家的商船能够不受到港口封锁行为的干扰，安全进出敌国港口，那么就等于这个敌国对外的运输线没有被切断，它完全可以将自己所有的贸易和后勤需求都委托给这个被豁免国家的商船，从而规避英国所开展的经济制裁，这样，英国耗费巨额资金、动用多支舰队所开展的港口封锁就会完全失去意义。港口封锁是近代英国除了动用欧陆盟友以外，在对欧陆强权施压时所能打出的最有力的一张牌，而只要豁免一个国家，这张牌就会失去它的价值，英国也就会几乎完全失去它用来向敌方施加压力的筹码。这个问题事关英国的欧洲均势布局，直接影响到英国的欧陆政策和战略，因此英国同样无法退让。② 于是，交战海域中立国自由航行权这样一个英美两国都无法退让的问题几乎贯穿了整个 20 世纪的前 30 年，围绕这个问题的争论则更是直接导致了两国在第一次世界大战结束后关系迅速转冷、分道扬镳。

在 1921 年的《华盛顿海军条约》中，尽管各主要海军大国就主力舰吨位比达成了一致，但是各方对巡洋舰是否纳入限制却各执一词。最终《华盛顿海军条约》也只是限制了巡洋舰的单舰吨位不得超过 1 万吨，单舰主炮口径不得超过 8 英寸。在这个背景下，1924 年上任的柯立芝总统继承共和党早期的军控政策，于 1927 年邀请英日两国在日内瓦召开了一场旨在善后《华盛顿海军条约》、限制巡洋舰、驱逐舰、潜艇以

① Donald J. Lisio. British Naval Supremacy and Anglo-American Antagonisms, 1914-1930. Cambridge：Cambridge University Press，2014：5-15.

② Donald J. Lisio. British Naval Supremacy and Anglo-American Antagonisms, 1914-1930. Cambridge：Cambridge University Press，2014：5-15.

及其他种类的辅助舰只数量的会谈。这场于 1927 年 7 月至 8 月召开的海军军备限制会谈产生了部分建设性成果，但在最重要的巡洋舰数量限制议题的谈判上却走向破裂。英美关系也因为日内瓦海军会议在核心议题上的失败降至冰点，两国之间一段被称为"海军死锁"(Anglo-American Naval Deadlock)的时代开始了。由于谈判破裂而缺乏安全感的英美政府之间开始了和主力舰造舰竞赛相比甚至过犹不及的巡洋舰造舰竞赛。①

一直到第二次鲍德温内阁晚期也就是 1928 年年末，英国才认识到了同美国保持良好关系的重要性，同时也接受了英国无法通过常规手段压制美国发展的事实。1929 年，曾在第二次鲍德温内阁中任外交大臣的奥斯丁·张伯伦(Austen Chamberlain)开始努力游说他在政府中的同僚主动软化对美国的态度，由此促成了英美之间的和解。②

然而，即使是英方以主动回避交战海域中立国自由航行权问题为基础达成了同美国之间的和解，英美之间也还仍然存在着根本性的经济政策诉求上的矛盾。作为 20 世纪上半叶全球制造业产值最高的国家，当时的美国社会以及根植于美国社会的资本家和政治家团体对于任何可能会对美国对外贸易活动造成不利影响的因素都深恶痛绝，这其中当然也包括了贸易保护主义。在第一次世界大战结束后，英国受到了前文中所提到的各国经济货币化导致的根植于伦敦的全球金本位制度崩溃的影响，同时考虑到尽快弥补战争创伤的需要，开始在国际贸易中优先选择来自本国和本国殖民地地区的货物，一个围绕英国全球殖民地的封闭的经济圈由此逐渐在间战期成型。1932 年，在经历了经济危机的打击后，英国正式确立了"帝国特惠制"(Imperial Preference)，对英帝国范围内

---

① B. J. C. McKercher. The Second Baldwin Government and the United States, 1924-1929：Attitudes and Diplomacy. Cambridge：Cambridge University Press，1984：55-103.

② B. J. C. McKercher. The Second Baldwin Government and the United States, 1924-1929：Attitudes and Diplomacy. Cambridge：Cambridge University Press，1984：150-200.

政治实体之间的进口商品相互降低税率或免税，而对成员以外的进口商品则征高额关税，以阻止美国等国家商品的渗透。

这当然严重侵害了美国制造业的利益，包含英国本土和其全部殖民地在内的"英帝国"是20世纪上半叶全世界经济活动最为活跃、最为繁荣的实体，[①] 同样经历了经济危机打击的美国整个社会上下都无法接受本国的贸易活动被这样一个实体拒之门外。突破甚至是破坏"帝国特惠制"，进入"英帝国"超过4亿人口的市场因而便成了美国执政者们所心心念念要达成的目标。

此外，美国对"帝国特惠制"的敌意除了对"英帝国"巨大经济体量本身的觊觎之外，还有另一层政治战略上"杀鸡儆猴"的考虑在起作用。据前文分析，在美国崛起的过程中，美国的政治和经济精英群体通过鼓吹"机会均等、门户开放、自由贸易"的理念积累了可观的财富，并被美国社会认为是美式理念的巨大成功。在将眼光放到世界时，发现自身的各种理念和制度与世界秩序格格不入，又对自身抱有高度自信的美国人民就萌发出了"取而代之"的思想。具体到经济秩序上，这种思想就被表达成为了用一个符合美式理念的全球自由贸易体系取代所有现行世界经济制度的需求。对"帝国特惠制"的敌意从另一个角度而言，也是这个需求的表现方式。美国如果想要说服全世界认同美国"机会均等、门户开放、自由贸易"的经济理念，那么消除"帝国特惠制"就是必要的第一步。如果没有英国的认同或者至少是不抵触的态度，如果缺少了"英帝国"庞大经济体量的合作，美国将其经济制度成功推广到全世界的希望是很渺茫的。借由英国自愿或非自愿的对美式全球经济秩序的服从，美国在将自己的这一套构想推行到全世界其他地方的时候所需要面临的阻力就会少得多。[②]

就这样，在第一次世界大战结束后，经济上打入活跃市场的利益和

---

① Randall Bennett Woods. A Changing of the Guard：Anglo-American Relations，1941-1946. Chapel Hill：University of North Carolina Press，1990：9-32.

② Randall Bennett Woods. A Changing of the Guard：Anglo-American Relations，1941-1946. Chapel Hill：University of North Carolina Press，1990：9-32.

政治上构建全球自由贸易秩序的利益共同构成了美国拆解"帝国特惠制"的需要。而随着时间的推移，美国的政治精英们逐渐认识到，想要拆解"帝国特惠制"，就只能削弱英国对其殖民地的话语权；想要削弱英国对其殖民地的话语权，最有效的手段莫过于促成殖民地独立；而想要促成英国殖民地的独立，只能通过让英国失去其现有国际地位和国际话语权的途径来实现。如此环环相扣，美国的政治精英便得到了一个结论：想要实现一个与美国相容的世界秩序，就必须要从英国手中夺走世界霸权，这是美英之间根本矛盾所在。美国"二战"前后的全球战略、外交布局和对英政策，便是基于这一结论所形成的。

二、20世纪20年代末英美关系走向回暖

英美两国自20世纪30年代初所出现的关系回暖在很大程度上是由英国方面的主动努力而实现的，它发生在20年代晚期两国关系触底之后，是英国在洛迦诺公约后对其所奉行的"集体安全政策"(Collective Security)的一次变革和转型。1928年年末，英国外交部开始认识到"英国需要美国，更甚于美国需要英国"，同时也意识到英国再也无法通过常规手段遏制美国的海权发展，因此，从1928年11月开始，时任外交大臣奥斯丁·张伯伦开始着手修复同美国之间的关系。在对英美关系进行审视后，张伯伦确信，如果想要修复两国关系，围绕交战海域中立国自由航行权问题持久不下的矛盾必须解决，而且必须由英方主动出面解决，唯有如此才能够打破1927年以来困扰英美两国的"海军死锁"局面，两国关系的改善才能看到希望。①

张伯伦领导下的英国外交部仔细审视了英国一直以来对交战海域中立国自由航行权的全部立场，并开始分析哪些立场是可以放弃以寻求美

---

① B. J. C. McKercher. The Second Baldwin Government and the United States, 1924-1929: Attitudes and Diplomacy. Cambridge: Cambridge University Press, 1984: 171-200.

方的谅解的。在对比了英国在第一次世界大战中所实际采取的港口封锁行动和所遵循的相关指导纲领，以及美国1917年所制定、当时仍然有效的美国海军指导命令手册中关于交战海域中立国自由航行权的规定后，英国外交部发现英国方面的惯例行为和美国方面的规定之间只有一处比较大的出入。据此，英国外交部认为通过妥协在交战海域中立国自由航行权问题上与美国达成一致，解决"海军死锁"问题的可行性非常高。①

在这之后，英国政府内部又经过了数个月错综复杂的内部斗争。外交部方面最终的方案是主张英美通过进行排除其他国家的双边对话的形式，就英国方面适当放弃部分战时自由航行权立场的问题进行协商，并最大限度保全英国的"帝国防卫"（Imperial Defence）政策的有效性。在先期计划中，外交部认为英国可以将它和某一个国家的战争区分定义为"公战"（Public War）和"私战"（Private War）两种分类，而在"私战"状态下，英国不会对美国行使交战国海域禁航。② 此外，英国外交部进一步提出，为促成对美妥协，英国方面可以有选择地放弃或调整它原先在战时自由航行权立场下所主张的数项权利。

海军部方面接受了这个思路，但是提出政治问题的解决必须在双方达成军备控制协议的前提下进行，海军部认为，英美之间必须继续完成1927年破裂的关于巡洋舰吨位和数量限制的控制协议，只有双方在军备控制上达成一致意见后，政治问题的解决才能具有可行性。这一意见同样得到了外交部的认可。最后，经过充分的意见交换，鲍德温内阁在1929年3月中旬拿出了一份被政府内部各方都认为具备高度可行性的政策蓝图。③

1929年6月，麦克唐纳取代了鲍德温出任新首相，出于外交利益

① Report of the Technical Sub-Committee, 17 Jan. 1929, CAB 16/80.

② Lindsay to Chamberlain, 17 Dec. 1928, FO 371/12823/8682/133.

③ B. J. C. McKercher. The Second Baldwin Government and the United States, 1924-1929: Attitudes and Diplomacy. Cambridge: Cambridge University Press, 1984: 188-192.

的需要，麦克唐纳政府继承了前任外交大臣奥斯丁·张伯伦所提出的对本国的战时自由航行权立场做出部分妥协，以及主动和美方展开海军军备控制对话的政策，继续致力于推进和美方关系正常化的进程。令麦克唐纳政府感到欣喜的是，取代柯立芝就任总统的赫伯特·胡佛也仍然继续保持着愿意和英国方面继续对话的态度。①

1929 年 10 月，在经历了漫长的谈判后，英美两国终于就巡洋舰数量和吨位的限制问题达成了暂时的一致。英国同意让美方以建造一种"大型轻巡洋舰"(吨位达到 1 万吨级别，但主炮却采用低一级别的 6 英寸火炮的军舰)的方式来达到和英国 8 英寸炮巡洋舰 1∶1 的比例。这个处置方案将会让美国在大吨位巡洋舰的数量上获得优势，而英国则能够保有比美国方面更多的小吨位巡洋舰。英美之间所达成的这一暂时性的一致立场基本上就是六个月后第一次伦敦海军会议所形成的条约中关于英美巡洋舰吨位部分规定的雏形。10 月份的这次会议标志着英美两国关系的解冻，由于就巡洋舰吨位和数量的控制问题达成了一致，美国对英国战时封锁敌国港口行为的疑虑有所减轻，两国得以暂时回避曾经如鲠在喉的交战海域中立国自由航行权，曾经令两国决策层都焦头烂额的"海军死锁"得以被打破，两国关系由此走上了逐渐改善的轨道，并在下一个十年中由于外部威胁的日益加剧而愈加紧密。②

从 1930 年开始，出于《华盛顿海军条约》中本身规定与主力舰和航母相关的条约内容须在 10 年后重新审议的需要，同时也出于英国政府决定采取措施控制不断发展的海军军备竞赛的需要，两次海军会议在伦敦召开。

第一次伦敦海军会议自 1930 年 1 月 21 日正式召开，英国、美国、日本、法国和意大利参与了这次会议，其中，法国和意大利最终没有签署会议条约。在 1 月至 4 月的海军会议中，主要涉及的内容是对主力舰

---

① Howard to FO, 13 Mar. 1929, FO 371/13548/1864/1864.

② Michael Simpson ed. Anglo-American Naval Relations, 1919-1939. Surry：Ashgate Publishing, 2010：91-97.

和航母吨位以及规模的进一步控制，与会的英美日三国在协商中同意继续将主力舰建造冻结到 1936 年，维持《华盛顿海军条约》所规定的主力舰吨位比不变。

后续关于巡洋舰吨位和规模限制的谈判才是第一次伦敦海军会议的重头戏，英美两国继续进行着双方之前在 1927 年日内瓦会议上的巡洋舰吨位比例是否保持在 1：1 水平的谈判。不过，由于奥斯丁·张伯伦所发起的破冰政策，以及两国在 1929 年 10 月私下已经就巡洋舰吨位比例处理方案达成部分一致的原因，两国在这一次相同议题下的谈判上总体维持着友好的氛围。美国方面在会议上有意维护英美关系，深化双方合作，因此回避了之前一直争执不下的中立国商船航行权利的问题，而英国方面则同样在尽量回避问题的基础上完全接受了与美国维持 1：1 的巡洋舰吨位比例。基于 1929 年 10 月英美协商所达成的结果，两国在伦敦海军会议上成功将巡洋舰这一舰种继续细化为 a 型（主炮口径大于 6.1 英寸）即重巡洋舰和 b 型（主炮口径小于 6.1 英寸）即轻巡洋舰。英美两国 a、b 两型巡洋舰总吨位比大致维持在 1：1 的水平上，美国在重巡洋舰和"大型轻巡洋舰"（主炮口径小于 6.1 英寸的万吨级巡洋舰）的数量和吨位上占据优势，而英国则在常规轻巡洋舰的数量和吨位上占据优势。这种处置方案同时契合了两国的海洋战略需求，间战期的美国仍然非常缺乏海外基地，因此它对于勤务战舰的要求是大吨位、长航程、能够脱离母港远距离执勤。而英国此时则拥有遍布全球的军事基地和港口，因此它对于勤务战舰的续航能力要求并不高，因此更加倾向吨位更小、泛用性更好、性价比更高、能够借助英国的全球后勤网络保护其海洋利益的战舰。

就填补《华盛顿海军条约》空档和弥合英美两国关系裂痕的角度来看，第一次伦敦海军会议毫无疑问是起到了积极作用的。各主要海权大国之间的军备竞赛在一段短暂的时间内重新得到了控制，确保了脆弱的国际秩序得以暂时继续平稳运行，而与会的英美两国则通过一份在国际法意义上具备法律约束力的正式条约在很大程度上成功化解了彼此之间的敌意，确认并重新调整了彼此的海权立场。

1934 年，英美两国再度牵头，希望在 1935 年举行新一轮的国际海军军备限制会议，并将《华盛顿海军条约》和《伦敦海军条约》的有效期继续延长 6—10 年的时间。相较于整个 20 年代和 30 年代的上半叶，处于第二次伦敦海军会议期间的英美两国之间摆在明面上的分歧已经大幅减少。两国的参会代表在经历了将近十年的对话后，对各自在海军和海权议题上的立场已经非常明晰，两国之间在这些议题上也并没有出现什么新的摩擦。此外，比起在条约问题上争论细节，两国代表团的主要高官们更看重的是维持英美之间来之不易的友好关系。英国代表团中，从时任首相麦克唐纳到外交大臣塞缪尔·霍尔(Samuel Hoare)，再到海军部第一大臣博尔顿·艾尔斯-蒙赛尔(Sir Bolton Eyres-Monsell)都一致认为，比起计较英国在条约中的位置，和美国的友好关系对英国的国防事业贡献要大得多，而实际与美方接触的英国代表团官员也都以和美国达成互相理解为第一要务。而美国代表团也是如此，代表团团长诺曼·H. 戴维斯(Norman H. Davis)作为一位国际金融家，被英国方面评价为是"当今少数几位能够站在国际政治的高度思考问题的美国人之一"。而代表美国海军出席会议的威廉·哈里森·斯坦德利(William Harrison Standley)海军上将则是海军系统中少有的带有亲英思想的将领，他极力主张美英两国在全球海域，尤其是在太平洋地区的海军和解，认为两国应当在亚太地区采取共同行动抵御日本的威胁。在双方的配合和推动下，英美之间在第二次伦敦海军会议上的谈判非常轻松便达成了协议。①

不过，英美之间关系的继续改善基本上就是第二次伦敦海军会议仅有的正面成果了，在之前的第一次伦敦海军会议就没有选择签署条约的法国和意大利这次也没有加入军控协定，而曾经勉强接受了舰船吨位限制的日本这一次的要价也更高了。在第二次伦敦海军会议上，日本提出突破《华盛顿海军条约》和 1930 年《伦敦海军条约》的限制，与英美在所

---

① Michael Simpson ed. Anglo-American Naval Relations, 1919-1939. Surry：Ashgate Publishing, 2010：151-161.

有种类的作战舰只的吨位上都达成1∶1∶1的比例，并提出了如果要求得不到满足便要退出条约的威胁。

最终英美两国对日本的这一要求采取了非常一致的反对立场。两国认为，英美保持战舰吨位优势的原因在于两国需要保卫的海洋地区面积非常大，而日本在亚洲没有明显的海上对手，需要保护的也只有本土海域，因此日本要求战舰吨位比例相同的要求并不合理，会在实际操作中让日本形成一定程度的海权优势。

不过，两国的一致立场并不是第一时间形成的。虽然美国的反对态度始终非常坚决，但是受到德意两国挑衅，而在欧陆又缺乏可靠盟友的英国曾经非常认真地考虑过和日本进行妥协，满足日本的要求。但是英国方面的这个想法很快就遭到了美方的坚决抵制，美方要求英国必须"在东京和华盛顿之间做出选择"，如果英国选择满足日本的军舰吨位比一致的要求，美国将会退出谈判。在经历了艰难的取舍后，英国决定维持和美国之间的海军默契和两国政府的友好关系，并一同对日本的提议作出了坚决反对。①

英国的这一决策并不是偶然的，当时的美国虽然已经和英国在很大程度上达成了和解，正处于关系友好发展的时期，但是美国并未和英国达成任何形式的同盟协定，因此并没有在非常情况下给予英国支持的义务。这种因为缺乏有力保障而产生的不确定性，让英国面对来自日本的威胁时无法获取足够的安全感来进行决策，而是本能地选择了绥靖式的妥协，希望借此以本国最小的代价来拖延危机。作为被美国"强迫"拒绝日本提议的回应，英国要求最终形成的条约中留下了允许日本日后"体面地"重返海军条约体系的条款。对这一事件，当时参会的英国代表团中就有着如此的感慨："如果美国能够在国际事务中更成熟一点的话，英国又哪里用得着连反对一个潜在的敌人都要

---

① 　Davis to Roosevelt, 6 Nov. 1934, FDR/PSF, Box 142; Roosevelt to Davis, 9 Nov. 1934, FDR/PSF, Box 142.

畏手畏脚呢?"①

尽管第二次伦敦海军会议最终还是形成了一份有着多国签字同意的海军军备限制条约,但是同第一次伦敦海军会议不同的是,第二次伦敦海军会议是一场失败的会议。在战争的阴云下,会议的大部分参与方甚至是签字方都没有遵守条约所规定内容的意愿。法意两国自1930年以来的海军发展不再受到条约限制,而日本又在会议上坚决要求与英美在所有种类的作战舰只吨位比上达成1:1:1的比例,并在未能达到企图后断然退出会议,国际性的海军军备控制从客观条件上讲已经变得不现实。

如前文所述,第二次伦敦海军会议仅有的正面成果就是美英两国海军关系的进一步改善,两国在海权和海军建设等战略议题上的立场走得也更近。在伦敦海军会议最终失败后,面对野心和实力不断膨胀的日本、意大利和纳粹德国,英美两国开始尝试和探寻军事合作的可能性。不过,由于此时美国仍然没有和英国达成正式的同盟关系,始终没有能够得到美方支持保证的英国只能开始准备同时应对来自两片大洋的三个潜在对手的挑战。

三、20世纪30年代英国海军政策发展

1935年6月18日,《英德海军协定》签订生效。一般认为,《英德海军协定》合法地解除了《凡尔赛和约》对德国海军军备的限制,是第二次世界大战前英国对法西斯德国推行绥靖政策的产物。这个看法自然是正确的,但是并不全面。"一战"后达成的《凡尔赛和约》的确对德国的军事力量,特别是海军力量的发展作出了非常大的限制,但是这个限制却并不那么严格。条约规定,德国所能建造的吨位最大的水面舰艇为10000吨级的装甲舰,上限为6艘。一般而言这个吨位的舰种在国际上

① Christopher Hall. Britain, America, and Arms Control, 1921-1937. London: Palgrave Macmillan, 1987: 193-218.

会被划分为重巡洋舰或者大型轻巡洋舰，是海军中重要的勤务力量，却无法成为作战舰队的核心。但是德国方面在 1929 年却绕过了条约的限制，下水了一条排水量 10000 吨，却装备了战列舰级别主炮的"袖珍战列舰"，这样的一艘具备超规格武备的军舰作战能力远远超过了同吨位的常规军舰。从 1930 年开始，德国国会更是编列了将该型战舰数量扩充到 8 艘的预算案，其中 6 艘为现役，2 艘作为封存舰以备维护和损失。①

　　1934 年，第 4 艘袖珍战列舰下水，法国海军总参谋长此时开始坐不住了，他直接告诉英方时任第一海务大臣阿尔弗雷德·查特菲尔德（Alfred E. M. Chatfield），法国要继续增建两艘敦刻尔克级战列巡洋舰来应对德国袖珍战列舰的威胁。这个局势的发展让英国感到非常不安，德法两国的互相竞争接下来势必会导致意大利也作出对等的增建主力舰的回复，这样英国也必须要跟进，欧洲就要再一次陷入海军军备竞赛的恶性循环。② 这不能不让英国政府沮丧，在《凡尔赛和约》《华盛顿海军条约》和第一次伦敦海军会议之后，居然还是控制不住欧洲各国的主力舰军备竞赛。也就是说，即使英国不与德国进行任何妥协，欧洲的军备控制秩序也还是会因为原有的管控体系不够完善而走向崩溃。在这样的情况下，对于英国来说有两个选择，第一是在下一轮的多边军备控制会议也就是第二次伦敦海军会议中解决问题，但是日本方面在 1935 年 5 月明确表示，在欧洲各国就军备控制问题达成一致之前，不会出现在谈判桌之上，也就是说在多边军备控制会议上解决欧洲各国的矛盾已经不可能。③ 此时仅剩的选择便是直接进行双边的军控对话协商，德国作为新一轮欧洲海军军备失衡的始作俑者、多米诺骨牌的第一块，在这种情

---

①　Joseph A. Maiolo. The Royal Navy and Nazi Germany, 1933-1939: A Study in Appeasement and the Origins of the Second World War. London: Palgrave Macmillan, 1998: 19-21.

②　Joseph A. Maiolo. The Royal Navy and Nazi Germany, 1933-1939: A Study in Appeasement and the Origins of the Second World War. London: Palgrave Macmillan, 1998: 21-22.

③　Sir R. Clive, Tokyo, to FO, 3 May 1935, A 4086/22/45, FO 371/18733.

况下便必然成了英国所选择的双边对话的对象。

1935 年 6 月 4 日，英德第一轮海军对话在英国海军部进行。德方代表团团长里宾特洛甫在会议全程都坚持希特勒亲自定下的对英 35%的海军规模指标，同时还作出了一定的妥协，表示德国愿意在之后加入多边的海军军备控制体系之中。德国代表团的这个立场对会议产生了决定性的影响，麦克唐纳内阁在经过评估后认为，对英 35%的德国海军不会影响到英国的欧洲均势政策，也不会影响到英国在欧洲和太平洋的两洋存在。而一旦谈判破裂，希特勒继续提出更高的比例，想要再和德国达成共识就困难得多了，这同样不符合英国的利益。因此，在得到里宾特洛甫"德国将在条约达成后帮助维持欧洲军备平衡"的保证后，麦克唐纳政府就和海军部一同认可了德方的要求，并达成了《英德海军协定》。

和想凭借技术优势维持英国第一海军大国地位的战前第一海务大臣约翰·费希尔不同，战后以查特菲尔德为代表的海务大臣们，倾向通过条约条款的硬性规定来保障英国海军在规模上的绝对优势。在查特菲尔德的思想中，条约体系不但是一个可以有效防止其他国家通过舰船的设计革新来获得海军力量优势的手段，也是一个能够压制本国国内正在新兴的航空派以及空军势力的有效措施。但是从本质上来说，条约条款缺乏灵活性，容错性和应变性也更差，这些缺点让条约体系本身如前文所说的那样实际上并没有能够解决欧陆的军备竞赛危机。[1]

在《英德海军协定》敲定之后不久，就发生了德国进占莱茵兰非军事区的事件。自此开始，英法两国，尤其是英国，开始对德国的外交信誉抱有严重的怀疑。虽然英国由于疲于应付此时正在北非进攻阿比西尼亚的意大利而无暇顾及希特勒政府的动作，但是英国内阁以及海军部在这一事件后开始不再相信德国政府对外的承诺，并开始构思对德的压制

① Joseph A. Maiolo. The Royal Navy and Nazi Germany, 1933-1939: A Study in Appeasement and the Origins of the Second World War. London: Palgrave Macmillan, 1998: 36-37.

策略，其中包括可能的战争手段。

参谋长委员会(Chiefs of Staff Committee, COS)下属的联合计划委员会(Joint Planning Committee, JPC)在这一时期主持了对德战争的计划制订工作，这个部门便是联合计划参谋部(Joint Planning Staff, JPS)的前身。JPC 首先要求陆海军三军军种各自拿出一份 1939 年和 1942 年两个时间点英德的军力对比，意图将 1939 年作为第一个可能的开战时间点进行规划。JPC 认为，到 1939 年，英国的工业界便能完成备战。但是，海军部返回的报告却提出，1939 年的时间点对于海军来说不现实，海军参谋长提出，英国海军要到 1938 年之后才能启动大规模的舰队扩充工作，并到 40 年代中期重新实现一支完全按照两强标准打造的海军力量。①

主导了英国"二战"前夕造舰计划制订的组织是一个名叫国防需求委员会(Defence Requirements Committee, DRC)的机构，它于 1933 年 11月设立，专门用于规划国内军备的应战需求。1935 年 11 月，DRC 向内阁递交了关于应对德国以及意日海军威胁的军备扩充计划，这一计划的核心是海军建设。在提案中，DRC 提出将 1939 年作为军备扩充与重整总体完成的时间节点，但是，由于财政以及工时方面的原因，主力舰的建造必须等到 1939 年这个时间点的几年以后才能全部完工。DRC 所设想的造舰计划自 1936 年开始，其中，从 1936 年到 1939 年，海军将会开工总计 7 艘战列舰，同时保持 1 年开工 1 艘巡洋舰的频率，同时，从1936 年到 1942 年，海军还会开工建造 4 艘大型航空母舰。②

1937 年春天，面对德日两国不断加强的挑衅，DRC 方面在与海军部沟通后，修订了舰队的扩充计划，提出从 1937—1941 年开工总计 12艘战列舰、8 艘大型航母、21 艘排水量 8000 吨级的重巡洋舰以及 9 艘排水量 5300 吨级的轻巡洋舰。这个计划得以实施的话，将会让英国海

---

①　COS 153rd meeting, 29 Oct. 1934, CAB 53/5; DRC 14th meeting., 19 Jul. 1935, CAB 16/112.

②　DRC 37th meeting, 21 Nov. 1935, CAB 16/112.

军在进入 20 世纪 40 年代中期后拥有一支由 20 艘战列舰/战列巡洋舰、15 艘大型航母、100 艘轻重巡洋舰组成的庞大海军。① 如果"二战"没有如同历史那样上演，那么在规模上，这支方案海军将会大大超越当时的美国海军，并在未来至少 15 年的时间内让英国保持住无可争议的世界第一海军大国的地位。掌握了这么一支前所未有的强大海军的英国就能够在控制欧陆局势的同时，重新在亚太地区部署一支规模不弱于日本海军的主力舰队。

在制定了这样一个超大规模的海军建设计划之后，英国海军部快速成为了整个英国政府内最热心的绥靖政策支持者。② 背后的理由很简单，纳粹德国并不是一个具备强大水面舰队的国家，英国和它的交战将主要在陆地上进行。如果和德国的战斗在海军建设计划完成之前就过早地爆发，后续的所有主力舰建造计划都将会被取消，英国将会将资源投入陆军和空军的扩充，以备和德国展开长期的陆上消耗战。海军所能得到的资源将会被大幅缩减，并且建造重心将会转移到轻巡洋舰和驱逐舰这样无法用于夺取海权的辅助性舰只，而非战列舰和航母这样的大型主战舰艇上。这样会极大地削弱英国海军夺取海权的能力，并导致其在英国国内和世界上的话语权被弱化。而更糟糕的是，张伯伦内阁所制订的战争计划是如同"一战"那样长期、稳健的对德消耗战，这意味着战争结束后英国将会如同"一战"那样消耗掉大量的财富和资源，财政情况会再一次由于重建和经济复苏的需求而变得紧张，挤占掉原本就已经竞争非常激烈的国防预算份额。英国海军在未来至少 20 年内就都不会再有大规模的军力增强，这个可能的后果对于海军部来说无疑是灾难性的。海军部对于拖延战争到来这一政策目标的"热心"因此也自然就不难理解了。

至此，张伯伦首相以及由他所领导的内阁的对德、乃至对整个轴心国的策略已经明确了，那就是，直到 1943 年或 1944 年军备重整计划全

---

① 'New Standard Fleet', 1937, ADM 1/9081/340.

② John Darwin. The Empire Project: The Rise and Fall of the British World System, 1830-1970. Cambridge: Cambridge University Press, 2009: 489.

部完成之前，英国都要通过绥靖政策牺牲其他国家的主权和利益，换取时间拖延欧陆危机的爆发。在军备重整计划完成后，英法联军就能够掌握主动权，从 1943 年或者 1944 年开始以和平或者非和平的手段来消灭轴心威胁。而为了保证欧陆的整体基本和平局势能够维持到 20 世纪 40 年代前中期，英国就需要构建起具备足够强度的对轴心国阵营——主要是对纳粹德国——的战略威慑，迫使希特勒政权不敢继续挑战欧洲的政治秩序。

此时可供英国选择的盟友并不多，主要集中在西欧地区。首先，法国作为英国自"一战"以来传统的应对德意威胁的盟友理所当然地被选中。在张伯伦的战略威慑构建规划，乃至 1943 年以后的对德战争规划中，法国都将会是英国最重要的盟友。法国将会协助英国维持对德的长期陆上消耗战、吓阻意大利进入战争、帮助英国协防地中海并让英国舰队有余裕前往亚太布防。第二优先的选择是以荷兰为首的低地国家，在地缘上，获得荷兰的支持无论是在欧洲还是在亚太战场都有着重要的战略利益。在欧洲，荷兰可以作为缓冲区帮助英国取得本土安全，杜绝德国海空力量对英国政治中心的突袭、补上法德战线的缺口；在亚洲，荷兰的殖民地以及守备军也可以配合张伯伦首相的构建联合威慑的努力，为英国提供宝贵的支持。

另外的两个大国即美国和苏联此时则暂时并没有成为英国的理想选择，其中，苏联在整个间战期都是被英法打压、排挤和敌对的对象。甚至，英法纵容德国继续侵犯欧洲秩序背后所暗藏的一大期望就是希特勒能够甘当打手，代替两国打击苏联。在这样的关系下，英苏的安全合作此时自然是空中楼阁，苏联方面也察觉到了英法的目标，因此开始以自己的方法来寻求自身的地缘安全，并在 1939 年同德国达成了绥靖主义式的妥协，签订了《苏德互不侵犯条约》。

苏联没有被英国选中并不让人意外，但是，美国这个看似是最理想的合作构建联合威慑的对象，在一开始却同样没有被张伯伦内阁选中，这让一些人感到难以相信。不过这并不是没有理由的，首先，和许多人所认为的不同，20 世纪 30 年代的英美关系根本不足以支撑起一个两国的战略同盟。至 30 年代中期，两国才通过在两次伦敦海军会议上的合作堪堪摆脱了深度的对抗和敌对状态。此时的美国对于英国来说，比起能够被倚仗以达成本国战略目标的盟国，更像是一个关系中等、可能向着友好发展的中立国家。双方没有任何的盟约约束，此时的美国也没有和英国达成任何盟约的意愿，因此，纵使美国是一个在经济、工业和军事体量上都高居世界前列水平的民主国家，它对于英国来说也并不可靠。①

美国当时所处的政治状态对于任何让它与英国合作、在国际博弈中发挥其上述的硬实力的企图也非常不利。美国的政界、军界乃至社会都普遍蔓延着对英国不信任、不友好的情绪。在"一战"中被英国作为工具利用、并在战后被抛弃的惨痛经历即使是到 20 世纪 40 年代也在深深刺痛着美国高官和普通民众的感情，这让整个社会都天然弥漫着对英国的抵触情绪。② 借助美国的国力来帮助英国达到一个大部分美国人此时都还漠不关心的战略目标就更是一条不可逾越的红线。在此之上，虽然罗斯福总统本人对于英国并没有深重的芥蒂，他也具备比普通美国人乃至美国政客更加长远、更加广阔的战略眼光，并且他也能够明白法西斯三国可能对世界所造成的危害，但是此时的他还不具备掌控美国政府的能力。在战争爆发前，罗斯福与美国最高法院之间是敌对关系，后者想尽一切办法阻挠罗斯福的新政，斗争很快就超越了新政议题演变成为横跨行政、立法和司法系统的人事斗争。而国会在斗争中更是一片混乱，根本无法形成对罗斯福政策构想的支持，"帮助英国构建联合威慑"这种显而易见的站队政策在美国当下的政治环境中会触发无数的争议，几乎不可能被国会通过。尽管罗斯福本人可能并不反对乃至支持加强和英国的战略合作关系，但是他此时的领导力和控制力却都不允许他将这个

---

① D. Cameron Watt. Succeeding John Bull: America in Britain's Place, 1900-1975. Cambridge: Cambridge University Press, 1984: 69-89.

② Christopher D. O'Sullivan. Sumner Welles, Postwar Planning, and the Quest for a New World Order, 1937-1943. New York: Columbia University Press, 2008: 33-47.

意愿上升为国家意志。①

这就造成了一个非常不可想象的情况，在 30 年代中后期这样一个要紧关头，坐拥"世界第二"的海军舰队以及足够影响整个世界的经济与工业实力的美国，却在国际战略和大国博弈的最重要议题中缺席。当英国尝试以各种手段构建对轴心国的多国联合威慑之时，美国却处在一个极为被动的瘫痪状态，难堪大用。在德日两国的威胁日益增长的情况下，对于张伯伦领导下的英国政府来说，处在这样一个状态下的美国是不可接受的。因此从 1937 年中日全面战争爆发开始，张伯伦就在积极运作英美两国关系的继续靠近，但是这一努力的效果只能说差强人意。② 因此直到欧洲战争真正爆发之时，在英国的同盟中处于最为核心位置、角色最为重要的国家仍然还是法国。这也为日后法国被快速击败后，猝不及防的英国立刻迎来全方位战略崩盘的后果埋下了伏笔。

四、"二战"前夕的英美海洋关系

在间战末期，英美双方大部分的外交争端都已经消解，两国关系不断改善，并针对轴心国威胁开始致力于构建联合海军作战的框架。但是，这一过程的推进却十分艰难而缓慢。

1937 年 7 月 7 日，中日爆发全面战争，面对已经充分暴露出其侵略野心、意图以武力挑战并打破世界秩序的日本，英美在第一时间给予了关注。两国领导人都希望能够通过各自的手段"快速终止中日之间的战争"。由于这个时期的美国仍然深陷在孤立主义的影响中，因此无论是民意还是法律都不允许美国进行直接的干预。罗斯福总统提出了一个英美联合对日禁运的设想，希望用贸易制裁来迫使日本作出妥协决策。然而这一设想并没有能够得到英国方面的认同，首相内维尔·张伯伦和

---

① D. Cameron Watt. Succeeding John Bull：America in Britain's Place，1900-1975. Cambridge：Cambridge University Press，1984：69-89.

② James R. Leutze. Bargaining for Supremacy：Anglo-American Naval Collaboration，1937-41. Chapel Hill：University of North Carolina Press，1977：3-8.

外交大臣安东尼·艾登认为相比更容易引发日本对英美直接矛盾的贸易禁运，由两国发起"联合调停"是一个更合适、代价更小的方法。英国方面于是向美国连续发起了两次联合调停的方案提议，但是都被对外交主权非常敏感的美国国务院以希望两国能够各自独立提出调停立场的理由拒绝。由于两国在对日联合行动的具体形式上争执不下，这一次英美的对日一致行动由此不了了之。①

两国因此分别开始了应对日本可能威胁的准备行动，英国方面开始着手确保其在亚洲殖民地的国防安全，这既是为了威慑日本，也是为了方便在欧洲出现非常情况时能够从这些殖民地调动人员及物资。自间战期以来便一直存在的"新加坡战略(Singapore Strategy)"便在这种情况下被重新启用。

"新加坡战略"是自1919年到1941年间英国针对旧日本帝国军事威胁而制定的一系列海军部署计划的总称。第一次世界大战后，直到20世纪20年代，英国都对日本和欧陆任何一国保有显著的海上优势，这种海上优势允许英国在掌控欧洲海域局势的同时在远东保有一支数量不小的舰队。而自20世纪30年代中期开始，随着日本联合舰队的实力的不断膨胀，英国海军部的远东防卫方案也随之变得越来越保守。②

到了20世纪30年代晚期，"新加坡战略"由于欧亚潜在敌国联合行动可能性的增加并导致己方海军实力的相对不足，已经逐渐走上了演变为一个单纯具备威慑性的政治计划而非真正的作战方案的道路。由于本土海域和地中海海域这两个关键地区同样需要相当数量的主力舰的保护，能够派驻到远东面对假想敌日本的舰队实力相较于30年代以前已经大大缩水了。远东地区的价值终究无法和英国在欧洲和环地中海地区的利益相提并论，因此"新加坡战略"在英国政府的决策中天然处在被牺牲的位置。发现独自守卫远东地区在当前已然变得不现实的英国面前

---

① James R. Leutze. Bargaining for Supremacy: Anglo-American Naval Collaboration, 1937-41. Chapel Hill : University of North Carolina Press, 1977: 10-11.

② Nicholas Tracy ed. The Collective Naval Defence of the Empire, 1900-1940. London: Ashgate, 1997: 562-574.

可行的道路最终只剩下两条：一条是通过继续的外交妥协，即"绥靖政策"，以牺牲他国利益为筹码避免英国利益的损失，拖延英日冲突的爆发；另一条便是重新继续与美国的政治合作，并在两国之间建立海军协同机制，在亚洲地区依赖美国的支持构建对日防御。

自 1904 年开始，美国陆海军联合委员会（Army-Navy Joint Board）就在设想美国应当如何应对一场与日本的战争，而在 20 世纪 30 年代美国也已经有了一份足够详细的对日作战计划，即橙色计划。在这份计划中，美国应当在前期聚焦于菲律宾的攻防战，并在菲律宾稳住以后逐步推进进攻日本的经济腹地，迫使其投降。从常理上而言，橙色计划的出现，至少能够说明美国在 20 世纪 30 年代对日的战争准备应当是相当充分的，但是事实上，至少直到 1937 年，美国都并没有真正准备好如何妥善地应对一场在太平洋爆发的对日战争。围绕橙色计划如何具体执行的问题，陆海两军长期以来争执不休。自 1933 年开始，驻菲律宾的美国陆军以菲律宾防御基建落后，不足以抵御进攻为由申请国会拨款增强当地防御，但时值大萧条和菲律宾独立运动，因此国会驳回了这一请求，美国陆军随后便开始反对防守菲律宾。这一问题一直拖到 1936 年再一次对橙色计划进行审议，审议期间，美国海军旗帜鲜明地表示他们坚决反对任何在太平洋地区放弃对日进攻态势的意向，而美国陆军则同样旗帜鲜明地表示他们反对让陆军死守菲律宾。由于无法达成共识，最后的结果竟然是不了了之，海军自行保留了在战时以菲律宾作为前进基地进攻日本的作战方案，而陆军则自行保留了放弃菲律宾的作战方案。① 这样巨大的军种战略分歧让 1937 年的橙色计划实际上并没有真正执行的可能。

陆海军之间所出现的在基本战略方向上的重大分歧，从根源而言是此时的美国在多军种协同领域理论、制度和经验上的落后。日后领导了美国乃至盟国全部军事行动的参谋长联席会议（Joint Chiefs of Staff）此时

---

① Louis Morton. The War in the Pacific：The Fall in the Philippines. Office of the Chief of Military History, Department of the Army, 1973：38-39.

尚不存在,陆海军联合委员会是此时美国仅有的多军种协调部门,它由来自陆军的正副参谋长、海军作战部的正副部长和陆海军作战计划制订部门组成。但是这个机构没有被赋予真正具备实际意义的、对武装部队的领导权和对作战计划的执行权,它只有对军事行动的建议权,这导致陆海军联合委员会自创设之初便只能作为一个边缘机构存在。①

而陆海两军本身此时的管理状态和组织结构设置也非常糟糕。以美国海军为例,海军系统的最高主管是一批并不全职对总统负责海军事务的文官,这批文职人员手下是一位由军人担任的海军作战部长,而海军作战部长一职的行政级别之下又有着林林总总的负责其他部门的军人高官。乍一看似乎问题不大,但是此时美国海军的行政级别和军职并不绑定,如果海军作战部长的军职低于其行政下属,甚至只要不如其下属强势,那么海军部门立刻就会出现严重的政令执行障碍。更麻烦的是,海军系统内部还设置了一个独立于陆海军联合委员会的建议机构,即海军总委员会(General Board of the Navy),该建议机构主要由德高望重并在海军内部很有影响力的老将军组成,这个总委员会没有行政职权,但是其成员却能够轻易影响海军部决策,甚至与其他的外部部门对抗。② 如此散漫的组织结构让任何跨军种的争端——例如围绕橙色计划战略方向如何选择的争端——都可以拖上好几年而仍旧悬而未决。而随着英美海军对话与合作的推进,它所造成的恶劣影响更是让自诩高度专业化的英方同僚大为苦恼。

1937年11月6日,日本加入了德意签订了三国《反共产国际协定》,三国战略上的进一步绑定让两洋同时出现战争的可能性骤然提高。受这一最新发展的影响,英美之间构建军事合作的基础也已经出现了,两国的海军和外交官员在这一时期各自都有着类似的促成英美联合行动机制的思想,总体而言,双方都普遍认为必须在另一方能够坚决提

---

① James R. Leutze. Bargaining for Supremacy: Anglo-American Naval Collaboration, 1937-41. Chapel Hill : University of North Carolina Press, 1977: 12-13.

② James R. Leutze. Bargaining for Supremacy: Anglo-American Naval Collaboration, 1937-41. Chapel Hill : University of North Carolina Press, 1977: 12-13.

供支持的前提下，己方才能采取"断然措施"制止日本的侵略行为。

这看上去是非常理想的构建军事合作的氛围，但是事实上，英美之间想要探索出一种可行的军事合作方式却是非常艰难的。美国政府和社会此时仍然受到极其严重的孤立主义影响，各界都普遍认为英国在亚太的利益要比美国多得多，如果日本真的打算在亚太与西方国家进行冲突，英国理应负起绝大部分的防御责任。而美国如果出手相助，更是会被此时仍然对英国有着相当不信任感的美国人指责为"为他人火中取栗"。

1937年11月初的第一轮英美军事合作可行性的探索，就是由于美国方面在实际行动中的不主动和反复无常而失败的。在三国《反共产国际协定》宣布后，美国总统通过特使向英国提出了英美联合对日港口封锁的提案，但是在11月13日，两国高官开始认真讨论这一行动后，美方副国务卿萨姆纳·威尔斯（Sumner Welles）却又向英国驻美大使罗纳德·林德赛爵士（Sir Ronald Lindsay）表达了美方自己对这一提议的否决，同时他也不认为美方应该在此时采取任何类似的英美联合对日行动。①

初次联合行动的尝试便告失败，这极大地挫伤了英国与美方进行军事合作的积极性，更严重的是，由于美国政府在这次接触中反复无常、自相矛盾的表态，英国对于美国在战略决策中的可靠程度本身都产生了怀疑。不过，在日本进一步扣押了英国在天津和上海的关税船后，外交大臣艾登决定再一次尝试和美方进行接触，从11月底到12月中旬，英国驻美大使林德赛又与威尔斯进行了多轮对话，不断提出希望以两国的优势海军力量彻底震慑日本，威尔斯则表示他知道英国海军目前分身乏术，因此英国的计划等于是让美国提供用来震慑日本的"优势海军力量"，出于对英国方面的不信任，他在这几轮对话中都拒绝了英国方面的要求。迫切希望两国能够有所建树的英国政府转而同美国总统罗斯福就对日联合行动事务进行了沟通，然而罗斯福仍然没有同意英国所作的

---

① John MacVicker Haight, Jr. Franklin D. Roosevelt and a Naval Quarantine of Japan. Pacific Historical Review, Vol. 40, No. 2 (May, 1971), pp. 203-226.

优势海军力量震慑日本的提议。两国在谈话后唯一的进展就是设立了英美海军参谋之间的沟通渠道。自 1937 年 12 月底开始，英美两国海军系统内的决策官员和参谋便开始了小规模的信息交换和情况通报等基本的合作沟通行动，为双方未来某一个时间点可能的联合海军行动的顺利开展做前期的准备。1938 年 1 月下旬，在经过几轮对话和沟通后。美方特使，海军上校罗亚尔·英格索尔(Royal E. Ingersoll)同英方代表海军上校托马斯·菲利普斯(Thomas S. V. Phillips)在备忘录上签了字，这也是英美两国海军之间第一份涉及联合军事行动的文件。文件当中明确了双方在对日一致行动中各自所应当承担的责任，两国海军能够被抽调到亚太地区的舰队力量，以及两国通讯数据资料和对日情报的共享。①

然而，即使有了这样一份文件作为基础，1938 年之后的英美海军合作依然困难重重，军队系统内部的互信构建成为了新的难题。海军是一种高度专业化的技术兵种，要组织起有效的海军联合行动，就要求双方对各自军舰的武备、通讯、指挥技巧和战术等敏感要素做到一定程度的双向透明。英国海军系统对于是否向美方开放信息有很深重的顾忌，行政和计划制定部门认为得到美国的军事支持比保护本国的几项军事机密更重要。但是涉及海军军备和技术的部门却认为，由于英国海军的技战术水平更加优越，双向透明实质上是对美方单向有利的举措。英国海军系统内部由此争执数月，最终海军部高层给出了定调。时任第一海务大臣阿尔弗雷德·查特菲尔德勋爵认可技术部门的看法，即美国会从英美之间的海军信息与情报双向透明中获得更大的收益，但是基于政治考虑，他仍然在 1938 年 5 月份指示英国海军，以对等基础与美国海军进行信息和情报的公开与交换。② 查特菲尔德勋爵对两国海军的军事技术和信息情报的交流一直保持着如上的支持态度，并在美方的信息公开要求被英方海军部人员数次以涉密为由阻挠的情况下选择了对己方军官施

① James R. Leutze. Bargaining for Supremacy: Anglo-American Naval Collaboration, 1937-41. Chapel Hill : University of North Carolina Press, 1977: 20-28.

② Minute, 9 Feb. 1938, ADM 116/4302; Minute, 12 Mar. 1938, ADM 116/4302; Board Decision, 12 May. 1938, ADM 116/4302.

压，借此得以保证了两国最基本的军事合作交流的延续。直到 1938 年
11 月，查特菲尔德勋爵卸任第一海务大臣之职，继任的海军上将罗
杰·巴克豪斯（Admiral Roger Backhouse）在执掌工作的几个月内对两国
之间的沟通交流，特别是在涉密技术情报的交流这一领域目前的状态给
予了较为负面的评价。他表示自己无法将美方看作一个有价值的、能够
发挥建设性作用的合作者，在两国涉密情报交流的协商中，美方"完全
没有帮到忙"。因此自 1939 年 3 月开始，在巴克豪斯"谨慎对待合作事
项"的要求下，两国的海军涉密技术情报交流工作的进展变得十分缓
慢。①

　　1938 年秋天，在希特勒对捷克苏台德地区提出领土要求后，鉴于
国际形势出现变化，罗斯福总统再次派出特使前往英国，商议将 1938
年初的英格索尔-菲利普斯会谈的内容进行重修。在新的备忘录中，英
国方面的计划出现了改变，鉴于欧洲紧张局势的再一次升级，英国只能
继续减少它所能够派往亚太海域的舰队力量，将核心舰队的数量降低至
不超过 7~8 艘主力舰和 2 艘航空母舰的水平，英国所计划的亚太舰队
力量的上限已经至少不再强于日本海军。作为这一变化的直接结果，英
国方面不再考虑在没有美方直接军事支持的情况下在新加坡以北海域进
行任何舰队行动。但是罗斯福却并没有在这一点上给出英方所期望的表
态，他仍然拒绝做出任何可能会让美国卷入战争的决策。②

　　随着 1939 年初日本侵占中国海南岛和希特勒吞并捷克全境，世界
进一步向着更加不稳定的方向发展。即使罗斯福仍然囿于本国的孤立主
义传统而不愿意作出坚决的同盟或是敌对表态，美国军方却坐不住了。
1939 年 4 月，美国的陆海军参谋开始就美国在一场横跨两洋的战争中
所应采取的应对计划进行审议。在这次审议中，虽然陆海军都一致认可
大西洋战场的优先度应当高于太平洋战场，但是两军对于美国军队在太

---

　　①　Minute, 27 Mar. 1939, ADM 116/4302.

　　②　Record of Conversations with British in Regard to Bringing Ingersoll Conversations Up-to-Date, 13 Jan. 1939, Ingersoll File, WPD；CNO, Naval Archives.

平洋战场所应采取的先期态势上有着极为迥异的观点。自橙色计划制订之时便已在陆海两军之间出现的战略层面的巨大分歧再一次引发了矛盾，在认识到海军无法在战略之争中压倒陆军后，美国海军提出要和英国进行对话。①

英国方面虽然非常看重此次对话，但是他们理想中的提案却又和美国陆海两军的大西洋优先的设想有着根本上的冲突。英国已经认识到，它在东亚遭遇战争的大部分可能性都在于日本加入德意一边对同盟国宣战，在这种情况下，英国的主力舰队需要留在大西洋和地中海确保本土和连接殖民地的枢纽点的安全，并没有余裕向太平洋派遣舰队，因此英国希望让美国把它的大部分舰队部署在亚太地区，最好是能够一直前出部署到新加坡。同时，在大西洋战场，美国最好也能够为英国提供巡洋舰舰队的支援。②

1939年6月12日，英美两国海军高层再度开始了一轮协商，不出意料，协商并未获得有建设性的成果，英国方面的提案并未能够得到美方的回应。美方虽然表示可以将舰队派往新加坡增强当地海防，但是前提是英国方面必须先在新加坡驻守一支有着足够实力的主力舰队，也就是说，美国不可能在英国现有的政策立场下单独在新加坡部署舰队。而至于大西洋方面，美国则表示，罗斯福总统并没有，也不会考虑动用舰队直接支援英国的战争，但是美国会在英国与轴心国进入战争后，在加勒比和南美一线设立用于保护中立国船只的巡洋舰巡逻舰队。③

即便此次会议看上去并没有能够达到英国方面所期望的任何目标，部分英国海军高官仍然认为会议上美方的部分表态是值得赞赏的，已经升任海军副参谋长、此前曾经代表英方主持了1938年第一轮英美海军谈话的托马斯·菲利普斯就十分积极地表示，受到孤立主义深度影响的

① James R. Leutze. Bargaining for Supremacy: Anglo-American Naval Collaboration, 1937-41. Chapel Hill : University of North Carolina Press, 1977: 34-37.

② Orders to Hampton, 22 May. 1939, FO 371/23561.

③ James R. Leutze. Bargaining for Supremacy: Anglo-American Naval Collaboration, 1937-41. Chapel Hill : University of North Carolina Press, 1977: 38-39.

美方居然开始考虑将舰队部署在新加坡的可能性，这件事情本身就是一个极大的进步。①

1939 年 6 月，英国国王乔治六世携王后访问美国，并得到了美国民众的热烈欢迎。在 6 月 10 日乔治六世同罗斯福的第一次会谈中，罗斯福向英国国王提出了一项他自 1936 年便开始考虑的海军计划，即让美国海军在纽芬兰、百慕大、牙买加、圣卢西亚、安提瓜以及特立尼达设立海军基地，并以这些海军基地为支点沿西大西洋布设巡逻舰队，就能够从"来自欧洲的敌人"手中保卫美洲大陆的安全。不过，罗斯福并没有对国王表明具体要如何操作才能够从英国和荷兰当局手中拿到在这些地方使用海军基地的许可，他只是不断强调着这一动作所能给美国和英国带来的好处。罗斯福再三表示，有了这些巡逻舰队，不但能够保证本土安全，还能够为英国卸去一大重担。但至少在国王乔治六世看来，罗斯福的提议在当前变为现实的可能性仍然不高，至少基地所在地的主权问题和美国能否在这一行动中严守其中立性的问题就绕不过去。②

不过，罗斯福并没有在意乔治六世的疑虑，在送走了英王后，他立刻大张旗鼓地开始筹备这一计划。1939 年 6 月 30 日，罗斯福秘会了英国驻美大使林德赛，在会面中，罗斯福表示，一旦欧陆爆发战争，他将命令美国海军在西大西洋海域设立"中立巡逻舰队"，目标是将所有交战国船只驱离西半球海域，罗斯福再一次指出，这一决定能够让英国省下原本用来保护加勒比和南美洲的战舰。但是作为回报，罗斯福要求英国方面准许美国在特立尼达、圣卢西亚和百慕大拥有使用当地海军基地的权利。③

而与此同时，英国内阁和海军部正在全力寻找将美国绑上同盟国阵营的任何机会。在海军部看来，只需要牺牲一点点军事基地的主权，就

①　James R. Leutze. Bargaining for Supremacy：Anglo-American Naval Collaboration，1937-41. Chapel Hill：University of North Carolina Press，1977：39-41.

②　John Wheeler-Bennet. King George VI：His Life and Reign. London：St. Martins，1958：388，391-392.

③　Lindsay to FO，1 July. 1939，ADM 116/3922.

能够换取英美两国海军关系与合作的进一步加深,并且与英国利益产生绑定的美国在未来某一个时间点必然会加入英国的战争之中,这一利益交换对于英国来说有益无害。因此,在海军部方面的意见支持下,英国政府非常迅速地对罗斯福要求授权的提议表示了同意。① 这便是"二战"爆发前夕英美军事合作为数不多的进展了。

直到"二战"爆发之前,英国都没有能够成功将美国纳入对轴心国的联合威慑体系之中,而威慑的缺乏则在一定程度上加速了战争的爆发。这一失败是英美两国共同的责任。一方面,英国对美国利益造成的伤害,使得美国直到20世纪30年代才转变了对英国的敌视政策;另一方面,美国自身国家决策的不成熟也平白为双方关系的缓和和接近造成了阻碍。直到"二战"前夕,美国都没有能够形成大国博弈所必需的强大竞争力,更遑论争夺海权的能力了,但是从另一个角度来说,英国在这一时期战略选择以及执行的失败,却也为其全球海洋霸权在"二战"当中的崩溃埋下了伏笔。

第三节 小 结

即使是被国内的经济因素所拖延,英国在间战期却并没有放弃维持其全球海洋霸权。在条约期结束之后,英国政府随着"再武装"政策的出台上马了颇具野心的海军军备扩充计划,这一计划如果得以顺利实施,英国将会持续维持着世界第一海军强国的地位。不过这一计划最终被突然爆发的"二战"中断。这说明,直到"二战"爆发前,英国都没有将自己看作一个已经衰落的列强,它一直所作的努力都是在保证自己持续的世界领导者地位。而包括美国在内的世界其他国家对英国的反应也恰恰从侧面证明了这一点。

相较而言,同时期的美国就像是一个大脑还处在混沌之中的巨人。

---

① Memorandum by Director of Plans, 10 July. 1939, ADM 116/3922.

它有着庞大的海军舰队，有着无人敢于小觑的经济和工业实力，但是权力结构的混乱和政令的不通却让美国的一身"肌肉"无处发挥作用。罗斯福意识到了这个问题对美国在接下来列强博弈中所能造成的巨大不利影响，因此自上任开始便在着手一个统一的美国国家意志的形成工作，但是，这是一个耗时长久而进展缓慢的事业，直到"二战"中期，这项工作才终于告一段落。而在战争尚未爆发、美国亦尚未参与战争的 20 世纪 30 年代末到 40 年代初这段时间里，没有一个统一的国家意志，也没有一个统一的国家战略的美国在迫近的欧洲政治危机中没有能够成功地扮演建设性的角色，反而成了希望管控危机的英法等国的绊脚石，间接致使了盟国对轴心阵营的威慑建构失败和欧洲战争的爆发，这可以说是美国在"二战"前夕最大的失策。

自 20 世纪初开始，英美就逐渐积累起了错综复杂、横跨多个领域的矛盾，在"一战"过后的 1919 年，希望通过和平手段参与现行世界秩序实行"改良"的美国在巴黎和会上被英国所背叛和抛弃，两国由此在简短的战时合作后快速分道扬镳，自此进入了矛盾的集中爆发期，至 1927 年，双方关系已然跌入冰点，两国剑拔弩张，几乎到了爆发战争的边缘。但也就是在此时，英国政府中的部分有识之士开始意识到英国和美国的关系不能够继续恶化下去，英国需要美国的配合来维护它所领导的世界秩序，更甚于美国需要英国的配合来保障它的利益。出于这一认识，英国自 20 世纪 20 年代末开始主动修补同美国的关系，但是，纵使时任的胡佛总统和后续的罗斯福总统也都不反对和英国的和解和关系的进一步改善，英美仍然花费了大量的时间来缓和两国之间的紧张局面。到 1935 年第二次伦敦海军会议之时，面对已经咄咄逼人、野心尽显的共同对手日本，英美依然只能够维持着有限的合作，美国仍然不愿意对英国给予实际支持，而只是反对英国和日本达成任何妥协，甚至和英国之间在对日立场问题上产生了一些根本不必要的摩擦，如此表态，也难怪与会的英方代表怒斥美国在国际政治事务上的不成熟了。

到 1937 年，英美之间战略对话和合作的步调仍十分缓慢，其中不乏反复。两国互相的忌惮和不信任以及美方权力结构的混乱让英美互相接近的过程显得无比痛苦和艰难。放在紧迫的时代大背景之下看，两国之间在这一段时期的外交史更是显得颇有几分滑稽和戏剧性，在1938—1939年这样一个无比紧要的关头，英美军事战略合作的基础——军官团对话与情报系统合作甚至一度完全中断半年之久，这是任何一个政治家都完全不可想象，也不可接受的。这也为战争爆发后英国不计一切代价将美国拉进战争，甚至为此让出巨大的利益埋下了伏笔。

第三章 "二战"初期英国全球战略的多点崩溃与其海洋霸权的萎缩(1939—1943)

第二次世界大战在 1939 年的全面爆发，本质上是英国对德政策以及战略设计的破产从而导致的危机管控的失败。这一失败使得英国在战争初期处在一个极为被动、极为不利的态势。为了能够扭转这种局面，英国就必须尽快加强己方的实力以避免更多不可挽回的损失。而在所有途径中，拉拢美国最有可能在短时间内大幅增加盟军阵营的实力。因此在战争初期，英国作出了不惜一切代价让美国加入同盟国的决策，这一决策带来了极为深远的影响。从长远来看，美国的参战确实让英国得以在"二战"中获胜，然而，在这一过程中，英国形成了几乎全方位的对美依赖，并在英美关系中逐步让出了主导权，成为了弱势一方。

第一节 英国危机应对方案的连锁性破产

英国并非对和轴心阵营的战争毫无准备。在张伯伦的领导下，1937年的英国实际上完成了武力应对德意威胁的战略预案的制定工作。然而，这一套预案却高度依赖英国将和平状态维持到 20 世纪 40 年代中期的设想。由此，英国在 20 世纪 30 年代末便开始了对轴心国的绥靖之路，寄希望于延缓危机的发生以拖延时间。然而，在英国管控危机所需的硬实力不足的大背景下，这样的战略选择实际上具备高度的不可控性。最终，德国不满足于现有利益，对波兰发动了战争，英国的危机管控政策至此失败,而张伯伦政府基于绥靖政策的战略预案在基础崩溃后也很快便走向了全面的崩盘。

一、英美联合威慑的失败

在"一战"后,虽然英国的政府财政绝对数字比战前提高了不少,但是由于政府必须要将其中的大部分资金投入重建以及经济发展中,能够用于国防建设的数字反而大幅缩减了,这一情况几乎贯穿了整个 20 世纪 20 年代。而即使是到 20 世纪 30 年代英国启动了再武装计划之后,所能够实际投入到军备重整之中的预算相较于陆海空三军的巨大需求也依旧显得捉襟见肘。随之而来的就是军事力量不足以面对来自多个方向威胁的现实,1937 年 5 月,英国海军部在评估后,认为海军力量只能够同时应对德日的威胁,在此基础上无法再应对意大利海军的进攻。为了弥补这一缺陷,英国空军提出在轰炸机规模达到与德国持平的水准,但是财政部在统合了海空两边的要求后,又颇有些绝望地发现,英国在自 1937 年开始 5 年内所能投入军事力量建设中的预算数字只能够堪堪满足海空军的要求,而陆军则完全分不到一个子儿,这当然不现实。因此迫于经济压力,重整军事力量的步伐只能进一步拖延。[1]

同一时间就职首相的内维尔·张伯伦所面对的就是这样的尴尬情况,在紧迫的国防威胁面前,军事力量的建设反而只能够以慢于原计划的速度开展。于是,在张伯伦的领导下,英国政府一直在尝试拖延危机的爆发,并为本国的军队再武装争取时间。这一考量导致臭名昭著的绥靖政策。在他的设想中,英国将会充分利用政治和外交手段,一方面联合美法等国对德意日进行充分的威慑,另一方面则通过牺牲其他小国弱国的主权利益来将轴心国的侵略"控制"在一定范围内。随后利用争取到的时间逐步加强海军和空军的建设,强化海防,而法国则

---

① John Darwin. The Empire Project: The Rise and Fall of the British World System, 1830-1970. Cambridge: Cambridge University Press, 2009: 486-494.

依托马奇诺防线抵御德军。最后在西线形成长期消耗战，并稳步获得对德战争的胜利。在基本上控制住德国的侵略之后，英国再腾出手来对付日本。①

这一由于英国可用武装力量严重受限而产生的战略布置依赖四个不确定因素非常之多、又彼此环环相扣的假设。第一就是英国能够和法美等国联合形成对轴心国的有效威慑，争取到重整军备的时间；第二则是法国能够在完成军备重整的英国的帮助下进行持续的抵抗，让英国能够维持欧陆战争总体可控，而法国海军能够协防地中海；第三是意大利能够在法国的压力面前选择中立，让英国不用在地中海布置主力舰队，而是将海军派往亚洲威慑日本；第四则是日本在英国主力舰队的威胁下，不在战争早期选择对英开战。②

不难看出，这是一个将英国乃至同盟国家的军事潜力挖掘到极限，并且还对例如美国这样的国家在"二战"初期的政治威慑力抱有不切实际期望的战略。它几乎没有为英国留下任何回旋的安全余地，因此其最终的失败也是可以预见的。

在1939年，张伯伦所设想的这一套大战略的第一环，即成功的国际联合对德威慑就被打破了。英国所依赖构建对轴心国威慑的核心角色之一是法国，同时也在希望尽可能拉近和美国的战略合作关系以使美国成为英国联合威慑的助力，但是1939年的美国根本还不是一个具备决定性作用的战略威慑力量。罗斯福总统此时还无法很好地控制仍明显处在保守主义和孤立主义深度影响下的国会的决策，因此也根本无法突破中立法案的限制、对外真正进行有效的战略威慑。③ 希特勒正是看穿了张伯伦最主要的倚仗对象之一外强中干的本质，而在通过《苏德互不侵

① John Darwin. The Empire Project：The Rise and Fall of the British World System，1830-1970. Cambridge：Cambridge University Press，2009：487-494.

② John Darwin. The Empire Project：The Rise and Fall of the British World System，1830-1970. Cambridge：Cambridge University Press，2009：487-494.

③ D. Cameron Watt. Succeeding John Bull：America in Britain's Place，1900-1975. Cambridge：Cambridge University Press，1984：69-89.

犯条约》暂时去除了苏联的威胁又排除了美国之后，真正可能阻挡在德意日三国侵略脚步面前的事实上只剩下了正在抓紧时间重整军备的英国和法国。毫无顾忌的希特勒由此在 1939 年 9 月悍然发动了欧洲战争。英国这一灾难性的战略决策失误直接导致了绥靖政策的破产，也顺便毁掉了张伯伦所构想的大战略所必不可缺少的第一步。

德国入侵波兰后，英法两国出于先前所作出的维护东欧国家独立地位的承诺和遏制德国的政策，于 9 月 3 日对德宣战。根据前文我们可以看出，首先，1939 年并不是英国军界与工业界所预先规划的理想的开战时间节点。在张伯伦内阁和参谋长委员会看来，英国理想的对德开战时间点在 20 世纪 40 年代中期，1939 年实在是太早了，此时英国以及法国的备战工作完成度还非常不理想。这便是英国在"二战"中所犯下的第一个重大的战略失误，即危机管控失败导致战争本身的"过早"爆发。

而由于欧洲战争的实际爆发时间大大早于英法两国的规划，两国的军备重整工作因而完成度非常不足，直接导致法国在 1940 年 5 月德军发起西线进攻后的极短时间内就遭遇了决定性的重大军事失败。6 月 10 日，面对无可阻挡的德军攻势，法国政府匆忙撤离了首都巴黎，这一举动大大刺激了墨索里尼，他认为英法同盟已经在德军的进攻面前遭遇了重大的惨败，已是回天乏力。当日，意大利便对法国宣战，加入了"二战"之中。法国的过早崩溃和意大利加入战争直接使得此时已经卸任的张伯伦在战前所设想的战略规划的第二和第三环完全破产。

6 月 22 日，法国宣布投降，这立刻让英国处在了一个极端险恶的战略环境之中。首先，英法联军几乎是此时欧洲大陆上仅有的对抗法西斯阵营的武装部队，法国的投降对联军的武装力量造成了难以估量的打击。其次，在英国所设想的欧洲战争中，法国是极为重要的协助防守地中海的力量，它也能够作为将法西斯势力封锁在欧洲，使其无法南下或者西进的堡垒。更重要的是，法国也是保护英国不受到欧洲敌军直接攻击的重要屏障。但是随着法国的投降，意大利趁机加入了德国一边对英宣战，轴心国通往大西洋和北非的门户洞开，这又将英国本就只能艰难维持的战线进一步拉大了。此外，与法国只隔一道海峡的英国本土，特别是本来就位于英国南部的政治中心伦敦现在也不得不面对遭受德国直接打击的巨大威胁。最后，英国还失去了法国海军的协助，甚至法国海军还很有可能加入德意海军，变成敌对力量，结果就是英国海军的主力被完全钉死在了北大西洋和地中海一线，被迫和轴心国海军进行旷日持久的拉锯战，几乎没有任何机动舰队能顾及其他海域。

所谓的"大英帝国"和历史上曾经出现过的所有霸权都有着本质上的不同，它是以一种"海洋群岛"式的模式存在的，无数英国的殖民地和海外自治领星星点点地分布在全球的各个角落。这个所谓的"帝国"没有传统意义上的缓冲区，也没有传统意义上的大后方，所有的领土都可能成为直面矛盾与冲突的第一线，因此所有的领土都需要军队的保护。但是英国本身的经济根本不允许它在全球所有的领地同时供养为数不少的常备军，因此，英国全球殖民体系的安全在很大程度上依赖英国通过海权将军事力量不停地在世界各地轮换、转移和部署的能力，由此英国便能借助及时到位的武力吓阻挑战者对英国秩序的挑衅。为了维持这一能力，英国就不得不将大部分的军费投入拥有巨大规模的常备舰队的维护之中。①

这种极为特殊的国情让英国的决策者在考虑其全球殖民体系的防卫事务时会先天性地带有一种特有的"精打细算"的思维：只在需要的时期在需要的地区维持最低限度的、足以应对当前情况的武装力量。而在军事预算本身就极端紧张的间战期，英国政府对于全球部署的武装力量的精细管控自然也就达到了极致。特别是在远离本土的亚太地区，一切防务考量都几乎是以最低限度为基准设定的。远东的防务因此几乎完全依赖英国海军机动舰队从其他地方运送来的部队。但是，正如前文所述，首先，在法国投降和意大利参战后，英国海军主力不得不被钉死在大西洋和地中海，在繁重的海军行动任务中动弹不得。其次，英国在欧

———————
① John Darwin. The Empire Project: The Rise and Fall of the British World System, 1830-1970. Cambridge: Cambridge University Press, 2009: 492-494.

洲战争爆发后迫于战事不得不对战前的军备扩充计划进行了大幅度的修订，前文中提到的海军部未来所有的主力舰造舰计划都直接胎死腹中，取而代之的是大批为稳定战事而建造的辅助性军舰，英国可以用于争夺制海权的战舰的数量上限由此也被这一饮鸩止渴的决定限制死了。这些因素都使得英国的远东殖民地和自治领不再能够得到及时的增援，因而在接下来的时间里这些地区几乎处在一个门户洞开的局面。1940 年 8 月 7 日，英国参谋长委员会(Chiefs of Staff Committee)的报告中就明确指出，整个英国当时可供调遣主力舰总数只有十三艘，而由于法国的沦陷，英国根本没有余裕向远东派遣舰队。①

直到 1941 年美国逐渐在大西洋和地中海加大支援英国的力度之后，英国海军部才在 1941 年年中有了制定远东舰队方案的机会。这份远东舰队派遣方案是按照第一海务大臣庞德爵士的指导思想设计的。在这份方案中，远东舰队包含六艘老式的慢速战列舰、一艘同样老旧的高速战列巡洋舰、一艘航空母舰以及一些辅助舰艇。庞德爵士认为，这支舰队应当部署在新加坡发挥威慑作用，而如果真的与日本开战，那么就后撤到亭可马里，防守印度洋。②

另一方面，在 1941 年 8 月 25 日，丘吉尔也在与海军部的会议中提出，需要向印度洋派遣一支用于威慑的"尽可能精干"的舰队。在与海军部的会议中，丘吉尔提出了他的远东舰队构想，即以一艘新型高速战列舰、一艘老式高速战列巡洋舰和一艘航母为核心所组成的一支精干的高速舰队。③ 在经过讨论后，丘吉尔的方案在外交部的支持下得到通过。包含一艘高速战列舰和一艘战列巡洋舰的 Z 舰队，最终于新加坡

---

① Christopher M. Bell. The 'Singapore Strategy' and the Deterrence of Japan: Winston Churchill, the Admiralty and the Dispatch of Force Z. The English Historical Review, Vol. 116, No. 467 (2001), pp. 604-634.

② Winston Churchill. The Second World War, Vol. 3. London: Houghton Mifflin Company, 1950: 768-774.

③ Winston Churchill. The Second World War, Vol. 3. London: Houghton Mifflin Company, 1950: 768-774.

当地时间1941年12月2日星期二抵达新加坡。[1]

但是仅仅数天后，完全没有被这样一支舰队的到来所威慑的日本仍然选择了在偷袭珍珠港的同时悍然发动了对马来半岛英军的进攻。在收到珍珠港遭到日军突袭、美国太平洋舰队损失惨重的消息后，菲利普斯明白战前与美方达成的联合作战计划已经成了一纸空文，而随着登陆地点防守的英联邦军队被逐渐击溃，他决定率领仅有的主力舰出港，压制日军的登陆行动。[2] 12月8日，Z舰队抛弃了它被英国内阁和海军部所赋予的"威慑舰队"的角色，出航北上寻求战机，然而在仅仅两天后的12月10日中午时分，面对日军海军航空兵，几乎毫无还手之力的Z舰队就被全歼于马来半岛以东海域。

这对于英国而言不啻于晴天霹雳，日本对英美法荷等国的宣战行为首先直接造成了张伯伦战略规划最后一环的破产，英国被拖入了它最害怕的全球多线作战。而在Z舰队覆灭后，失去了在远东制海权的英国也基本丧失了阻止日军侵略马来半岛的能力，这对英国在东南亚战场的战事带来了不可逆转的毁灭性后果。在Z舰队被消灭仅仅两个月后，日军便包围了新加坡城。围城一周后，新加坡当局因为无力继续抵挡日军的攻势而选择了投降。

新加坡的失败超出了所有人的预料。英国内阁一直以来的计划便是将新加坡打造成英国在远东坚不可摧、永不陷落的要塞。丘吉尔本人的估计是新加坡在孤城状态下至少能坚守六个月的时间。[3] 但是当新加坡防守战真正在仓促之中打响后，这座城市却完全没有达到丘吉尔等人的期望。

---

[1]　Admiral Geoffrey Layton. Admiralty War Diaries of World War 2, Eastern Theatre Operations, Tuesday 2nd December 1941. http://www.naval-history.net/xDKWD-EF1941ChinaStation.htm. Accessed Jan 6, 2021.

[2]　Admiral Geoffrey Layton, Admiralty War Diaries of World War 2, Eastern Theatre Operations, Monday 8th December 1941. http://www.naval-history.net/xDKWD-EF1941ChinaStation.htm. Accessed Jan 6, 2021.

[3]　John Darwin. The Empire Project: The Rise and Fall of the British World System, 1830-1970. Cambridge: Cambridge University Press, 2009: 512-513.

Z 舰队的覆灭、新加坡沦陷以及 13 万英联邦军队的投降,标志着英国在亚太地区遭到了一连串毁灭性的重大军事失败,这直接葬送了英国在东南亚战场快速转入反攻的希望,在继对德和对意战争之后,新加坡沦陷便让英国处于严重战略战术劣势的对日战争,也发展成了注定要耗时长久的消耗战,这无疑让英国的困难处境再一次雪上加霜。

在新加坡沦陷后,受到极大震动的英国内阁随即发现,随着 Z 舰队的覆灭,除了澳新两个自治领所拥有的自保性舰队以外,英国海军基本上被完全逐出了太平洋,被迫退入印度洋被动防御着日本海军的进攻,而英国陆军则随着马来半岛与新加坡的陷落而被逼入缅甸,与日军在当地进行着艰苦的攻防战。此时,新加坡战略已经破产,战前围绕新加坡战略所作的所有联合美国在海上击退日本的战略设计也失去了存在的意义,绝大部分亚太地区的战事已经与此时偏居于战区西沿的英国无关了。①

二、英国对美战略依赖的初步建立

在英格索尔-菲利普斯谈话后不久,英美两国海军就开始了技术情报层面的交流,在 1939 年欧洲战争爆发前,这种交流总体上还算是以比较平稳的状态在推进的。但是在欧洲战争爆发后,两国对技术情报交流的态度立刻就发生了剧烈的转变,并使这一来之不易的交流渠道的维持变得十分艰难。受到战事所迫,美国急于获取英国的战争经验和技术应用资料,并且由于对己方技术先进程度的错误自信而拒绝在没有"对等收获"的情况下对英国公开己方的情报;英国则同样认为己方对美方存在巨大技术优势,而将这些情报透露给已经宣布中立的美国要冒很大的风险。② 自英格索尔-菲利普斯谈话后所建立的宝贵的英美技术情报

---

① John Darwin. The Empire Project: The Rise and Fall of the British World System, 1830-1970. Cambridge: Cambridge University Press, 2009: 512-513.

② James R. Leutze. Bargaining for Supremacy: Anglo-American Naval Collaboration, 1937-41. Chapel Hill : University of North Carolina Press, 1977: 56-57.

交流沟通渠道在战争初期又一次陷入了几乎完全滞塞的局面，而由于没有能够从这个渠道中充分学习到英国的战争经验，美国海军系统中长期存在的落后的技战术思维，甚至是战略思想在战争初期没有能够得到修正，并因此在美国加入战争后给英美双方都带来了很大的麻烦，这一点在之后有更加详细的论述。

就在英美两国在基层实际操作层面的军事合作面临艰难处境的同时，在更高一级的政治层面，两国的海军合作也并非一帆风顺。自1940 年 5 月开始由丘吉尔所提出的著名的驱逐舰换基地协商便是此种合作的代表。

1940 年 5 月 10 日，纳粹德国对低地三国和法国发动了闪击战，在很短的时间里，进攻的德军就越过并包围了在前线驻扎的几乎所有法军机动兵力，面对的巴黎几乎是一座空城。在这一天，张伯伦也黯然下台，丘吉尔成为了新的英国首相。他上任后，眼看西线欧洲战场败局已定，便决定让美国在支持英国对轴心国战争中承担更多的责任。15 日，丘吉尔电告罗斯福，要求美国继续维持中立，并向英国提供一切"除了投入作战部队之外"的支持，他还向罗斯福请求尽快提供 40~50 艘老式驱逐舰、700 架现代化战斗机等关键的作战物资。

但是罗斯福并未第一时间答应英国的要求，因为向英国进行直接的无偿军用物资援助，特别是如此大规模的战舰的赠送，在当时根本无法得到国会的许可，罗斯福因此开始了在美国国内的努力，而时任英国驻美大使洛锡安侯爵菲利普·克尔（Philip Kerr, 11th Marquess of Lothian）也正在为如何开出让美国满意的支援价码绞尽脑汁，他注意到了美国方面对欧洲国家在加勒比地区殖民资产的野心。于是，在 5 月 23 日，他提出了在 1939 年夏天所授予美国的基地使用权的基础上进行扩展，将位于纽芬兰、加勒比和圭亚那的所有英国军事基地全部送给美国的建议。

在一年多围绕协商细节的反复拉锯和讨论后，1940 年 9 月 2 日，美英两国政府达成著名的驱逐舰换基地协定。按照协议，美国向英国提供 50 艘超龄的驱逐舰，英国则把巴哈马群岛、牙买加、安提瓜、圣卢西亚、特立尼达和英属圭亚那等地的军事基地租给美国使用99年，同时将纽芬兰的阿根夏和百慕大岛基地无偿提供给美国使用。

驱逐舰换基地协定是英美两国在"二战"初期尚未构建起足够互信之时，受迫于形势所尝试的一次史无前例的军事合作，这次合作让英美两国渡过了自第二次伦敦海军会议后的合作关系发展的泥潭期。尽管从物质收益来看，驱逐舰换基地是一场美国获益大大超过英国，乃至完全不对等的交换(这批驱逐舰实际上并未像丘吉尔所期待的那样发挥应有的作用，后文反潜战部分对此有更详细的论述)，但是此次交易对英国的政治价值却是无可比拟的，通过驱逐舰换基地，丘吉尔成功地极大动摇了美方的中立立场，让美国向着正式加入战争迈出了最关键的一步。

在驱逐舰换基地协商进行的同时，英美两国也正在探讨两国高级军官对话机制的重启。两国在1940年以前的最后一次正式的高级军官对话是在1939年6月。会谈主要聚焦了如何应对亚太局势的问题，美国方面最后一次对话中的立场是，只有在英国同样向新加坡派遣一支舰队的前提下，美国海军才会考虑前出部署到新加坡。两国海军实际上仍然没有能够形成联合应对日本威胁的机制，因此自1940年6月开始，美国海军出于国防安全需要考虑，向英国方面提出了重启高级军官对话机制的要求，并不反对加深两国海军关系的英国政府将这一请求返给了罗斯福，罗斯福则表示了同意。在6月底，两国领袖达成了在伦敦重启高级军官对话机制的决定。① 1940年8月15日，一支由一位海军上将和两位陆军将军所组成的美方军官团抵达了伦敦，双方在交谈中涉及了非常广泛的问题，包括英国所计划的大西洋和太平洋战略，以及美方能否使用英国的全球军事设施等。英国方面在会谈中表示，英国决心同时守住地中海和新加坡两处战略支点，但是英国海军的船只不足以同时应对德意日三国的海上进攻，因此急需美方将舰队抽调至大西洋协助英国，

---

① James R. Leutze. Bargaining for Supremacy: Anglo-American Naval Collaboration, 1937-41. Chapel Hill : University of North Carolina Press, 1977: 129-133.

这样英国海军就能腾出手来保护亚太地区。美国方面对这个提议只表现出了有限的兴趣，在经过几轮讨论后便将其暂时搁置下来了。①

1940 年 9 月 27 日，《德意日三国同盟条约》签订，美国政府中的部分高官敏锐地意识到这个同盟条约隐隐有着将美国作为假想敌的意思。由于日本方面的表态，太平洋方向的防务再次成为了美国所必须关注的焦点。此时，美英两国的亚太战略构想都处在一个非常尴尬的境地，两国都在等待对方的表态。英国希望美国能够在太平洋承担起主要防务责任，让自己有余裕关注大西洋和地中海战场；而美国则希望英国能够从欧洲抽调一支主力舰队部署在新加坡，与美国共同行动。双方在谁先走第一步的协商中僵持不下。②

10 月初，英美两国决定把同样在东南亚有殖民地的荷兰也纳入对日共同防卫，希望能够多少推进对于亚太地区联合行动战略的规划，但是效果仍然不明显，英美两国在亚太防务事务上的协商仍然走进了死胡同。英国在其殖民地内部和对外都面临着加强远东海防的需求，新西兰和澳大利亚已经表示，如果在亚太地区见不到英国的护航舰队，就必须考虑撤回对英国欧洲战事的支持转而专注本土防卫，美荷两国也都期待英国能够在新加坡部署一支主力舰队，但是大西洋和地中海极度吃紧的战事却又让英国海军实在分不出足够的军舰来保护它在亚太地区的殖民地。从前文中对英国"新加坡战略"发展与演变过程的论述中可见，英国此时所面临的"新加坡防务死结"要到 1941 年年中随着美国军事援助的逐步扩大才得到解决的机会。而在 1940 年秋天，英国别无他法，只能暂时选择搁置远东的海防议题。

而美国则依然受到前文所说的对日作战计划根本无法得到妥善执行这一问题的拖累，在大敌当前的关口，美国实际上根本没有办法独自在太平洋地区采取有效措施。面临这一灾难性的局面，美国海军系统内部

① James R. Leutze. Bargaining for Supremacy：Anglo-American Naval Collaboration，1937-41. Chapel Hill：University of North Carolina Press，1977：146-161.

② C. O. S Telegram to Far Eastern Commanders，15 Oct. 1940，CAB84/20；Casy to London，17 Oct. 1940，FO 371/24710.

开始尝试"自救",在海军部长弗兰克·诺克斯、珍珠港舰队司令 J. O.
理查德森上将(Admiral J. O. Richardson)的主持下,海军上将哈罗德·
斯塔克(Admiral Harold R. Stark)开始了自行设计一份真正具备可行性
的对日作战计划的工作。到 1940 年 11 月,海军部大体完成了对这份名
叫"D 计划"的对日作战计划的构思,并将其交给了罗斯福总统审阅。

D 计划开篇便认为,英国的国防安全已经与美国的未来绑定了,如
果英国得不到美国的援助并输掉战争,那么美国的国防和经济也都将遭
受巨大的负面影响,因此美国必须不遗余力地帮助英国击败德国以及其
他所有和德国处在一个阵营的国家。而击败德国只靠海上封锁和空中轰
炸是没有用的,美国必须要动用巨大的人力、物力支持英国发动对德国
的陆上进攻,才能击溃纳粹德国政权。[1]

随后,D 计划的关注点便转到了太平洋战场,计划的制订者在这里
给出了一个极为错误的判断,认为日本不会在短期内考虑发动对英荷的
进攻。但是 D 计划仍然考虑到了战争"万一"爆发的可能性,并提出如
果没有美国的协助,英国在香港和新加坡的军事基地将会很快沦陷,因
此美国必须在太平洋地区协助行动。但是,依照过往的作战计划,在亚
太倾注太多的军力却又不现实,效果可能并不显著,还会减少英国在大
西洋方向所能得到的支持,增加英国输掉欧洲战争的风险。有鉴于此,
D 计划提出了美国后来所遵循的"先欧后亚"战略方针的雏形,即只在
太平洋地区维持有限的军事投入,不追求将日本快速击败,而是争取与
英荷共同形成在马来亚一线的拉锯战,待到欧洲战争结束,再回过头来
集中对付日本。[2]

D 计划还特别强调了美国必须要立刻设立联合参谋制度以及基于这
种制度的海陆军联合作战计划,以终止长期困扰美国的军种战略争端。
D 计划认为,橙色计划在菲律宾的得失问题上无止境的海陆纠结是愚蠢

---

① James R. Leutze. Bargaining for Supremacy: Anglo-American Naval Collabora-
tion, 1937-41. Chapel Hill : University of North Carolina Press, 1977: 191-192.

② James R. Leutze. Bargaining for Supremacy: Anglo-American Naval Collabora-
tion, 1937-41. Chapel Hill : University of North Carolina Press, 1977: 192-193.

而无必要的，新的军种联合作战计划必须确保美国海军优先部署在大西洋海域、优先关注大西洋战事的基本方针。①

不难看出，斯塔克所制作的 D 计划在美国"二战"战略演进史上有着里程碑式的意义，起到了开创性的作用。它是美国自第二次伦敦海军会议结束以来，在官方层面第一次确认美国未来的国家战略已经与英国的反法西斯战争进程绑定这一事实的文件；它也是美国军方第一次认识到具有实权的联合参谋部的重要性的文件；它更是一份包含了美国决策层未来所秉承的"先欧后亚"战略思想雏形的文件。

罗斯福对 D 计划中优先关注大西洋与欧洲战争的部分非常赞同，但是英国方面却对美国自行制订的这一作战计划并不欢迎。英国虽然已经不得不寻求来自美国的帮助，但是它仍然希望美国能够只扮演一个听从英国战略安排的助手角色。丘吉尔和英国海军部的理想方案始终都是让美国将它的海军主力布置在西太平洋，更为重要的大西洋和欧洲战场则最好不要受到过多的来自美国的干预。但是罗斯福已经敏锐地意识到了世界局势的发展变化，随着英国在短短两年内的快速崩溃，美国已经没有必要遵照伦敦的意见行事，而是有必要按照自己的想法来进行一场横跨两洋的反法西斯战争。因此在 D 计划出台后直到 1940 年年末的数轮英美中高层决策者的沟通中，美国选择无视了英国数次表现出的对 D 计划的反对意见，决心将自己独立构思出来的先欧后亚战略贯彻到底。②

在这样的氛围下，1941 年 1 月至 3 月，为盟军"二战"战略奠定初步基础的英美加三国高级军官会议（ABC-1）于华盛顿特区秘密召开。会议旨在确定如果美国加入战争，英美加三方所应该采取何种进攻战略。颇为有趣的是，英国一方在这次美国主场的会议中承担了多项核心会务工作的指导任务，包括指导会议纪要以及议程设置的标准等，这是由于

① James R. Leutze. Bargaining for Supremacy：Anglo-American Naval Collaboration，1937-41. Chapel Hill：University of North Carolina Press，1977：194.

② James R. Leutze. Bargaining for Supremacy：Anglo-American Naval Collaboration，1937-41. Chapel Hill：University of North Carolina Press，1977：197-215.

英国代表团此时在跨军种、跨部门合作上有着非常丰富的经验，同时对于军事会议的议程安排和会场操作也非常专业，而相较于英方，美方此时在这些事务上的了解都还几乎是一片空白。① 英国军官团在专业性上相对美方的绝对优势一直保持到1943年卡萨布兰卡会议结束之后，在这一段时间内的英美战略对话中，这一优势往往能够成为英方压倒美方的决定因素之一。

在 ABC-1 会议上，这个优势首次被英国人注意到，并得到了一定程度的发挥。由于内部沟通机制的成熟，英方代表团能够在所有问题上达成一致的立场，而美方代表团却在许多问题上出现了内部分歧。不过，美方代表团毕竟也有着身处主场方便迅速决策的优势，因此英国人并未能够完全主导此次会议。

ABC-1 会议第一个聚焦的便是太平洋问题，针对英方的质询，美方表示，目前美国亚洲舰队实力不足以应对日本，而海军部也没有任何调拨战舰增强亚洲舰队的计划，美国将会遵照 D 计划的方针将主力部署在大西洋，由英国自己派遣舰队到亚太地区应对日本。英国政府以及军官代表团对这个立场仍然不满意，丘吉尔并不认为美国海军能够在欧洲战场完全替代英国海军的作用，这就让英国无法放心地如美方所期待的那样调遣舰队。但是为了确保殖民地的安全，新加坡又是必须防守的，因此在英方看来，最理想的状态就是美国增兵新加坡，并帮助英国保卫东南亚、澳大利亚和新西兰。②

双方围绕亚太地区的战略反复争执无果后，只能暂时将问题搁置，转而商议大西洋战场的问题。美国提出，英美在大西洋的首要任务应当是保卫英国的海上航运线，并尽可能阻止英国由于德国海军的破袭战产生经济崩溃。美方军官指出，由于英国目前缺乏足够的护航舰只保护大西洋航线，美国将会在英国本岛、冰岛和亚速尔群岛为顶点的三角形海

---

① John Cotesworth Slessor. The Central Blue: The Autobiography of Sir John Slessor, Marshal of the RAF. London: Cassell, 1956: 321, 349-354.

② US-UK Conversations Minutes, 31 Jan. 1941, U. S. Serial 09212-6, U. S. Navy, Naval Archives.

域中提供用于护航的军舰。美方还特别强调，这些为英国提供护航的军舰不可能转入英国海军系统的指挥之下，但会考虑接受来自英国的战略指示和建议。①

在明确了英美在大西洋战场最基本的任务后，两国军官团又重新回到仍然争执不下的亚太地区。在这一次的会议中，美国军官将亚太分为了"中太平洋"和"远东"两个部分。美国军官所定义的"中太平洋"的最西界限是关岛和斐济一线，在此线以东美国将会承担战略防卫责任，但在此线以西即"远东地区"，美方则不愿意插手。庞德所率领的英国海军部仍然对这一立场不满意，但是在丘吉尔以大局为重所作的"尽一切可能配合美方要求"的指示下，英国军官团只能对这一立场表示了认可。②

ABC-1 会议还商讨了地中海等其他战场的问题，美英两国确定了可以尝试在地中海战场尽早击败意大利，为盟军战事减轻压力的作战方向。这个意向为之后英美盟军开辟地中海战场奠定了战略构思的基础。最终，在大部分战略方向问题上达成共识，并搁置了无法达成一致的那些问题后，ABC-1 会议于 1941 年 3 月 27 日结束。

直到美国加入战争前，ABC-1 会议以及其所产生的文件都是英美两国军事合作的基础纲领，它是英美两国自第二次伦敦会议结束以来尝试互相接近、构建军事合作与互信关系这一艰难反复的过程的一个阶段性总结。它标志着美国尝试从英国手中夺取盟军战略主导权的努力的开始，也标志着采用了欧洲中心战略的美国在未来战争进程中逐步取代英国成为西方盟军领袖的开始。

三、危机管控的失败导致的英国国力衰退

在 1940 年 6 月至 1942 年 10 月这短短的两年多时间里，英国所面

---

① US-UK Conversations Minutes, 10 Feb. 1941, U. S. Serial 09212-10, U. S. Navy, Naval Archives.

② C. O. S. (41) 250, 2 Apr. 1941, CAB 80/27; Bellaris to C. O. S., 13 Mar. 1941, FO 371/26219.

临的战略局势以一个令所有人都感到震惊的速度走向了全面崩盘。在一夜之间，英国就被迫面临着要在漫长的战线上和多个敌人同时作战的险恶局势。为了守住本土的安全，英国不得不投入大量财富扩充空军力量。而在环地中海地区的作战也急需人力、物力的持续补充，但是在轴心国海军的袭扰下，地中海航线很快就变得不再安全，并几乎完全关闭，补给地中海战场的渠道只剩下欧洲至好望角航线和亚太至苏伊士运河航线这两条通路。前者效率极低，而后者则在日本的侵略铁蹄下自身难保。与此同时，英国还需要在北大西洋进行艰难的反潜护航战争，以保卫本土运输后勤生命线的安全。

此时的英国正处在一个极端恶劣的处境，本土、地中海、北大西洋和亚太这四个战场彼此相距遥远却又彼此有着重要的联系，因此几乎都具有极其重要的地位，无论哪一个战场都关系到英国和英国殖民体系的存亡。然而这四处战场却又没有一处是能够在短时间内就决出胜负的，无论是本土的攻防战，还是北大西洋反潜战，还是北非和亚太的战役都是旷日持久、会持续地消耗资源的拉锯战。这自然在短时间内让英国的国家财富急遽缩水。

而更糟糕的是，在持续的失利中，英国甚至都看不到胜利的希望，在所有战场上英方全部处于守势。在北大西洋，英国每天都在损失宝贵的运输船队伍，到1941年6月，损失数甚至已经达到了不被允许公开的水平。英国本土的工农业和社会资产也在不列颠空战中被快速地摧毁。而在北非和亚太，仅凭英国自身甚至无法有效地阻止敌军的进攻，这两处战场的沦陷似乎已经只是时间问题了。

在亚太，英国不仅被日军以微小的损失全歼了包含两艘宝贵主力舰的Z舰队，更是被日军攻陷了包括新加坡在内的整个马来半岛，这对英国乃至全世界都造成了巨大的震动。丘吉尔内阁意识到，马来亚和新加坡陷入日军的铁蹄之下意味着英国已经不再能够向其殖民地和自治领兑现安全保护的承诺，这对英国的国家信用和国际威望是足以致命的一击。更不用说英国此时正高度依赖着其海外领地所提供的资源以支持战争的消耗，如果这些海外领地的执政者不再相信它们能够得到英国的保护，并撤走对英国的人力和物资支持，英国将必然会在战场上面临更加巨大的困难，并进一步导致更多的失败和它们对英国信心的进一步流失。对于此时的英国来说，这是一个无解的恶性循环。

而在北非，战事也在逐渐恶化，1942 年 6 月 21 日，托布鲁克在德意联军的进攻中陷落。英军被完全赶出了利比亚，德军兵锋直指苏伊士运河的最后一道防线开罗。英国连通其东西两个半球的海上生命线正面临着被切断的巨大危险，如果开罗沦陷，那么英国在地中海战场继续战斗的意义在很大程度上就已经不再存在了。一旦英国被完全赶出地中海，与亚太方面联系被切断、殖民体系遭受重创的英国是绝对无法继续支持对德意的欧洲战争的。可以说，此时的英国距离地中海战场，乃至整场战争的失败只有一步之遥。

托布鲁克和新加坡的陷落不仅在英国国内再一次造成了巨大的震动，也在国际社会掀起了轩然大波。各国领导人甚至是普通民众都见证了英国在战争中前所未有的巨大失败，在新加坡和托布鲁克，疲惫、士气低落、缺衣少食的英军成建制地向敌军投降的场景颠覆了所有人心中此前对于英国所享有的全球霸权以及世界秩序领导者等地位的认知。人们突然发现，在短短的两年战争之后，曾经还不可一世的英国似乎在转瞬间就已经变得十分虚弱。它不再能够真正履行对殖民地的保护义务，也不再有闲心关注殖民地的政局和社会秩序。对于处在英国殖民统治下的原住民来说，这意味着有机可乘。印度、埃及等英国重要殖民地的人民于是便掀起了轰轰烈烈的民族解放运动。而对于外部的其他国际强权比如美苏等国而言，这意味着英国在同盟国之中的地位需要进行重新排序，而英苏和英美关系的框架也都需要进行重新评估。美苏两国高层开始认识到，英国已经不再是能够决定地区秩序和世界秩序格局的核心力量，这一认识促进了两国领导人作出抛弃英国，彼此开始接触的决定，并最终形成了美苏对战后世界秩序问题的商讨。

在战争初期的这两年多时间里，英国内阁在丘吉尔的领导下，绝望地支持着多线的消耗战。很快，英国政府就难以置信地发现，其在战争中所需要关注的最首要的问题几乎在一夜之间就从如何在多国威胁下维持英国的全球霸权，变成了如何维持英国最基本的生存权。在认识到了这一惨痛的现实后，丘吉尔意识到英国必须不计代价地寻找能够在目前的四条战线上给予有力帮助的盟友，以击退敌人为第一要务。对于英国来说，确定这个盟友并不难。苏联虽然拥有足够的战争实力，但是它并不具备有意义的远程战略投送能力，其海军实力也并不强，因此苏联在战争开始后的绝大部分行动势必只能够被限制在东欧地区，这一点在1941年夏所开始的苏德战争中得到了证明。因此英国不能指望苏联在北非、远东和大西洋给予帮助。唯一能够在这些地区支援和协助英国的国家只有美国。因此，为生存而战的英国没有丝毫犹豫，开始不顾一切地要将美国拖入战争，甚至不惜对美国作出前所未有的妥协。而在这种妥协下，英国全球霸权的最后一大支柱，即伦敦自19世纪开始便得以维持的全球经贸与金融霸权也从1942年开始轰然垮塌了。

在大萧条之前，伦敦曾经是无可争议的世界经贸中心，而英镑也是国际交易中最坚挺的交易结算货币。在1929—1933年的世界性经济危机中，英国改变了它的金融经贸战略，转向了贸易保护主义。虽然此时的伦敦已经从世界经贸的中心转变为了英镑区经贸的中心，但是它仍然是世界上最大的经济金融实体——英镑区——的经贸枢纽。伦敦仍然是世界上大多数国家经贸交流活动的中间者和担保人，旧有的国际金融业务中价值最高的那一部分也并没有丢失，而对外贸易总额此时也仍然能够保持在和美国大致齐平的水平。但是战争的爆发以及战争进行的形式都戳中了英国金融霸权中最大的一个弱点，那就是对美元的需求。由于贸易保护政策以及英镑区对外半封闭的经济循环流通体系，英国在战前对美元的需求是大致可控的，彼时的美国也并不具备霸占英国进口市场的能力。但是这一切都在1940年6月开始的对轴心国战争中消失。由于本土军工产能不足以立刻完成对军队的武装，英国政府不得不大批换购以及抛撒美元外汇以从美国购买一切能够买到的军事装备以及战备物资。到1940年12月，英国战前所拥有的美元和黄金储备已经抛出了一半以上，而剩下的一半也会在1941年3月告罄。虽然美国及时提出了租借法案缓解了近在眼前的金融破产危机，但是到1941年9月，英国的黄金和美元储备依然跌到了刚刚超过 15 亿美元的水平，而这其中还有 10 亿美元必须被用来支付所有不涉及租借法案的购买合同。①

走投无路的英国于是不得不向美方请求金融援助，而收到请求的罗斯福则在其经济政策顾问的建议下用政治条件进行了绑定。他们不能够接受在战后世界继续存在一个英镑霸权体系，于是提出了三点要求：第一就是英国的外汇储备必须被刻意保持在最低限度；第二是英国对美元市场的出口额要倒退到战前水平的三分之一以下；第三个要求就是在战后放弃对美国出口货物的一切歧视性政策。

在英美贸易关系失控之后，英国在英镑区内的债务也紧接着走向了失控。作为遍布全球的殖民地和自治领的控制者，英国政府在需要的时候有任意从海外领地借调英镑的权力，这一能力在一般情况下是与其他强势经济体竞争时的显著优势。但是随着英美贸易关系在战时的失控，英国开始需要持续的英镑供给来兑换用于购买美国货物的外汇，这直接导致了英国在英镑区内债务的疯涨。到 1942 年 9 月，英国已经欠下印度 3.6 亿英镑的战时债务，这还是去掉了战前债务数字的情况。而到 1943 年秋，这个数字就已经飙升到了 6.5 亿英镑以上，同时埃及方面则被英国欠下了 2.5 亿英镑以上。② 这些数字昭示着一个非常惨淡的未来，在战后，英国势必需要绞尽脑汁来填补巨额的债务窟窿，因此也就意味着用英镑进行的海外投资将会被压到尽可能低的程度，英镑在国际上作为通用结算货币的"价值"也就会迎来缩水。一般情况下，如果债务数字并不大，那么这个问题也不会为英国带来太大的麻烦，市场对英镑的信心也不会受到重大的打击。但是，英国在"二战"中所欠下的债务已经必然是一个天文数字了，可以预见的是，英镑在未来很长一段时间内都不太可能在海外投资以及国际交易结算中使用，而所带来的直接结果就是长期不活跃的英镑将很难再被国际社会看作合格的国际结算货

① John Darwin. The Empire Project: The Rise and Fall of the British World System, 1830-1970. Cambridge: Cambridge University Press, 2009: 508-512.

② John Darwin. The Empire Project: The Rise and Fall of the British World System, 1830-1970. Cambridge: Cambridge University Press, 2009: 508-512.

103

币。虽然战争依然还在进行，但是英国的经济已经几乎走进了死局，如果不能够在战争中获得显著的经济收益，英国经济金融霸权的崩溃就是注定的结果。

曾经不可一世的英国霸权，就这样在由一个灾难性的战略决策失误所引发的一系列恶性连锁反应中塌方式地崩溃了。这种快速的全面崩溃有其偶然性，但是也有其必然性。英国全球殖民体系的存在形式便注定了它无法同时应对多个地区冲突，因此英国必须通过维护地区均势、打压地区强权的方式来消解或延缓危机的爆发。然而，这一做法又必然会导致英国与传统地区强权之间的利益矛盾日积月累愈发深重，并在未来的某一个时间点迎来全面爆发。这是一对无解的结构性矛盾，也是英国式世界秩序最大的死穴所在。

第二节 英美在大西洋海域的协同配合与
海权主导权的变化

在第一次世界大战中，英国就曾经饱受德国的无限制潜艇战之苦。因此在"一战"结束后，海上后勤线的保卫工作就成了英国大西洋战略的核心。为了抵御住德国无限制潜艇战的威胁，英国做了许多的预备工作，其中包括维持和法国的同盟，锁死轴心国前往大西洋的通道，以及保证本国和盟国的船舶产能，用于维持运输船队规模等。但是，在战争爆发后，英国的这些努力有相当一部分都走向了失败，由此再一次陷入了无限制潜艇战所造成的后勤危机。而为了尽可能减少后勤运输线的损失，英国只能不断地加大对美国的依赖，从而使得美国在美英关系中逐渐占据了主动。

一、美国对英国大西洋后勤线的全力维护

自 1939 年德国对波兰宣战之后，英国的海上后勤补给航线就开始

出现问题。"静坐战"并非完全没有对英国造成伤害。1939年9月到10月，由于战争原因，英国的进口货物总量下降到了战前平均水平的大约55%。虽然并未真正遭到攻击，但是出于安全考虑，英国仍然在己方港口布设了磁性水雷和反潜网等防御设施，这些布置吓退了许多航向英国的中立国船只，从而在1939年就开始对英国造成相当程度的进口物资数量上的损失。此外，英国还面临着向欧洲大陆增派部队的需求。这些新增的对海洋运力的要求都必须通过新的运输船来弥补。因此，从1939年开始，英国就在四处寻找可用的运输船来供应大西洋后勤补给航线对船只的需求与消耗。然而，英国本国的供应源并不足够，在经过评估后，英国内阁发现，想要弥补运力损失和满足新增的运力需求，英国需要在接下来的一年里新建150万吨的运输船。但是，英国造船业在"二战"前由于"一战"以及大萧条的影响出现了一定程度的萎缩，造船能力下降，直到1939年都并未恢复正常水平。此时英国全国在纸面上的造船业可以满足一年250万吨的建造需求，但是实际上由于其中相当大一部分船坞长时间未被启用，大约只有五分之三即150万吨的建造能力是可用的。但是这部分建造能力还需要照顾海军的需求，因此根本无力满足英国政府所设想的这一目标。而在另一方面，大批量购买美国运输船在此时则并不是一个划算的选择。因此此时英国只能够选择尽力优化海运航线和尽可能削减进口物资的数额，并以此手段在战争初期勉强维持着海上后勤线的稳定可持续运行。①

但是1940年夏天，随着希特勒进攻法国以及后者的投降，形势瞬间急转直下。英国的运输船短缺瞬间成为了极端严峻的问题。首先是短期影响，为了从欧洲大陆紧急撤回英法联军，英国调动了原本用于护航北大西洋后勤运输线的舰队，仅仅这一举动就直接导致英国在1940年夏天损失了200万吨的进口物资，以及相应的宝贵的运输船队伍。然后，在占据了法国和挪威的海岸线后，德国潜艇进出大西洋变得更加畅

---

① Kevin Smith. Conflict over Convoys: Anglo-American Logistics Diplomacy in the Second World War. Cambridge: Cambridge University Press, 2002: 11-12.

通无阻,希特勒的无限制潜艇战也因此而更加肆无忌惮,并在接下来的时间里对运输船和护航的海军战舰都造成了巨大的损失。此外,由于德国在欧陆的肆虐,英国不得不改从非洲和北美购入原先能够从欧洲获得的铁矿等战略资源。这又在无形中增加了后勤运输的压力。①

由于本土的船舶产能要优先供应海军的建造需求,英国的运输船产能在法国沦陷后也始终没有能够达到一个哪怕是差强人意的水平。在1940年2月7日到4月3日这段时间里,有15000名工人应征加入造船业,但是其中只有大约1200人被分配到了运输船的建设项目中,而后者此时的需求缺口高达19000人。在与德国的海上战争打响后,持续的重大损失更进一步坚定了海军部挤占更多造舰资源的决心,推动海军部占用了每年100万吨以上的造舰能力份额。而在扣除了因为年久失修而不可用的船坞后,运输船所能分到的造舰能力份额只有每年110万吨,这一数字大大地小于英国政府原先在静坐战时期所设置的每年150万吨的"最小"需求值,更是远远不足以应对反潜护航战争打响之后的海洋运力需求。② 由于熟练工人和设备的短缺,造成运输船产能不足,进而导致了运力的增长跟不上战争的消耗,进口额因而受到限制无法进一步提高,而进口额无法提高又反过来限制了英国造船业产能的提升。英国眼见着要在维持海上生命线的运转上陷入无可挽回的恶性循环。

此时,原本由于"不经济"的原因而被放弃的从美国购买运输船的设想由于情况所迫又被翻出来重新讨论。由于美国此时仍然没有进入战时动员,它的运输船产能始终维持着和平时期的民用水准,因而英国在短期内能够大批量购买的只有昂贵而又陈旧的二手货,只要战争结束,这些破烂就注定会变得毫无用处而被拆解。这曾经是英国决策层拒绝考虑购买美国船的理由,但是面临严峻的情势,丘吉尔内阁已经顾不上计算这些得失了。1941年1月,英国花费宝贵的外汇从美国政府以及私

---

① Kevin Smith. Conflict over Convoys: Anglo-American Logistics Diplomacy in the Second World War. Cambridge: Cambridge University Press, 2002: 29-31.

② Merchant Shipbuilding, 12 July. 1940, CAB 67/7/33.

人企业手中购买了第一批将近 100 艘二手运输船，由此开始了英国对美国方面所生产和提供的运输船船队的依赖。①

但是运输船遭受持续攻击而损失的情况仍然没有能够得到任何的改善，为航线提供护航力量所需的驱逐舰数量严重不足。因为此时的英国正处在焦头烂额的多线作战之中，驱逐舰舰队的任务非常重。在 1940 年秋天，整个英国海军只能挤出 40 多艘驱逐舰执行护航大西洋后勤运输线的任务，这当然完全不足以应对德军的潜艇攻击。为了缓解驱逐舰数量不足的问题，丘吉尔向罗斯福提出了希望获得旧式驱逐舰援助的提议，这项提议最终促成了《驱逐舰换基地协定》的诞生和执行。从纸面上来说，《驱逐舰换基地协定》于 1940 年 9 月初生效，英国随后便获得了来自美国援助的 50 艘驱逐舰，这似乎能够立刻加强英国的海上护航反潜力量。但是实际情况却远远没有这么乐观，英国海军方面在接手美舰后发现，这些型号老旧过时的驱逐舰必须经历大修以及全面改装后才能够真正投入使用，而这些必要的工作还都需要占用早就已经非常紧张的船坞。结果直到 1940 年 12 月，这 50 艘美舰中也只有 4 艘处于能够正常出海执勤的状态，英国海军对此自然颇有抱怨。②结果，丘吉尔依靠美国的援助来缓解护航力量不足窘境的期望也落空了，无限制潜艇战继续在 1940—1941 年给英国的海上后勤线制造着灾难性的损失，本土船只运力的不足至此已经成了一个越变越大、完全补不上的缺口。

事态发展到现在，丘吉尔内阁在不断地拆东墙补西墙，试图维持大西洋后勤生命线的运转中意识到，大西洋护航反潜能力以及后勤运力不足的问题仅凭英国可能已经无法解决了。国内用于弥补运输船损失的船舶产能始终在每年 113 万到 115 万吨之间徘徊，哪怕政府想尽办法也无

---

① Kevin Smith. Conflict over Convoys: Anglo-American Logistics Diplomacy in the Second World War. Cambridge: Cambridge University Press, 2002: 23.

② Churchill to Cross, 23 Oct. 1940, MT 40/41; DC (O) (40) 44th meeting, 18 Nov. 1940, CAB 69/1; WM (40) 299th meeting, 2 Dec. 1940, CAB 65/10;

法进一步提升①，重金向美国购买的运输船不仅要花时间等待完工，并且很快也就同样会在运输过程中无意义地损失掉，而先前向处于中立状态的美国所请求的一次性护航军舰援助也被证明仅具备象征性意义。对于丘吉尔内阁来说，现在可行的方法只剩下一种，就是想尽一切办法让美国直接参与到大西洋后勤线的运输乃至护航工作之中。

所幸，在有租借法案作为基础的现在，罗斯福政府在这件事上表现出了充分的合作态度。在先前的努力中说服国会理解并接受英国、中国以及苏联等国的反法西斯战争同美国的国家安全息息相关后，罗斯福将美国海军的巡逻范围扩展到了大西洋中部，借助美国此时的中立国身份，有效地保护了前往英国以及北非战场的补给运输船不受攻击。1941年2月至6月，英国平均每月的运输船损失吨位将近33万吨，而到了1941年7月到11月，英国平均每月的运输船损失吨位就骤降到了12万吨。同时，罗斯福还扩大了租借法案的适用范围，允许英国的军民船只使用美国船坞进行维修保养工作，这一举动大大解放了英国本土船坞被海量的待修船只挤占无法开工建造新船的情况。② 由此，在自1941年夏天开始至年底的几个月内，由于美国方面加强了在大西洋上对英国的护航以及航运援助，英国所面临的后勤灾难终于迎来了些许的缓解，不过这种缓解本身就意味着英国已经建立起了对美国的高度依赖，对于英国来说，海上后勤生命线虽然得以保全，但是却在事实上变得受制于外国政府，而这同样是不安全的。

而实际上，后勤状况的缓解也并没有能够一直持续下去。在1941年夏天的仅仅几个月后，后勤资源紧张的危机就再一次降临了。颇有些讽刺是，危机重现的原因正是珍珠港事件的爆发和美国随后所作出的加入对轴心国战争的决策，而美国的这一决定是丘吉尔内阁自上任以来就一直在竭力寻求的发展。

① Kevin Smith. Conflict over Convoys: Anglo-American Logistics Diplomacy in the Second World War. Cambridge: Cambridge University Press, 2002: 65.

② Prime Minister's Personal Minute M. 364 to Cross, 2 Dec. 1940, MT 59/871.

从长期的、战略的角度而言，美国的参战的确极大地改善了英国的战略处境，也的确让英国第一次看见了胜利的希望；从短期角度而言，也正是美国不断脱离中立身份，向同盟国身份靠拢的举动为英国的北大西洋护航反潜战减轻了相当程度的负担。但是，在美国真正对轴心国阵营宣战、变成交战国之后，英国所尽力维持的大西洋海上生命线却迎来了几乎是毁灭性的打击。这一看似怪异和违反常识的现象实际上却十分合理，其产生的根源恰恰就是英国此时已经形成并逐步加深的对于美国运输船队的高度依赖。

由于1941底的美国并非主动加入战争，而是受到日本的突袭而被动宣战，因此美国的初期战争准备是极为仓促和不足的，这种战备的不足在各方面都有凸显，也同样反映在美国的商船生产和运作以及美国对英美两国所共同依赖的海上后勤补给网络的保护上。由于美国本身从中立国变为参战国，所以它顿时就出现了击败敌人的战略需求，而这种需求就和英国击败敌人的战略需求一样是需要人力与物力的持续大量供应的。从地理角度而言，美国位于东西临海的新大陆，它的部队想要投入作战需要跨越非常遥远的距离，甚至比英国投入欧洲以及北非战争所需要跨越的距离还要遥远。在这种情况下，唯一可能满足美国军队作战后勤的措施也就和英国一样，必须通过调用大量的运输船队来确保物资的供应。而与此同时，虽然美国的造船业在珍珠港事件后迅速进入了战时体制的轨道开始发力，但是这一部分产能的增加基本上要到1943年才能显现出成果。因而，在短期内没有显著规模增加前景的情况下，美国的运输船队的任务却在一瞬间翻了好几倍。由此导致的必然结果就是美国将原本用于辅助英国后勤网络的运输船抽调回来优先满足本国军队的作战后勤需要，从而直接使得能够用于供英国维持其生存所必需的海上运输线的商船吨位在一夜之间锐减。而由于此前已经逐渐形成的英国对美国的后勤依赖，这一锐减显得尤为致命。

而雪上加霜的是，丘吉尔内阁很快就发现，和英国完全不同，此时同样作为海军大国的美国根本不具备成熟的护航反潜作战经验。在"二战"之前，由于在很大程度上忽视了护航反潜作战能力的建设，美国在如何在战时保护海上后勤线这一领域几乎没有任何的理论与实践经验的积累。这导致"二战"初期的美国在护航反潜的理论以及应用领域上实际存在严重落后和不足。在美国尚未参战之时，凭借其中立属性，美国船只不必真正和德国的潜艇部队交战便能安全通过大西洋。但是在美国宣战之后，德国的潜艇部队就再也没有了顾忌，他们很快就发现了美国在反潜护航能力建设上存在的巨大短板，并很快就加以利用。

美国数十年来对反潜护航能力的忽视有着非常复杂的历史原因，但是在战争初期，这一短板的直接来源就是时任的美国海军总司令厄内斯特·金。这位著名的美国海军将领在当时对护航反潜舰队的部署问题持有一种非常奇怪的态度，和英国海军将领对护航反潜任务目的的看法不同，厄内斯特·金认为护航舰队最重要的目的是摧毁袭扰舰队，而非保护它们所护航的对象。基于这一理解，金司令认为，派遣给每一支运输船队的护航舰队都必须具备足以消灭德国来袭潜艇的能力，如果根据这一标准，美国能够用于承担护航任务的军舰数量就不足以保护所有的运输船，如果把全部护航舰分摊到每支运输船队，护航实力会不足以应对潜艇威胁，既无法完成护航任务，又会导致护航舰的平白损失。根据这一逻辑，金司令决定只在运输船队穿越远洋的过程以及运输船队在美国近海岸的过程这两者中二选一提供护航。而由于对美国海岸防卫的盲目自信，金司令决定只在运输船队离开美国近岸海域，进入远洋航行后开始为其提供护航，不在本土海域保留任何护航反潜力量。而更糟糕的是，厄内斯特·金在海军系统内部还是著名的"反英分子"，他并不信任英国人，也不愿意真正把具有宝贵经验的英国海军当作可以学习的对象。① 这导致这些错误的战略决策直到几个月后才被修正，而此时 U 艇部队已经把美国的近海岸水域变成了运输船队的死亡区。

毫无疑问，厄内斯特·金对于护航反潜作战逻辑根本性错误理解的根源是"二战"之前美国战时海上后勤线保卫的理论以及应用的落后甚

---

① George W. Baer. U. S. Naval Strategy 1890-1945. Naval War College Review, Vol. 44, No. 1 (1991), pp. 6-33.

至是空白。这一错误的思想直接导致在美国参战初期，游弋东海岸完全没有保护的美国运输船队受到了来自德国潜艇的沉重打击，而英国方面则是美国这一不负责任决定的直接受害者。

二、美国对大西洋运输线的垄断与对大西洋主导权的初步形成

密切观察着大西洋后勤线情况的丘吉尔内阁很快就发现了美国海军系统在反潜护航作战中所表现出的"惊人的无知以及无能"，丘吉尔内阁认识到，己方正因为美方所表现出的这种"无知和无能"而深受其害。美方运作和处置后勤护航的态度对于英国来说是完全不可接受的。同时，英国也根本没有时间慢慢等待厄内斯特·金和美国海军转变观念。于是，在这种情况下英国方面不得不派遣以海军上将庞德为代表的海军部军官团远赴美国，"手把手"训练美方的护航意识，毫无保留地将英国海军在这一领域的经验和知识传授给了美国人。[1] 从而在极短时间内将美国海军运作、维持和保护长程海上后勤补给线的能力从一片空白提升到了世界先进水平。从长远来看，这大大加强了美国后续维持其全球霸权重要一环的全球投送能力。

英国方面的"培训"带来了立竿见影的成效，美国放弃了其他所有被证明无法有效缓解近海潜艇袭击的尝试，并从1942年4月底开始在东海岸的哈特拉斯角以北海域为英美两国的运输船团提供护航舰队保护。到5月份，美国开始在整个东海岸都建立起了护航船队体系，曾经对英国海军极为不信任的厄内斯特·金面对美军在英方指导下所取得的实战成果也终于转变了态度，认为护航船队体系是解决潜艇威胁的唯一办法，因此全力进行护航船队体系的组织，从最早的局部护航，即将运输船从一个锚地护送到下一个锚地，逐渐扩大为整个近海护航体系，并

① George W. Baer. U. S. Naval Strategy 1890-1945. Naval War College Review, Vol. 44, No. 1 (1991), pp. 96-99.

开始组织岸基航空兵为船队提供空中掩护,还从大西洋舰队向东部海疆区调拨了一批军舰,编成六个护航队,以加强东部海岸的护航力量。至5月15日,德军潜艇被逐出美国东海岸各主要航线。

1942年5月23日,鉴于美国东海岸护航船队体系的建立和强大岸基航空兵的空中掩护,德国潜艇开始逐步撤出美国沿海,南下至还没有建立起护航船队体系的墨西哥湾和加勒比海活动。随后,美国海军从7月份开始便针锋相对地将护航体系向墨西哥湾和加勒比海延伸。在1942年下半年,美国海军在先期的理念培训以及战争时期迅速的经验积累的共同作用下,形成了一套完善可靠的护航反潜理论以及制度体系,并有效地改善了大西洋后勤补给航线所面临的处境。

然而就短期而言,英国方面的经验和技能的传授仅仅只是培养并提高了美方面的护航意识,客观上的商船船只供应不足以填补需求和消耗的问题仍然存在,而丘吉尔误判了美方的海上后勤线支持力度从而导致英国后勤补给困难的尴尬处境也未能立刻得到改善。随着战事的推进,英美发现自己正面临着多条战线对后勤供给不断上涨的需求与实际可用后勤力量严重不足的矛盾。除太平洋战场、东亚东南亚战场(由于日本侵略军在亚太的存在位置,亚太战场的后勤补给必须从两个不同的方向进行运输)、北非战场、英国本土总共四个由英美盟军所支持的战线外,在东线正在与德军血战的苏联也需要得到来自英美的援助物资,于是在1942年,盟军有总共五个方向同时渴求着英美两国宝贵的运输船资源。供需矛盾很快就导致了英美之间围绕商船船只资源的控制权、分配权和使用权问题出现外交争端,这些争端的本质是英美两国之间对于各自的国家战略与侧重地区的分歧。

然而在这些争端中,英国很难占据上风。丘吉尔内阁意识到了这是由于英国已经在事实上产生了对美国运输船团的依赖。因此,从1942年夏天开始,英国就在尽一切努力寻找使其摆脱对美国运输船团依赖的办法,其中最主要的一次努力就是北非登陆作战计划的提出以及实施。起初,这无疑是一场英国方面在此时与美国的后勤以及战略争端中所取得的为数不多的重大胜利:英国成功地说服美方暂时停止在太平洋上的主动进攻，并配合英方发动北非登陆作战。但是，随后事态的发展却在一定程度上背离了英方提出这一方案的本意。

丘吉尔内阁竭力推动盟军进入北非作战，除了后文中卡萨布兰卡会议一节将会提及的战略考量以外，同样也有调节和优化后勤路线方面的考虑。在地中海与北非战争打响之后，临近的海域就变得不再安全，因此英国很快就停止了地中海方向的运输后勤线。因此，英国战时对北非战场的后勤补给基本上是通过绕过好望角的航线以及印度方面的航线实现的。在日本对英美宣战后，印度不再能够分出手来支援北非，因此好望角航线基本上承担了支撑英国北非战场的重担。这是一个航程极远、效率极低的航线，无端占用了大量的后勤运力。丘吉尔提出在北非东部登陆，支援北非战场，因此未必没有打通地中海航线、优化后勤网络从而解放运输能力的考虑在里面。①

但是，在后勤运输的角度上，丘吉尔的这一决定最终弄巧成拙。后续的战事发展证明，英美两国无法在短期内解决地中海战场的战事并打通航线。在北非东部开辟的战场在 1942 年以及 1943 年只是给盟军的后勤体系凭空添上了又一个新的重担。为了满足新战线的军事补给以及民生物资的需要，英国不得不再一次削减了供给本土的物资运送量，并在后勤运输的角度将自己逼入了一个更加不利的位置。

在 1942 年秋天，英国的所有努力都走向了失败。它始终无法有效提升本国的造船工业产能，甚至也无法有效提升国内的农业产能以进一步压低进口。而在中东部署的作战部队的装备情况受限于补给不足，已经非常堪忧了。这些部队因此只能暂时搁置主动进攻的作战计划，原地等待补给。而这只会造成战事的拖延，并反而让后勤线产生持续的压力。与此同时，英国本土进口量也出现了严重的下滑，在整个 1942 年，英国最终只获得了不到 2300 万吨的进口物资。而政府预计在 1942 年 1 月到 1943 年 6 月这 18 个月里，英国本土的物资消耗量与进口量之间的

---

① Kevin Smith. Conflict over Convoys: Anglo-American Logistics Diplomacy in the Second World War. Cambridge: Cambridge University Press, 2002: 77-80.

缺口会达到 840 万吨。① 英国此时正面临着一个前所未有的决策困境：是牺牲在海外部署作战的英军的物资需求，还是牺牲国内民众的物资需求。这两个选择意味着要么增加军用物资的供应比例，要么削减军用物资的供应比例。两者实际上在正常情况下都是无法被接受的。因为无论是国民还是军队的物资供应水平都早已被压低到了最低限度，继续降低就等于是选择放弃其中的一个群体。前者会导致国内的灾难性动荡和无可避免的社会混乱，最终可能会让英国自我崩溃；后者则会进一步加剧英军在各个战线上的艰难处境，让英国失去扭转局势的希望，并在不断的军事失败中慢性死亡。

两个选择都不行，但是更绝望的是，哪怕不做选择，让英国继续按照现在的后勤物资供应比例得过且过，也和另外两个选项一样是不能接受的。因为英国政府很清楚，目前糟糕的后勤补给状况无法同时满足两边的最低需求，最后英国只会落得一个国内和海外两边都保不住的凄惨结局。

左中右三条路全都走不通，1942 年的英国在后勤这一至关重要的问题上已经进入了死局。它完全失去了依靠自己解决后勤运输困境的一切希望，最后只能够去向美国政府"乞求"足够的运输船份额用于支持英国继续作战。在 1942 年秋天的高层会谈中，丘吉尔向罗斯福提出，希望能够在 1943 年从美国获得载货量总共 250 万吨以上的运输船的援助。不过这一请求并未立刻被美方应允，在随后双方代表团的交涉中，美方提出在 1943 年可以将美国方面净增长(1942 年 8 月美国已经实现新建运输船吨位多于被击沉运输船吨位)的运输船运力的 30% 用于援助英国的后勤线，但是这些援助船只的所属权依然要归于美国。这个条件与英国方面的期望相去甚远，英国所希望的是能够获得对 250 万吨以上运力的运输船队伍的控制权，并使用这批运输船在 1943 年完成 700 万吨进口物资的运输。美方的条件不但不允许英国取得控制权，而且真正

---

① Kevin Smith. Conflict over Convoys: Anglo-American Logistics Diplomacy in the Second World War. Cambridge: Cambridge University Press, 2002: 88.

能够提供的运输船运力大约也只能达到英国所希望的一半左右。但是美国方面自然要优先满足本国的军民需求，不可能牺牲自己优先保障英国的后勤。面对谈判即将陷入的僵局，罗斯福亲自出面向英国代表团作出承诺，称将在1943年建成并下水运力共计达到2000万吨左右的运输船队，至少每个月给英国支援30万吨的运力，从而保证英国能够在1943年将进口物资额维持在270万吨的水平。得到了这一保证的英国代表团于是暂时放弃了在这一问题上和美方的继续纠缠。①

但是罗斯福所作出的这一承诺并没有能够得到很好的履行，首先，他在提出增产运输船队并保障英国后勤的时候并没有进行任何像样的可行性研究，也没有和其内阁或者是任何政策顾问以及战略决策部门进行协商。参谋长联席会议乃至美国战争航运管理局（War Shipping Administration，WSA）都根本不清楚罗斯福所作的保证，因此它们在自己为后续作战方案而制订的下一步后勤计划中也根本没有考虑到预留支援英国后勤的份额。其中，参谋长联席会议在最终得知这一承诺后更是完全不打算配合罗斯福，因为调拨运输船保障英国的后勤补给会直接导致美军后勤补给规模的缩减。罗斯福在这个议题上为了规避政府内对其政策的抵制而一手造成的部门、军种和政府之间沟通交流不畅的情况，最终产生了更加恶劣的结果，英美后勤运力的分配问题被政治化，变成了造成美国政府内部部门以及军政双方之间争端的政治问题。在一连串颇有些混乱的争执之后，1943年1月中旬，WSA方面与参联会达成了对1943年头5个月能够调拨给英国后勤线的运输船运力吨位份额的共识，双方认为，1月份到5月份能够调拨给英国的总运力吨位不会超过90万吨，这堪堪只到罗斯福原本作出的每个月至少30万吨承诺的60%，而6月到12月这段时间的运力调拨规划则是更糟糕的"不确定"，因为WSA和参联会一致认为美国军方在长期可能会出现难以预计的损失导致后勤

---

① Lyttelton Mission Report, 9 Dec. 1942, BT 87/12；Warren F. Kimball, ed. Churchill and Roosevelt：The Complete Correspondence, Vol 1. London：Collins, 1984：649；Warren F. Kimball, ed. Churchill and Roosevelt：The Complete Correspondence, Vol 2. London：Collins, 1984：44-45.

运输能力要求的大幅上升。①

无论如何，英国的后勤危机在1943年上半年借助美国产能提升而得到缓解的前景再一次破灭了，已经走投无路的英国政府不得不在绝望之下再一次、也是最后一次尝试其他能够缓解危机的办法。在随后的内阁会议上，英国政府采取了削减国内消费品以及军工耗材产能、降低工业原材料需求量从而优先保障食物进口的政策，并且将分派在印度洋航线的运输船数量拦腰砍了一半，这一决定间接对印度在1943年基本物资的缺乏以及随后的印度大饥荒产生了推动作用，也由此进一步助长了印度国内政治势力对英国殖民统治的严重不满。②

除了在内部将已经实际上减无可减的进口需求进一步压低以外，英国政府也在1943年卡萨布兰卡会议结束后上马了集中精力摧毁德军潜艇部队作战能力的政策。在组织体制上，英国成立了由丘吉尔亲自兼任主席的"反潜战部际委员会"，作为反潜战的最高决策机关。同盟国还成立了美、英、加海空军特别联合指挥部，专门指挥反潜海空作战。在军事工业上，全力增加远程岸基飞机和舰载反潜飞机的生产，将航空兵视为反潜的战略力量来发展。在具体战术上，英军不断地对德军潜艇基地和生产工厂组织大规模轰炸，对德军潜艇进出大西洋的必经海域比斯开湾实施空中封锁，并且持续地加强对运输船队的直接护航力量。③

在上述政策以及盟军的反潜技术进步和经验积累打下的基础上，1943年3月，大西洋护航会议在纽约召开。在会上，与会的各同盟国决定集中统一使用反潜兵力，其中英国和加拿大负责北大西洋上的护航，美国负责中大西洋和美洲海岸的护航。在新的组织体制和技术装备

---

① Kevin Smith. Conflict over Convoys: Anglo-American Logistics Diplomacy in the Second World War. Cambridge: Cambridge University Press, 2002: 105-122.

② Kevin Smith. Conflict over Convoys: Anglo-American Logistics Diplomacy in the Second World War. Cambridge: Cambridge University Press, 2002: 122-132.

③ Stephen Roskill. The War at Sea, 1939-1945, Vol. 2. London: Her Majesty's Stationary Office, 1956: 351-353.

的支持下，盟军成立了专门以打击和消灭潜艇部队为任务的反潜战斗群，大西洋反潜作战由此从防御性作战转入了进攻性作战。①

　　在长期的反潜作战中，美国也开始根据经验总结出了自己的反潜理论。美国海军发现，相较于传统的以小型水面舰船攻击潜艇的方式，依靠飞机来实施反潜活动的效率要高得多。飞机能够比驱逐舰更快地发现水面下的潜艇，也能够完成更加准确的投弹。于是，从 1943 年 4 月开始，美国先是大大增加了远程岸基反潜机的数量，随后更是将大批搭载舰载反潜机的护航航母投入了大西洋的反潜护航作战之中。4 月 30 日，在与英加两国商定后，美国结束了大西洋上的三国联合护航，开始完全独自负责西半球至直布罗陀至地中海的航运线路的所有护航工作。而在之后的作战中，护航航母这一新的反潜舰种也确实给出了远超驱逐舰平均水平的表现。得到鼓舞的美国迅速启动了护航航母的批量生产。至战争结束，美国一共生产了护航航母 117 艘，而相对的，英国虽然也在不久之后就启动了护航航母的生产工作，但是却由于产能受限，数量根本无法同美方相提并论。在巨大的护航战力的优势支持下，美国随后逐渐在大西洋地区承担起越来越多的护航任务。于是，继垄断了盟国海上后勤运力之后，美国又几乎完成了盟国海上护航武力的垄断。②

　　直到 1943 年中期，随着大西洋反潜战的逐步胜利和美国运输船产能的稳步提高，英国所面临的严峻的后勤补给危机才有所缓解。但是，在后勤危机得到消解的同时，盟军内部由美方完全占据海上后勤运输线建设和营运主导权的格局也已经被确定了下来，英国方面对美国后勤日益增加的依赖已经彻底无法逆转。随着战事的发展和战线的推进，解放区不断扩大，驻扎在解放区的盟国军队以及解放区民众的物资需求也在不断扩大。而这些物资的运输基本上都需要英美通过海路来实现，因此，即使是在 U 艇活动已经几乎销声匿迹之后，英国本土一直无法有

---

① Robert C. Stern. The U. S. Navy and the War in Europe. Annapolis MA：Naval Institute Press，2012：154.

② Robert C. Stern. The U. S. Navy and the War in Europe. Annapolis MA：Naval Institute Press，2012：159-161.

效提升的民船产能也始终无法满足越来越大的海上运力需求，也始终没有能够让其再度获得后勤补给的独立地位。现实的无力终于让丘吉尔内阁认清了形势，也因此在1944年开始放弃了所有根本性扭转这一被动局势的努力。

大西洋海战是一场后勤之战，交战的双方基本没有爆发大规模的主力舰队对决，战争在绝大部分时间都围绕着潜艇和护航队零星地展开。但正是这样的一场海战在很大程度上促成了英国和美国之间地位的扭转。随着战事的进行，英国发现自身无力解决事关生死的后勤问题，只得一步步建立起不可逆的对美国后勤体系的依赖。由于这种在关键领域的单方面依赖，在大西洋战争结束后，英美两国在很大程度上变成了乞讨者(英)和施舍者(美)的关系。大西洋反潜战的胜利实际上并没有改变英国后勤生命线遭人掣肘的现状，在赢得战争之前，掣肘英国后勤生命线的是德国，而在赢得战争之后，掣肘英国后勤生命线的变成了美国。借助后勤垄断这一有力优势，美国在战争期间多次迫使英国对其进行政治妥协，这不仅帮助美国确保了大西洋地区的海权优势，更是直接影响了战争的进程以及战后美国总体优势地位的确立。

第三节　英国在太平洋地区的军事失败与 海权的瓦解

在1939年战争爆发后，英国在欧洲和北非战场快速陷入了不利局面，沉重的军事压力让英国不得不将包括海军在内的绝大部分军事资源投入西半球的战争之中。而在军力整体不足的大背景下，这就意味着直面日本的东南亚的防务空虚，而漫长的增援补给线又让英国无法在东南亚地区实现局势突变情况下的快速反应。由此，在太平洋战争爆发后，英国短时间内就在东南亚迎来了全面的军事失败，其太平洋海权也在战争初期就走向了崩溃。

一、新加坡沦陷前后英国在西太平洋的海军行动

由于在欧洲战场面临巨大的军事压力，英国海军自战争爆发后就不得不将其主力舰队留在大西洋和地中海海域，亚太的海防一度形同虚设。直到 1941 年年中，美国逐渐在大西洋和地中海加大支援英国的力度之后，英国才有了向远东派遣舰队的余裕。此时由于可用的舰队资源极端受限，英国海军部第一海务大臣庞德、首相丘吉尔以及外交部长艾登三方关于舰队派遣方案爆发了不小的争论。丘吉尔和外交部方面提出使用新建成的高速战列舰为核心，组成一支短小精悍的、带有更强政治威慑能力的远东舰队，而海军部方面则针锋相对地提出，由于欧洲战场局势险恶，战斗力更高的新战列舰应当全部留在大西洋和地中海海域，远东舰队只能以一大批老旧的慢速战列舰为核心组成。这一争论一直持续到 1941 年 8 月份，在远东愈发险恶的局势逼迫下，海军部方面作出了妥协，同意了丘吉尔和艾登所提出的高速威慑舰队方案。这一方案便是随后被派遣至新加坡、由海军上将托马斯·菲利普斯所率领的 Z 舰队。

Z 舰队于 1941 年 12 月 2 日抵达新加坡，之后在 4 日，Z 舰队指挥官菲利普斯就在马尼拉与美国亚洲舰队（United States Asiatic Fleet）总指挥官、海军上将托马斯·哈特（Thomas C. Hart）进行了接洽。二人会面的主题便是对日战争情况下美英海军的联合行动方案，但由于各种原因，这一接洽并没有留下可考的文字记录，因此会议细节不再为后人而知。根据随行菲利普斯的一位海军参谋的回忆，接洽双方均认为，在对日战争的情况下，日方将掌握主动权，而英美海军则由于无法先期达成清晰一致的战略方案，将只能在战争初期专注于保持东南亚的海防。驻守在新加坡的英国海军将会作为主力尝试反击日方在中国海、荷属东印度海域以及马来亚海域的侵略活动。而驻守马尼拉的美国亚洲舰队受限于美国的中立地位，只能在战争爆发后启动战略部署行动，转移至新加坡。并且由于没有战列舰等主力作战舰只，美国亚洲舰队的主要任务将

会是协助英军保证东南亚制海权以及辅助英国海军舰队对日作战。在会议中,菲利普斯和哈特并没有能够建立起英美联合指挥部,二人均认为"时机还不成熟",并满足于各自为战、平级顶层沟通协调的指挥体系。最后,双方还达成一致,在此次会议结束的"一周以后"获得荷兰、澳大利亚以及新西兰方面协防东南亚海域的承诺。① 可以看出,直到此时,两国军事合作的进度仍然严重滞后于形势的发展。

1941年12月7日晨,日本海军航空兵悍然偷袭珍珠港,太平洋战争爆发。几乎与此同时,日军也开始了对马来半岛英军的进攻。②

在收到珍珠港遭到日军突袭,美国太平洋舰队损失惨重的消息后,菲利普斯明白战前与美方达成的计划已经成了一纸空文,而随着登陆地点防守的英联邦军队被逐渐击溃,他决定率领仅有的主力舰出港压制日军的登陆行动。在与新加坡的英国空军主官沟通后,菲利普斯确认无法得到空中支援,然而他仍然坚持率舰队出港作战。③ 于是,在12月8日17时,Z舰队驶离新加坡港,航向新加坡以北的海域,但在仅仅两天后的12月10日,缺乏空中掩护的Z舰队就被日军空中力量全歼在马来半岛以东海域。

Z舰队覆灭的消息在当晚就传到了伦敦,首相丘吉尔发现,在日军的突袭过后,盟军在东南亚、西太平洋和印度洋所部署的所有主力舰被近乎完全消灭。面对日军在东南亚的进攻,英国彻底失去了制海权,一时间只能够进行被动防守。12月11日,原本的英国远东舰队最高指挥官杰弗里·莱顿(Geoffrey Layton)重新接替了阵亡的菲利普斯,再度指挥起了如今已经只存在于纸面上的英国远东舰队。13日,莱顿敏锐地意

① Stephen Roskill. The War at Sea, 1939-1945, Vol. 1. London: Her Majesty's Stationary Office, 1956: 561-562.

② Admiral Geoffrey Layton, ADMIRALTY WAR DIARIES of WORLD WAR 2, EASTERN THEATRE OPERATIONS, Monday 8th December 1941. http://www.naval-history.net/xDKWD-EF1941ChinaStation.htm. Accessed Jan 6, 2021.

③ Admiral Geoffrey Layton, ADMIRALTY WAR DIARIES of WORLD WAR 2, EASTERN THEATRE OPERATIONS, Monday 8th December 1941. http://www.naval-history.net/xDKWD-EF1941ChinaStation.htm. Accessed Jan 6, 2021.

识到，在 Z 舰队损失之后，英国方面已经无法在短期内对新加坡乃至整个马来亚战场提供有效的军事支援，新加坡将会面临严峻的军事考验，于是他将新加坡所有幸存的水面舰艇撤至印度洋的科伦坡，并在当地重组海上的抵抗力量，并立刻向澳新提出增派兵力支援新加坡的请求。[1]

此时，在日本的先期突袭造成盟军方面的重大损失之后，东南亚海域的战略指挥问题仍然未能得到解决。美、英、荷、澳、新五国在交战区没有能够形成军事协同，整片海域的作战态势四分五裂。在日军的突袭下，海防体系原本就并不完善的香港迅速被攻破，驻守在香港寥寥无几的英军战舰被全数摧毁，婆罗洲（加里曼丹岛）也很快就沦陷了，在控制了婆罗洲的机场和港口后，日军形成了对马来半岛双向的海空夹击之势，形势已是万分危急。

为了抵御日军对东南亚的进犯，12 月 22 日，丘吉尔再一次乘战舰抵达华盛顿，试图同美方一同在太平洋建立盟军的联合战略指挥体系，并重建盟军在太平洋的海军存在，意图继续同日本进行海权争夺，挽救战局。在会面中，丘吉尔和罗斯福达成了建立 ABDA（美、英、荷、澳）四国联合司令部的协议。[2]

1942 年 1 月 3 日，原中东英军司令部总司令、原印度英军总司令阿奇博尔德·珀西瓦尔·韦维尔（Archibald Percival Wavell）出任新成立的西南太平洋地区美英荷澳司令部盟军最高司令，统一指挥该区的陆海空军。这个司令部的任务是带领盟军阻止日军沿马来亚到新几内亚一线的推进。此时四国联合司令部所面对的战略局势极端不利，除了马尼拉湾以外的菲律宾已经全境沦陷，大部分马来亚地区也已经被日军侵占，婆罗洲、苏拉威西和司令部本身所在的爪哇岛也都面临着日军的兵锋。

此时韦维尔所掌控的四国联合海军舰队的实力相较于日方也非常弱小。由于日军先前的突袭，这支四国联合舰队没有任何战列舰或者是航

---

①　Stephen Roskill. The War at Sea, 1939-1945, Vol. 1. London：Her Majesty's Stationary Office, 1956：569-570.

②　Stephen Roskill. The War at Sea, 1939-1945, Vol. 1. London：Her Majesty's Stationary Office, 1956：569-570.

母。只有 1 艘重巡洋舰和 8 艘轻巡洋舰以及 50 余艘小型舰艇。除此之外，仓促成立的四国联合司令部的战略指挥权也非常混乱。具体到司令部所控制的四国联合海军部队就更是如此。在联合司令部内，四国联合海军部队的总指挥是原美国亚洲舰队司令托马斯·哈特。但是，哈特对英澳和荷兰舰队并不拥有实际上的指挥权，联合司令部辖区的英国舰队的直接指挥官从组织上属于英国远东舰队，听命于此时已经远在科伦坡的杰弗里·莱顿。英国舰队的行动由莱顿拍板，并经由哈特在联合司令部体系内的副手、原本在 Z 舰队中担任参谋长的英国海军少将帕利泽(A. F. E. Palliser)对其告知，之后再由哈特进行协调。① 如此混乱而繁杂的指挥链条让原本就实力不足的四国联合舰队的实际作战能力又打上了不小的折扣。

自成立开始，ABDA 舰队就在不断地尝试组织对日本军事行动的打击，直到新加坡陷落后，这些打击行动也仍然没有停止。然而由于双方巨大的实力差距以及 ABDA 舰队存在的指挥体系混乱的问题，这些打击行动始终收效甚微。到 2 月 19 日，日军在对达尔文港进行空袭并将其瘫痪后，盟军向联合司令部所在地爪哇的增援路线已经被全数切断。

韦维尔此刻意识到爪哇即将遭到日军的全面进攻，而在已经无法继续获得增援的情况下，爪哇很难守住此次进攻。25 日，ABDA 司令部解散，韦维尔撤回了印度。1942 年 2 月 27 日至 28 日，日军对爪哇发动了声势浩大的海陆空联合攻势。在进攻中，舰况糟糕、缺乏统一指挥、实力弱小的 ABDA 舰队根本无法给予敌军有效杀伤，几乎被全部歼灭，泗水海战由此以日本方面的完胜而告终，盟军在东南亚的海上力量就此一蹶不振。

二、英国的亚太战略收缩与西太平洋海权的消解

对于英国来说，Z 舰队以及四国联合舰队的失败彻底断绝了它在东

---

① Stephen Roskill. The War at Sea, 1939-1945, Vol. 2. London: Her Majesty's Stationary Office, 1956: 5-7.

南亚地区继续同日本争夺制海权的可能性。在四个月的连续军事失败后，英美所主导构建的四国联合司令部的破产更是证明了盟军战略指挥体系必须经历彻底的重建。1942年3月底，英美两国再次进行了一轮磋商，在这一次磋商中，双方彻底完成了在太平洋和印度洋地区的战略权责划分。美国接手了包括澳大利亚以及新西兰在内整片太平洋海域的最高战略指挥权。英国则负责保卫印度洋地区的海权，以及毗邻印度洋地区的马来亚与苏门答腊地区。①

在之后的时间里，英国专注于在印度洋的科伦坡重组远东舰队。3月26日，前任地中海H舰队司令、海军上将詹姆斯·萨默维尔（James Somerville）率领一支舰队抵达科伦坡，由于此时远东舰队已经在事实上被消灭，萨默维尔接替莱顿出任的职位是东印度舰队司令。在损失了Z舰队以后，英国所能够调遣的可用军舰受到了更大的限制，萨默维尔手下的舰队基本上就是太平洋战争爆发前庞德爵士对远东舰队的设想，其主力舰群由1艘"厌战"号战列舰与4艘复仇级战列舰组成，全部都是"一战"时期的老式慢速战舰，其中复仇级战列舰还没有经过现代化改造，战斗力乏善可陈，甚至被海军人士看作负资产。② 不过，考虑到印度洋地区对海军航空兵的要求以及其将面对的日本海军所拥有的庞大的航母舰队，海军部在窘境中依然设法将此时可用的航母全部加强给了萨默维尔，共有2艘舰队航母与1艘轻型航母。但总体而言，这支舰队仍然不具备同彼时风头正盛的日本海军交锋的能力。

就在萨默维尔刚刚到任之后不久，日本海军就拿下了安达曼群岛，并开始了对锡兰的进攻。4月初，英日两国舰队在锡兰附近海域爆发交战，在这一场海战中，日方舰队再次以极为微小的代价击沉了英方2艘重巡洋舰和1艘轻型航母，同时对科伦坡和亭可马里的港口设施和运输线造成了显著的破坏。这次失败再次震慑了英国的战略决策层，在向美

---

① Stephen Roskill. The War at Sea, 1939-1945, Vol. 2. London：Her Majesty's Stationary Office，1956：21-22.

② Stephen Roskill. The War at Sea, 1939-1945, Vol. 2. London：Her Majesty's Stationary Office，1956：23.

国求助未果后,伦敦方面作出决定,命令萨默维尔放弃驻守锡兰岛,并退守到东非的肯尼亚海域。这一决定在事实上就是放弃了继续同日本展开对印度洋海权的争夺。于是,在萨默维尔的带领下,英国海军东印度舰队在这一段时期放弃了印度洋的大部分海域,龟缩在东非,等待着日军的进攻。

然而萨默维尔所等待的进攻却并未发生,在完成了对锡兰岛和马尔代夫的掠袭后,进入印度洋的日本海军舰队就被召回了亚太地区,开始筹备下一阶段在太平洋地区的进攻。由于后续的战事发展,日本舰队在此后的战争中再也没有成建制地进入印度洋。① 而萨默维尔一方,在退守东非之后,东印度舰队在没有面临日军进犯的情况下,开始逐渐扮演起辅助盟军欧洲与南印度洋地区战事的角色。伦敦方面频繁命令东印度舰队进入地中海支援作战,以及在好望角地带清扫德军潜艇。重返锡兰以及重夺亚太海权的目标在此后相当长的一段时间之内都被推迟实现。

由于东印度舰队所面临任务紧迫度的相对下降,海军部原先"慷慨"地分配给萨默维尔的航母以及数艘战列舰都在之后的时间里被逐渐调去其他战事更加急切的地区,最终东印度舰队的舰队实力在1943年初被削弱到了完全无法承担正规舰队任务的地步。但与此相对的,随着1942—1943年亚太战局的发展,英国战略决策层开始逐步为重建印度洋海权、重返西太平洋作出部署。位于锡兰的科伦坡和亭可马里在将近一年的时间里得到大幅度的扩建,用以在未来承载即将到来的大规模主力舰队。

1943年3月,已经占领了缅甸的日军进攻印度英帕尔,孟加拉湾由此成为了新战区。在新的战场形势下,伦敦方面重建了由萨默维尔所负责的远东舰队司令部,令其负责从海上配合印缅战场的攻势。至9月份,随着英帕尔战役结束,东南亚的盟军转入战略反攻。萨默维尔率领其所指挥的舰队从东非返回了科伦坡。此时,由于长期处于低烈度活动

---

① Stephen Roskill. The War at Sea, 1939-1945, Vol. 2. London: Her Majesty's Stationary Office, 1956: 25-32.

状态，萨默维尔旗下重建的远东舰队经历了多次军舰的抽调。至重返科伦坡时，新的远东舰队只剩下了1艘复仇级战列舰和9艘新旧掺杂的巡洋舰，没有航母。这样规模的海军力量面对同时期的日本海军仍然显得毫无战力，因此萨默维尔所指挥的远东舰队所能够发挥的作用仍然有限，只是发起了对马来亚海域沿岸的进攻性巡逻行动，清扫当地零星的日军水面船只。①

在1944年6月，美国海军在菲律宾海取得了辉煌的胜利，但是同期的英国在东南亚的海上作战却仍然乏善可陈，暂时位于锡兰的远东舰队在这一时期没有取得能和美军相媲美的战果，始终徘徊在马六甲海峡以西，无法在东南亚取得制海权。但是随着10月份的莱特湾海战的结束，情况发生了变化，在莱特湾海战中，日本海军最后的主力舰队几乎被美国海军完全击溃，盟军在西太平洋由此形成了对日本的绝对海权优势。1944年11月，伦敦在锡兰新设立了由海军上将布鲁斯·弗雷泽（Bruce Fraser）所率领的英国太平洋舰队，并在之后的一段时间内将5艘舰队航母、2艘战列舰、7艘巡洋舰编入了太平洋舰队之中。②

需要注意的是，虽然英国太平洋舰队属于英国，但是从指挥层级上来说，弗雷泽的直接上级并不是英国海军部，而是美国的尼米兹。英国太平洋舰队在太平洋战场作战期间，也将主要依赖美国所搭建的后勤物资补给网络，其作战序列是美国海军第5舰队下属的第57特遣舰队（Task Force 57），而并非位于英国海军作战序列之中。③ 所以实际上，英国太平洋舰队的成立并不代表着英国重建西太平洋海权的努力，而是盟军重建西太平洋海权的努力，而1944年的盟军领导者已经从英国转换为了美国。所以，听命于美国海军战略决策体系的英国太平洋舰队，

---

① Stephen Roskill. The War at Sea, 1939-1945, Vol. 3 Part 1. London: Her Majesty's Stationary Office, 1956: 221-222.

② Stephen Roskill. The War at Sea, 1939-1945, Vol. 3 Part 2. London: Her Majesty's Stationary Office, 1956: 202-203.

③ Stephen Roskill. The War at Sea, 1939-1945, Vol. 3 Part 2. London: Her Majesty's Stationary Office, 1956: 203, 329-335.

其作战行动所服务的实际上更多的是美国而非英国的战略利益。

1944年12月4日，英国太平洋舰队总司令弗雷泽飞抵夏威夷，同尼米兹展开了关于英国太平洋舰队参加对日作战的讨论。双方明确了英国太平洋舰队所将使用的美国后勤体系架构，并同意了让英国太平洋舰队暂时规避东南亚海域，以位于澳大利亚的军港为初始母港活动。1945年2月4日，英国太平洋舰队从锡兰直抵澳大利亚，进驻悉尼，并在短暂的修整后于23日北上加入了美国海军所开展的对日作战行动，自此直至战争结束，英国太平洋舰队都在第五舰队的指挥下有着活跃的表现。

然而，即使在最后阶段赶上了对日作战，但是英国的海军力量重返太平洋的时间实在是太晚了。在整场太平洋战争中，英国海军在绝大部分时间都缺席了和日本海军的正面战斗，在美国海军步步为营，通过几次辉煌的大舰队作战的胜利击溃了日本海军的同时，英国海军在东印度洋乃至东南亚的表现却显得乏善可陈。直到日本海军主力在莱特湾海战后被事实上消灭，英国海军才"姗姗来迟"地加入战局。军事贡献的不足让英国缺乏独立自主重建东南亚海权的合理性和合法性。因此只能够选择加入已然体系完备的美国海军作战序列，以美国海军一部分的身份最终完成对东南亚地区的解放。

不过，英国政府却并不甘心就这么放弃英国在东南亚所经营的海权，因此在1945年7月至8月召开的波茨坦会议上，英国在与美国讨论太平洋战争收尾工作之时，提出希望美方改变太平洋战场的战略指挥架构，让英方拥有和美方平等的战略指挥权。英方作出这一提议，意图就在于尝试以英国自1945年开始在太平洋战场所作的贡献为筹码，动摇美国自1942年以来所独享的对太平洋战场的战略指挥权，让太平洋战场从由美方参谋长联席会议独立掌控战略指挥的局面变为由英美联合参谋部共同负责的二元格局，从而以政治而非军事手段的形式让英国在西太平洋的海权回归。

这一态度自然瞒不过美方，虽然欢迎英国重新参与到太平洋的战事之中，但是让英国凭借着一点微薄的功劳试图在太平洋和美国平起平坐就完全是另一回事了。对此提议，美方上下一致表示出了极力抵制，断然回绝了英国任何试图夺取战略指挥权的尝试。在参谋长联席会议看来，既然伦敦在1942年选择了放弃太平洋战场，让美方一力承担这片海洋的作战行动，之后在这一片地区又没有任何像样的贡献，那么在胜利近在眼前的现在就没有理由放任英国重新获得与美国同等的权力了。① 最终，英国没有能够在波茨坦会议上凭借英国太平洋舰队的表现获得它所期望的回报——独立自主的东南亚海权，这也促成了战后英国亚太海权格局的彻底转变以及最终瓦解。

在战争初期，由于军力的捉襟见肘，东南亚地区在英国决策思维中战略地位相对低下的问题暴露无遗。从"二战"伊始，英国就没有将在亚太进行全面战争作为决策选项考虑，但是在另一方面，东南亚却是日本所选定的主攻地区之一。因此，双方的军力对比从一开始就是失衡的，英国在东南亚快速的军事失败也就因此成为了必然。而在军事失败之后，英国方面又顾忌于险恶的欧洲战局，不愿意继续为亚太和印度洋地区的战事投入必要的资源，因此在战争中选择了非常彻底的战略收缩政策，几乎不做抵抗地放弃了太平洋的海权，直到美方基本歼灭了日本海军主力后，英国海军才重返太平洋，这一被动的、依附式的姿态直接导致了英国太平洋海权在战争结束后的衰落。

第四节 小 结

英国在后勤问题上所面临的窘境，其原因归根结底就是船舶工业的产能在整场战争中都始终不足以满足需求。后勤的限制直接制约了英国的作战能力，更是让本土面临因基本生活物资不足而陷入内乱的危险。在战前由于产业萎缩和政府的漠不关心而正走向系统性崩溃的英国造船

① Robert M. Hathaway. Ambiguous Partnership: Britain and America 1944-1947. New York: Columbia University Press, 1981: 171-172.

业，就这样以一个所有人都意想不到的方式扼住了英国的咽喉，逼迫英国不得不为了一艘艘毫无技术含量的民船而不断地对美国作出越来越大的妥协，最终达到政治与战略层面的妥协。

面对逐渐加深的对外国的后勤依赖，英国政府也尝试了各种各样的手段来试图暂时减轻或摆脱困境，但这些努力最后却基本都无一例外地把自己推入更加不可挽回的深渊。美国在加入战争初期戏剧化的糟糕表现非但没有如英国所希望的那样帮助减轻压力、降低己方损失，反而还让压力和损失都在短时间内达到了高峰，原先设想的赢得重整和喘息的时间自然也变成了无稽之谈。而另一个以缩短中东战场补给线为目标进行的法属北非登陆作战最后也弄巧成拙。火炬行动非但没有如丘吉尔政府所希望的那样快速打通地中海战场，解放英国后勤运力，还在相当一段时间内对英国的后勤运输进一步造成了沉重的压力，让英国在后勤生命线的议题上陷入更加被动、更加受制于美国的局面。

而从长期角度来看，美国加入战争后，深陷后勤危机的英国开始不再具备足够的后勤补给能力来贯彻己方的战略，只能够依赖美国的后勤支援来进行战争，这自然在一定程度上促使双方在战略上的"主从"关系发生了颠倒。英国依赖美国更甚于美国依赖英国的大趋势随着时间的推移非但没有减弱，反而越来越强。决定英国能否在其所希望的时间与地点发动其所希望的攻势的最主要因素越来越多地掌控在美国后勤部门而非英国政府的手中，这也就是说，即使是在最先由英国所选定的战场中，英国所制定的任何作战行动方案必须首先得到美国的批准，才能获得发起作战所必需的补给以及物资支持。这已经成为了一种显而易见的政治地位上的不平等，大西洋护航反潜战以及围绕这场战争的英美后勤力量之争对两国博弈所产生的决定性影响由此也可见一斑。

而在另一方面，英国在战时于西太平洋乃至印度洋所选择的战略，从始至终都含有非常浓重的"妥协"因素。出现这一决策模式的原因在前文中有所提及，由于亚太地区所处的地缘环境位于英国帝国体系的边缘地带，因此它在英国的战略决策中天然处于被牺牲的位置。面对多线爆发的高烈度消耗战，亚太地区的军事需求必须要让位于更加迫近的欧洲和地中海战场。这注定了早在太平洋战争爆发之前，已然深陷战争泥潭的英国面对日本的挑衅根本没有余裕作出有力的回应，但是在兑现保护其殖民地承诺的政治需求面前，英国还是派遣了一支充满妥协性的Z舰队。从其形成过程而言，不难看出英国政府根本不希望Z舰队进行作战任务，它从一开始就只是炮舰外交的工具。但是Z舰队的规模又使其根本无法形成对日本的有效威慑，这导致英国最终没有能够避免同日本的战争。

而在经历了Z舰队和ABDA舰队的两次失败之后，再也无法负担更多舰队损失的英国再次作出了充满妥协意味的政策选择。直接将太平洋乃至印度洋的海军力量后撤到了东非海域，从根本上规避了一切同日本海军交战的可能性。可以看出，此时做出保船避战行为的英国政府，已经将用于夺取制海权的战舰本身的重要性置于亚太和印度洋海权的重要性之上。在这样重大的战略妥协之后，英国自然在盟军内部乃至整个国际社会都遭受了重大的威望损失，也因此注定了英国在战争末期再也不能光明正大地重返亚太，其在太平洋的微弱贡献也彻底被几乎是独自打赢太平洋战争的美国所掩盖。

第四章 "二战"中后期英美在大西洋与太平洋地区海权影响力的升降比较（1942—1944）

从 1942 年开始，美国逐步加入反法西斯阵营的作战行动。作为本土远离战场的两洋国家，海权对美国的战事至关重要。在大西洋战场，以保护后勤运输为核心目标，美国和英国构建起了联合海防体制，并在这一过程中凭借着英国的支持，逐步成了这一体制中占据主导作用的力量，由此在同盟内部取得了大西洋的海权优势。而在太平洋战场，美国则几乎从战争初期就不得不独自承担起同日本正面争夺海权的任务，并借助两国的数次大舰队交战完成了太平洋海权的确立。而与美国在大西洋和太平洋的海权扩张几乎同时期发生的，便是英国在两洋的海权萎缩。

第一节 地中海战场初期美国夺取盟军战略主导权的尝试

地中海战场的开辟是"二战"时期美军所主动开展的首次大规模军事行动。这一行动在很大程度上是英国所促成的，其目的在于让美国协助英国重获对环地中海地区的控制。但是长久以来，美国决策层却并不将地中海视作利益关切地区，因此大多数的官僚和军事家都反对进军北非。在这样的双方对立之中，美国总统罗斯福敏锐地意识到了让美国在盟军系统内部取得政治主导权的战略良机，并果断地将美国军队投入了地中海的作战之中。

一、地中海战场初期作战计划的交涉与实施

1941年12月末，在珍珠港袭击发生三周之后，罗斯福、丘吉尔在华盛顿进行了会议。会议的目标是确定在美国正式加入战争后的盟军战略，虽然美国海军出于向日军复仇的心理要求将主攻方向定为太平洋，但是罗斯福和丘吉尔还是决定继续坚持自1941年初就确定下来的欧洲优先方针。在会议上，丘吉尔给出了一份被命名为"体操家计划"（Operation Gymnast）的行动方针，方针要求在法属北非发动一场进攻作战。为了最大限度地减少盟军方面的损失，丘吉尔提出由和维希法国仍然保留着良好外交关系的美国投入军队主导进攻行动，并且盟军需要在进攻前努力说服法方政权向美军提出"进入"法属北非的邀请，这样可以避免盟军同当地法属北非政权军队的交火。[1]

在华盛顿会议进行之时，英国在地中海正面临着非常严峻的局势，在各个战场损失了多条宝贵的主力舰后，伦敦方面所能调遣的海军舰队愈发紧张；作为英国在地中海战略支点的马耳他也正在遭受着持续不断的进攻。英国意识到仅凭自身实力，无法在短时间内重新夺回地中海，因此需要美国协助。

而对于罗斯福来说，英国所抛出的提议实际上也迎和了他的战略着眼点。自法国沦陷后，罗斯福就非常关注地中海的局势，在他以及相当一部分美国高层政治家看来，法国的沦陷意味着大西洋的东海岸不再安全，也意味着美国的国防受到了潜在的威胁。此时丘吉尔所提出的北非作战能够让美国往西部地中海地区部署大量的兵力，罗斯福相信这一举动在对反法西斯战争进程总体有利的大框架下，也有助于美国保卫其东面的国家安全。

---

[1]　Warren F. Kimball, ed. Churchill and Roosevelt: The Complete Correspondence, Vol 1. London: Collins, 1984: 295-296.

但是两国高层领导人对这一作战计划的同意却并不代表所有人的意见。以德怀特·艾森豪威尔等人为代表的军队宿将们对于罗斯福和丘吉尔所提出的开辟北非战场的计划非常不满,认为地中海方向比起太平洋地区十万火急的局势来说根本就不重要。陆军参谋长乔治·马歇尔也表示了反对,他指出,只要德军在西班牙佛朗哥的帮助下攻下直布罗陀,美国在北非所投入的所有部队的后路就会被完全切断,这在军事和政治上都是灾难性的。

马歇尔的意见代表了美国军方自1942年初开始快速形成的排斥开辟北非战线计划的情绪。在美国军方眼里,跟随英国在地中海发动进攻是对美国人力、物力的可悲浪费。在最开始,美国军方对这一计划极度不满的原因在于无视已经对美国海军造成大量损失并在亚太大肆侵略的日本,而即使是在已经接受了美国政府一直以来所坚持的先欧后亚方针后。美国军方也依然非常反感在北非的"小打小闹"。在马歇尔、艾森豪威尔和舰队总司令厄内斯特·金等人看来,即使要坚持先欧后亚的方针,美国也应当采取能够更加直接、更加快速地击溃敌人赢得胜利的作战计划,而不是在地中海这样的外围战场浪费时间。因此他们转而开始支持美军尽快发动一场横跨英吉利海峡、直捣德国本土的登陆作战行动。马歇尔、金和艾森豪威尔等人希望这一行动能够在1943年甚至是1942年发动,他们计划让盟军直接在法国北部登陆,并一举攻克柏林。这一意见在后来逐渐演变成了美国军方全体所坚持的统一意见,所有人都一致认为这是先欧后亚方针唯一正确的执行途径。①

针对下一步盟军到底应该投身于哪一处战场的意见因而争执不下,直到1942年6月的第二次华盛顿会议召开之时,战争的最新进展才最终让争论偃旗息鼓,随着托布鲁克(Tobruk)的陷落,隆美尔向埃及甚至西亚的大规模进攻已经是迫在眉睫。面对严峻的形势,参会的英美双方立刻达成了必须守住埃及的共识。而对于美国军方来说,此时需要解决

---

① Andrew Buchanan. American Grand Strategy in the Mediterranean During World War II. Cambridge: Cambridge University Press, 2014: 35-38.

的问题变成了如何在仍无法向地中海地区部署大量部队的前提下协助守卫埃及。罗斯福抓住了这个机会，向美军高层提出了加强对地中海地区军事投入、向埃及输送大量军事装备的要求，借此将美军绑上了地中海利益的车轮。[①] 1942 年 7 月 25 日，英美两国军方终于就北非登陆作战行动达成了一致，代号变更为"火炬行动(Operation Torch)"。

作为政治家和国家领袖，罗斯福总统敏锐地察觉到了进攻地中海可能为美国带来的政治价值。罗斯福认为名义上仍是英国传统势力范围和核心利益之一的地中海区域由于轴心国的入侵和英国国防力量的捉襟见肘已经出现了军事上，甚至是政治上的空白。罗斯福相信如果能够在此时抓住机会，以盟军反法西斯作战行动的名义在地中海地区确立长期的美国军事存在，将触角伸到欧洲腹地，对于美国向欧洲辐射军事政治影响力极为有利；在乐观情况下，美国甚至可以寻求挤占英国原本在地中海的势力范围，动摇英国对地中海的控制权，并让英国的全球殖民地依赖美国所控制的地中海进行沟通连接，这能够在未来为美国拆解帝国特惠制，将英国殖民地经济纳入自由贸易秩序之中的举动增添筹码。总而言之，罗斯福总统在经过审慎的思考和判断后，认为出兵地中海对于美国的总体战略利益而言绝对是利大于弊的。

但是在"二战"早期，罗斯福总统的意愿并不一定能够变成美国政府的意志，尤其是当问题涉及军队的调动时，如果军队内部的意愿与罗斯福相左，那么罗福就必须面临一场政治家和军事家之间的对抗。围绕1942 年至 1943 年美国的陆海军应当如何调动的问题，在美国内部就形成了这样的一场对抗，罗斯福本人希望向地中海进攻的意愿与军方希望直捣纳粹大本营的意愿相左，双方僵持不下。在这种情况下，罗斯福想到了借助英国方面的表态，联合英国向美国军方施压。在这样的大前提下，代表马歇尔、金和艾森豪威尔等人的美国代表团在英国代表团面前的失败实际上不仅是丘吉尔的胜利，其实也同样是罗斯福的胜利。罗斯

---

① Winston Churchill. The Second World War, Vol. 4. London: Houghton Mifflin Company, 1950: 343-344.

福借助丘吉尔之手，不仅扫清了来自国内实力派的反对意见，将他的战略意图确立为了美国下一阶段的战略目标，还为美国进入环地中海地区并在该地区建立合法化和常态化的存在打开了方便之门。

然而，虽然在短期内，与美国政府高层意见并不一致的美国军方受到打压符合罗斯福所领导的美国政府的利益，但是打压美国军方的英国毕竟仍然在战后世界秩序构想以及决定了战后世界秩序的战时军事战略这两方面上与美国存在激烈的竞争关系。如果美国军方始终无法在盟军的路线斗争中胜过英国军方，美国政府自然也就无法将自己的战略设想上升为盟军战略，这在长期来看是不符合罗斯福所代表的美国政府利益的。因此罗斯福在军方做出让步后便开始采取应对措施，首先便是在内部帮助统一了美国军政界关于未来战略方向的分歧，这一措施在下文会有更加详细的阐述。

虽然"火炬行动"最终在伦敦会议上被确定为盟军在1942年的主要作战战略，但是英美两国军方针对行动细节以及目标的争论却一刻也没有停止，这种争论之中所深藏着的是两国军方战略思维上的根本矛盾。英国军方急于将美军拖入战争，减轻他们所面临的负担，因此要求美军的登陆点尽可能深入地中海地区，以此达到将美军陷在地中海战场的目的；美国军方则有着完全相反的考虑，他们希望在地中海的接触越少越好，因此选择的登陆点也尽可能靠近西地中海的外沿。

在这场延续自"火炬行动"存续问题之争的争论中，罗斯福迅速改变了他所支持的对象，他撇清与英国的关系，改为支持他原先所反对的美国军方在登陆地点选择等细节问题上的意见。只不过在这场争论之中，罗斯福的意见同美国军方的出发点依然是完全不同的。直到此时，北非战役最终所希望达成的结果在英国的刻意拖延下都还没有形成一个明确的目标。罗斯福据此认识到，即使美军在一开始只在法属北非的外缘地区进行战斗，但是他们终将会无可避免地被牵扯入整个地中海战场之中。因此美国军方由于担心过分深陷地中海而纠结的登陆场选择问题在他看来根本就无关紧要。罗斯福所真正要和英国争夺的是北非战役的主导权，对军方在登陆场问题上的支持只不过是为这一目标增加筹码而已。

在这样的多方彼此利用和对立的格局下，大西洋两岸围绕"火炬行动"的具体细节进行了激烈的交锋。罗斯福方面提出，如果登陆法属北非的行动由英国主导，甚至如果有英国部队参加的话，当地持有反英情绪的法国军官就极有可能以此为理由武装反抗盟军的登陆行动。在争论的最后，在险恶的战争局势和美国的立场前，英国进行了妥协，同意由美军单独进行"火炬行动"的登陆作战，而美国政府也将获得完全的盟国对维希法国政府政治关系的主导权。

1942 年 11 月初，以美国部队为主导的盟军力量在法属北非开展了登陆行动，登陆取得了胜利，而在同时开展的政治交涉中，美国也同法属北非殖民当局达成了共识，属于盟军一方的北非政权就此在美国的影响下设立了。

二、卡萨布兰卡会议与美国统一战略方针的诞生

1943 年 1 月盟军高层于卡萨布兰卡的会议在整个地中海攻略进程中占有至关重要的地位，这次会议不仅决定了北非盟军法国政权法兰西民族解放委员会（Le Comité Français de Libération Nationale，CFLN）的建立，更将盟军下一步的进攻方向确定在了西西里、亚平宁半岛以及之后的南法地区。

后续进攻方向的确定是盟军最为重大的战略路线选择问题，围绕这一问题，英美在会议上爆发了激烈的政治斗争，这场政治斗争的结果通常都被外界认为是当时尚不成熟和缺乏专业性的参谋长联席会议（Joint Chiefs of Staff，JCS）面对他们高度专业化的英国参谋同行们的一场惨败。

自 1941 年初的 ABC-1 会议开始，英国军官团就注意到了他们的美国同僚在内部沟通协调中所存在的巨大缺陷。只不过，在 ABC-1 会议的时候，美方军官团仍然能够用身处主场方便快速决策的优势部分抵消掉这一不足。然而，当会场换到卡萨布兰卡，失去了主场优势的美国军官再也无力从英方代表团中夺得会议的主导权。

　　作者在前文中曾经对战前美国军政决策体系的混乱情况进行过论述,而这种混乱情况在美国加入战争的初期也仍然没有能够得到有效的改善。为了能够在新的盟军联合参谋部(Combined Chiefs of Staff)内与英方的参谋长委员会形成对等,美国方面在1942年2月设立了参谋长联席委员会(JCS),从而终于第一次在名义上拥有了负责诸军种统筹协调的计划与决策的实权部门。从组织结构角度而言,JCS的设立极大加强了参谋长手中的权力,陆海军参谋长从原本的辅助性和建议性角色一跃成为真正手握军权的高层核心人物,极大地改善了美军决策指挥系统。然而美军在战前的军种矛盾以及政军合作不畅等问题仍然延续到了新生的JCS之中,虽然在7月份罗斯福为JCS增设了一位专门负责同白宫交流事务的参谋长,但是他此时的作用并没有得到足够的重视。① 长期困扰美国军队系统的缺陷并没有因为JCS的设立而立刻得到弥补,因此,在卡萨布兰卡会议上,这些缺陷就被参会的英国军官团们充分利用了起来。

　　在卡萨布兰卡会议上,英国几乎达到了他们所希望的所有目标:盟军得以继续推进和开辟地中海战场、西西里岛的解放也被提上日程。而美国军方所极力推动的英吉利海峡登陆作战行动则被无限期推迟,他们力主的提高对日作战优先度的提议也因为要优先照顾大西洋和地中海战场而被压了下来。

　　这些结果无一不是被美国军方所深恶痛绝的,而对于英国而言这则无疑是一场酣畅的政治胜利。一位参会的英国军官作了如此感叹:"如果要会议开始之前的我来想象我们在这次会议上所获得的成果,我是绝对没有办法想象出像现在这样,这么全方面一边倒的对我们有利的条件的。"而美国方面对卡萨布兰卡会议的评价也非常直白,出席卡萨布兰卡会议的美国陆军首席参谋官阿尔伯特·科蒂·魏德迈准将(Albert

---

　　① Mark A. Stoler. Allies and Adversaries : The Joint Chiefs of Staff, the Grand Alliance and U. S. Strategy in World War II, Chapel Hill NC: University of North Carolina Press, 2000: 64-67.

Coady Wedemeyer)直言："我们输得底裤都没了……我们来了，我们听了，我们被征服了。"①

虽然如前文所说，就当时美国军政两方以及英国方面所持的立场而言，代表美国军方并不统一的意见的 JCS 的惨败实际上在短期看来，同时符合了丘吉尔和罗斯福的利益：不同于急于在短时间内给予法西斯阵营重击的美国军方，罗斯福出于更长远的政治考虑，对于美军进入地中海并在这一边缘地区进行战争和建立影响力并不反对。但是 JCS 在这次失败中暴露出来了长期存在于美国军队指挥以及决策系统内部的巨大问题，如果这些问题不能迅速得以修正，即使在未来 JCS 能够转而成为罗斯福所构想的战略和政策的坚定支持者，它也依然不具备和英国军官团竞争的能力。这就意味着罗斯福即使能够统一国内对于战略方向的意见，他也仍然无法将这些统一的战略和政策观点上升为盟军的战略目标。而这同样也是不符合罗斯福，乃至任何一位美国军政高层利益的。

在经历了这一场盟军后续作战路线之争的惨败后，痛定思痛的 JCS 开始总结失败的原因。亲自参会的魏德迈准将提出，相较于有备而来的英国，美国方面极度缺乏政界和军界的沟通协调，内部也非常不团结。英国所制定的战略是同其国家政策紧密联系的，并且能够得到来自所有英国军官的理解和支持，美国方面目前还做不到这一点。魏德迈准将指出，美国军事系统的意见必须像他们的英国同僚那样，得到来自总统和国务院所制定的国家政策的支持，内部军种之间也必须构建起紧密的沟通合作关系。魏德迈准将最后强调，如果没有办法做到这一点，JCS 将永远也无法和"拥有几代人积累的专业谈判经验与技巧"的英国军官团竞争。②

---

① Maurice Matloff. United States Army in World War II—The War Department: Strategic Planning for Coalition Warfare, 1943-1944. Office of the Chief of Military History, Department of the Army, 1959: 18-42.

② Maurice Matloff. United States Army in World War II—The War Department: Strategic Planning for Coalition Warfare, 1943-1944. Office of the Chief of Military History, Department of the Army, 1959: 110.

到了 1943 年春天，JCS 将以上的意见系统化，并最终得出了结论。JCS 认为，英国的所有战争目标都是基于其国家目标的，这些目标非常清楚明确，并能够被英国政军系统内的所有关切方充分理解并支持。而英国方面所提出的所有战略和作战计划都是由一个工作经验丰富，整合完善，包含了政治、经济、军事三重考量的联合决策计划部门制订的。而相对地，美国的战争目标非常模糊不清，战略目标没有充分考虑到政治和经济因素。政府各部门和军种之间意见分歧非常大：美国陆军希望能够尽早发动横跨英吉利海峡的登陆作战，直接击败德国结束战争；美国海军希望能够在太平洋战场对日本进行战略反攻；而罗斯福领导下的美国政府出于政治与宏观考虑对于协助英国防守地中海并不抵触。

在总结了上述的教训后，JCS 启动了全面的组织改革，并开始全力提升其专业性。原有的联合美国战略委员会(Joint U. S. Strategic Committee)权责过于繁杂，因此在这一轮改革中被拆分为两个独立的机构：直接向联合参谋部(Joint Staff Planners)中的陆海军高级参谋负责的联合作战计划委员会(Joint War Plans Committee，JWPC)以及一个完全独立于组织结构之外、由军界元老所组成的联合战略调查委员会(Joint Strategic Survey Committee，JSSC)。联合战略调查委员会被给予了非常高的权限，其中包括独立制定办事程序、自由选取研究课题、可以要求所有军队部门提供任何种类的信息以及自由出入高级别秘密会议等。借助这些权限，JCS 希望 JSSC 能够与国务院建立紧密的联系，并从国务院获得与国家政策方针相关的指导。①

JSSC 的设立并非美国军队系统在战争时期第一次试图建立政军联动体系的尝试，但是先前的类似尝试大都停留在单一军种与政界之间的交流，交流的事务也非常单一而缺少战略价值。从这个角度来看，JSSC 的设立的确是美国历史上第一次以 JCS 这样一个诸军种联合策划与指挥

---

① Mark A. Stoler. Allies and Adversaries：The Joint Chiefs of Staff, the Grand Alliance and U. S. Strategy in World War. Chapel Hill NC：University of North Carolina Press，2000：105-106.

机构为主体所发起的建立政军联动体系的正式尝试。此外，这也是美国历史上第一次将战略规划同国策制定联系起来的正式尝试。

经历了大规模组织框架变动的参联会随即开始了对美英两国之间战略分歧的根源和本质进行了研究分析，新成立的 JSSC 立刻接手了这项任务。到 1943 年年中，JSSC 已经就造成美英两国之间战略分歧的根源以及这种分歧的本质进行了数轮非常细致的研究，并且产出了非常多的研究报告。

JSSC 所总结的研究报告中首先关注了造成美方卡萨布兰卡会议惨败的地中海战略争端。在报告中，JSSC 指出，英国之所以如此看重地中海的解放，是因为它存在着重建对地中海的政治掌控的迫切需要，实现对地中海的政治控制对于英国来说是其在战后世界继续维持其全球殖民帝国所必不可少的一环。而造成美英两国对地中海战略态度以及对其他所有战略态度上不同的最本质原因，是"两个国家相对于其各自敌对国不同的地缘处境，以及两国领土格局与权力根基的巨大不同"①。

作为一个在全球都拥有领地，本土却又是个小岛的世界霸权，英国自古以来就遵循着维持欧陆均衡、保卫海外殖民地的基本国策。这些目标促使英国选择在地中海进行持久、漫长而分散的消耗战，这不仅是为了保卫英国对海洋枢纽的控制，也是为了避免跨海峡登陆行动所可能造成的、导致"国力倾颓"（Decline of Imperial Strength）的巨大伤亡。此外，虽然已经在卡萨布兰卡会议上同美国政府达成了迫使轴心国无条件投降的共识，但是英国决策层基于传统的欧陆均衡思维，还是保留着自己的想法。他们唯恐德国被过早击败，导致苏联向西欧和南欧扩张，将这种"平衡"打破。暂时将盟军行动限制在外线的地中海战场可以延长苏德双方消耗彼此人力物力的时间，并通过延缓德国的败北削弱苏联。最后，在地中海方向的进攻还可以让英国在地中海东部的南欧地区建立势力范围，使得英国能够与土耳其接触，以便继续它数百年来的通过达达

---

① Agenda for Next United Nations Conference, 24-26 Apr. 1943, CCS 381(4-24-43). Section 1, Part 1, RG 218, National Archives.

尼尔海峡将俄罗斯锁死在黑海的封堵策略。① JSSC 在经过如上研究后,敏锐地意识到进攻东地中海地区是英国提出地中海战略最深层次的潜藏目标,这一判断在 1943 年底顺利帮助了美国在德黑兰会议中大获全胜。

除了在东地中海建立政治影响力以外,JSSC 在研究中还提出了英国所追寻的另一个目标,那就是英国要在地中海地区扩大原有的殖民帝国版图。战后的英国势必会面临经济复苏的需求,而如果能够在北非和西亚获得原本法属和意属的殖民地,那么英国在战后就能够充分利用这些地区的原材料和市场。在这种"理想情况下",地中海中的马耳他和塞浦路斯等岛屿将会是新领土的交通枢纽,因而必须控制在英国手中。故而,英国将地中海战场的重要性置于其他所有战场之上,甚至超过了欧陆的对德战争和亚太地区的对日战争。JSSC 进一步提出,与美国不同,战争打到如今这个地步之后,英国已经几乎不关心对日战争了。英国认为,对日战略反攻是一件可以无限期拖延的事务,因为日本基本无法伤害到英国的核心利益地区。但是对于美国而言,"无限期拖延"对日战争是不可接受的,如果亚洲战场不能早日得到支援,中国以及其他仍然坚持着反法西斯侵略的国家就很有可能会被迫向日本投降。如果这种情况发生,那么亚太战场的走向就会完全失控,美国将会需要付出极其沉重的代价才能击败能够动员起整个东亚资源的日本,其战后规划也将因为日本的失控而变得不再可能实现。②

JSSC 最后在这个问题上得出结论,如果继续按照英国方面的意愿进行地中海战争,那么结果将会是美国花费巨大的人力物力为他人做嫁衣,这不但会损害美国在亚太地区的利益,导致亚洲太平洋战场的溃败,更会导致美国在盟军体系中的地位下滑。而英国将会借助地中海战争把握

---

① JCS 283/1, Current British Policy and Strategy in Relationship to That of the U-nited States, 8 May. 1943, CCS 381 (4-24-43), Section 3, RG 218, National Archives; Embick and Fairchild to Marshall, 4 Jan. 1943, ABC 381(9-25-41), Section 7, RG 165, National Archives.

② Embick and Fairchild to Marshall, 4 Jan. 1943, ABC 381 (9-25-41), Section 7, RG 165, National Archives.

住战争的节奏，通过使美国陷入对日战争的泥潭破坏掉它的战后规划，并让自己在战后重新成为主导世界的唯一霸权。如果英国达到了这一目标，美国将在战争结束后再次变回英国领导的世界秩序下的一个次级列强。

与 JSSC 一同在 1943 年春天的改革中设立的联合作战计划委员会（JWPC）在一份 5 月 7 日的研究报告中就美英两国的战略分歧的根源与本质作了更加透彻的论述。JWPC 在报告中提出，美英两国之间所出现的战略分歧，其根源是两国核心的、不可调和的政策冲突。对于美国来说，其首要追求的国防政策是通过建立"半球安全区"（Hemispheric Security）实现的，这一策略要求美国以本土和毗邻两洋为核心划出一个横跨小半个地球的国防安全区，并消灭任何有实力和意图触犯这一安全区的敌对势力。而英国首要追求的国防政策则是维持一个无人挑战其全球性殖民帝国的世界秩序，这一策略要求英国经常性地倾向对不断出现的地区性强国进行遏制和打压。从这一角度出发，英国否决跨海峡登陆作战、强推地中海攻略计划的利益所在，就是为了借助盟军兵力限制纳粹德国以及东线攻守逆转后苏联的南下，如此就能再一次达成英国所希望的均衡局面。JWPC 指出，英国的战时政策无时无刻不在受到着它战后经济、地缘和政治野心的深刻影响，即使是此时英国"最紧密的盟友"美国，其实也不过是英国决策集团所试图利用来帮助它达成战后继续维持世界霸权目标的另一枚棋子而已。①

在 JWPC 和 JSSC 各自就美英两国战略分歧问题得出研究结果后，美国军方乃至政府都意识到不能任由英国继续主导战争的走向，这不再仅仅是战争如何进行的问题，而是直接涉及了战后相当长一段时间内美英两国在世界上所处的地位如何分布的问题。而如果想要从英国手中夺取战争的主导权，卡萨布兰卡会议的惨败就决不能重演。

为此，美国在 1943 年开始了统一国内战略方向的努力。首先，地中海方向的进攻已经被确定为盟军 1943—1944 年的战略目标，无法更

---

①　JWPC 14，'Conduct of the War，1943-1944，7 May. 1943，CCS 381（4-24-43），Section 1，Part 1，RG 218，National Archives.

改,因此 JCS 和罗斯福内阁都必须在地中海方向继续投入军队。不过在经过决策后,罗斯福内阁决定将计就计,通过推动地中海方向的战争进程,为美国在地中海建立影响力、突破英国的战后规划创造机会,后续的发展证明了罗斯福这一战略构想的成功。

在地中海战场必须得到关注的同时,亚太战场也不能放弃。由于前文所述的英国出于欧洲优先考虑对日本侵略所展现出的漠然态度,亚太战场在接下来很长一段时间都可能不会是盟军的战略重点,而这就导致日本有可能将孤立无援的中国击败,并使亚太战争走向完全失控。在这样的前景下,美国必须在没有英国帮助的情况下单方面在中部和南部太平洋发起进攻以消耗日本的有生力量,遏制日本的侵略势头。同时这也是为了满足其国内自日军偷袭珍珠港以后汹涌的要求对日作战的民意,稳固国内局势。

除此以外,JCS 还提出美国陆军原本所计划的跨海峡登陆作战也不能接受被无限期地拖延,如果完全按照英国所构想的苏德互相进行持久消耗战的时间表,苏联就也有被击败并逐出战争的风险。于是,在没有盟军认可的情况下,JCS 单方面为跨海峡登陆作战设定了在 1944 年启动的时间表,并继续在这一方向上投入人力以及资源。

就这样,最终美国在 1943 年所形成的统一的国家战略,由于客观条件影响和来自英国的干扰,事实上变成了兼顾陆军、海军和政府三方需求的三线作战。JCS 在这一战略中提出了系统性的各方优先程度不同的梯次,地中海作战不再被看作欧洲作战的一部分,因此也不再在美国"先欧后亚"的战略布局中享受优先待遇。按照 JCS 所给出的梯次排名,排在最高优先度的是以击败德国为目标的跨海峡登陆作战,排在第二优先度的是亚太地区的对日战争以及美国在该地的战略和地缘利益,排在最末的是英国在地中海的战略和地缘利益。[1] 毋庸置疑,这样的优先度

---

[1] Maurice Matloff. United States Army in World War II—The War Department: Strategic Planning for Coalition Warfare, 1943-1944. Office of the Chief of Military History, Department of the Army, 1959: 164-167.

排名和国家战略是不可能赢得英国支持的，亲历了卡萨布兰卡惨败的魏德迈准将就提出，想要让这一份战略成为盟军总体战略，需要美国方面在接下来的几次盟军会议中做到"此前难以想象的准备"。[1]

JCS 于是率领其他所有的美军高层决策部门投入 5 月（华盛顿）和 8 月（魁北克）两次会议的紧张筹备工作，这一次的筹备工作相比卡萨布兰卡会议有了大幅度的改善。参与筹备的各位军官不仅提出要为如何应对英方提案进行专门的研究，还提出了军队需要与国务院进行紧密的沟通、协调与联动，海陆两个军种之间也需要开展密切的高级参谋之间的合作与协调。在具体的谈判技巧上，美国人也从英国同僚那里学到了很多，他们提出要对英国方面可能提出的要求进行推演，并在 JCS 内部对所有可能的论点进行排练，最后，美方全体成员还必须在谈判中全程保持一致立场。[2]

这些改变帮助美国在华盛顿和魁北克会议中守住了阵地，面对已经具备了能够与己方军官团并驾齐驱能力的 JCS，英国在这两场会议中还是和美方达成了战略方向的妥协。地中海方向的进攻将仍然是盟军在 1943 年的最高任务，但是在进入 1944 年后就需要将注意力和资源集中到跨海峡登陆的对德本土作战中，而在跨海峡登陆作战发动后的 12 个月内，盟军就必须在太平洋发动对日的大规模联合军事行动。

总体而言，与 1943 年初的卡萨布兰卡会议的失败不同，同年 5 月的华盛顿会议以及 8 月的魁北克会议所确定的战略方向是基本能够被美国所接受的，这是美国军方努力进行自我改革的结果，在经历了这三次会议后，美国政府终于形成了统一的战略路线，也终于开始具备在盟军系统内同另一个强权争夺战略方向决定权的能力。这既是美国从英国手

---

[1]　Mark A. Stoler. Allies and Adversaries：The Joint Chiefs of Staff, the Grand Alliance and U. S. Strategy in World War. Chapel Hill NC：University of North Carolina Press，2000：119-120.

[2]　Mark A. Stoler. Allies and Adversaries：The Joint Chiefs of Staff, the Grand Alliance and U. S. Strategy in World War. Chapel Hill NC：University of North Carolina Press，2000：110-111.

中彻底夺取盟军战略决策主导权的开始，也是英美战时权力转移的重要一步。

从1942年初到1943年末这一段时间，对美国走向海洋霸权之路来说有着非凡的意义。通过迅速开展一系列针对性的自救，美国在很大程度上弥补了在短期内快速爆发的软实力缺陷问题。这些问题包括作战思想的落后、高层决策的混乱和低效，以及统一战略规划的欠缺等，它们直接影响到了美国在大国博弈中的竞争力，在战争时期更是直接影响到了美国在盟军体系内部的话语权强弱和战略地位的高低。通过对暴露出来的问题的及时和充分的修补，美国为其在战时大国博弈中的胜利以及其海权优势的稳固奠定了极为关键的基础。

第二节 地中海战争中后期盟军战略主导权的易手

在战争早期，英国是地中海战场毋庸置疑的领导者，它在地中海地区有着最大规模的海军力量，掌握着战区从政治到军事的决策主导权，并对整个环地中海地区都有着基于殖民体系的利益关切。但是随着美国的加入，这种情况从1943年下半年开始出现了重大的转折，通过在南部欧洲开展的数次作战行动，美国逐渐取代了英国，成为了地中海战场的主导性力量，并首次在地中海沿岸建立起了属于美国而非英国的利益关切。

一、意大利战役的实施与盟军对意战后政治结构的设计

随着盟军进攻意大利西西里岛的行动蓄势待发，解放区军政府的领导权和指挥结构便成为了争论的焦点，对这些事务主导权的争夺背后是英美两国对解放区政治影响权的争夺。1943年2月，艾森豪威尔就提出，由于对西西里的进攻是盟军第一次攻入轴心国本土，对占领区的处置将会必然成为之后盟军在欧陆行动的参考范本。而基于英国对地中海

地区的传统利益关切，美国军方预计它将会提出承担西西里岛战后政权建设、管理和指导的绝大部分责任。果然，在讨论中，丘吉尔一方提出地中海是英国不容动摇的势力范围，因此西西里的盟军军事占领必须以英国为主导建设。而罗斯福方面则针锋相对地提出鉴于美意之间的良好历史关系，意大利人更容易接受美方主导的政权，他提出占领军政府应当尽可能由美方人员组成。双方在经过了激烈的意见交换后，丘吉尔方面作出了妥协，并放弃了由英国完全决定西西里岛政治处置方案的立场。

1943 年 5 月，盟军占领区盟国军政府（Allied Military Government for Occupied Territories，AMGOT）成立，随着这个部门的成立，盟军内部指挥结构也发生了剧烈的变化。最终，盟军占领区盟国军政府这一部门的首脑职位得以被伦内尔男爵弗朗西斯·罗德（Francis Rodd，Lord Rennell）（英）所把持，他直接对其上级——北非战区盟军最高副司令哈罗德·亚历山大（Harold Alexander）（英）负责。但是在另一方面，朱利叶斯·霍尔姆斯（Julius Holmes）上校（美）却控制住了盟军联合司令部（Allied Force Headquarters，AFHQ）的军政府事务负责部门，他的职责是向亚历山大传达艾森豪威尔对重大政治问题的命令和指示，并确保艾森豪威尔能够保持对占领区政治全局的掌控。这一复杂的指挥局面表现出了地中海战区英美两国的影响力和相对地位在短时间内所发生的极大转变，仅仅在半年以前卡萨布兰卡会议召开之时，英国对地中海战略的心态还是邀请美国人协助保卫英国的殖民帝国枢纽，但到了进攻西西里岛前夜，英美在地中海地区的政治话语权已然不相上下。①

随着盟军战事的推进，意大利国内的政治形势也发生了变化，原国王维克托·埃曼努埃尔三世（Victor Emmanuel III）以及一部分高层法西斯官员开始寻求在自身权力不被动摇的前提下脱离战争。1943 年 7 月24 日，意大利法西斯大议会罢黜了墨索里尼，随后国王维克多·埃曼

---

① Andrew Buchanan. American Grand Strategy in the Mediterranean During World War II. Cambridge：Cambridge University Press，2014：121-123.

努埃尔三世在原埃塞俄比亚总督巴多格利奥元帅(Pietro Badoglio)的支持下建立了新的意大利政府,该政府随后在向德国作出继续共同作战的保证的同时启动了与盟军的谈判进程。

在盟军的民间社会以及中基层官员看来,新的巴多格利奥政府的性质依然非常值得怀疑,许多人直接将其看作原墨索里尼法西斯政权的延续,具有讽刺意味的是,这个看法实际上并没有错。然而,面对这样的意大利政府,丘吉尔和罗斯福依然表示愿意与其进行谈判。因为意大利的高层政变在赶走了墨索里尼的同时,还导致了北意大利工人运动的扩大化和政治化。对于英美来说,这意味着意大利面临紧迫的"布尔什维克化风险",整个意大利战役的进程和后果都出现了向英美所不能接受的方向发展的可能性。而另一方面,德国并不相信巴多格利奥政府"继续支持轴心国战争"的保证,并将军队开进意大利,直取罗马,形成巩固防线只是时间问题。由此,英美两国第一时间促成了盟军对意大利本土登陆作战行动计划的规划与实施,而德军的行进速度则逼迫着盟军方面不得不在事实登陆之前就与意大利政府达成停火协议。

1943年9月9日,盟军于萨勒诺(Salerno)登陆。由于意大利政府没有作任何实质性的抵挡准备,巴多格利奥本人也于当日弃罗马城逃往南部的布林迪西(Brindisi)。9月29日,在盟军逼迫下,巴多格利奥政府于停火协议上签字。

艾森豪威尔随后在与美国政府高层达成一致后开始着手意大利盟军军政府的设立以及其与意大利政府的逐步权力交接事务,但是巴多格利奥政府严重欠缺的合法性开始成为盟军战后意大利政治架构设计的一个绕不过去的问题。作为驱逐了墨索里尼后的意大利政府,巴多格利奥政府先是选择了对北意大利的工人运动进行残酷镇压,然后又在德军的兵锋前弃罗马城而逃,待到1943年9月底,盟军在接触了龟缩在布林迪西的巴多格利奥政府后,发现后者已经沦为了一个由一小撮精英人士所组成、借助盟军物资和装备支援维持警察统治的小朝廷,在意大利民众中已经完全不具备其应有的合法性。

正是在此时,北意大利蔓延的工人运动结出了政治成果,10月1

日，那不勒斯的市民从德军手中夺回了自己的城市，包括共产主义派、社会主义派、教会民主主义派、工人民主主义派、自由派和一个自由主义政治党派在内的六方团体团结在自由主义者贝奈戴托·克罗齐（Bernedetto Croce）的领导下，形成了一股相对强有力的政治势力——意大利民族解放委员会（Committee of National Liberation，CLN）。CLN 很快就借着墨索里尼政府倒台所形成的政治真空急速扩张，俨然成了整个北意大利市民与工人群体运动的领导者。政治光谱各异的 CLN 有着许多不一样的意见，但是在对待目前意大利的"合法政府"即巴多格利奥政府的态度上，CLN 有着惊人的统一。各方一致认为意大利政府必须进行民主化改革，而为达成此目标，国王维克多·埃曼努埃尔三世必须退位，过去三个月中表现极不光彩的巴多格利奥也必须辞职。

面对 CLN 和其所代表的意大利民众汹涌如潮的自我解放运动，美国决策集团意识到，原先内部设想、并和英国协商达成一致的将平民阶层排除出战后意大利政府之外的政治构想已然不现实，一意孤行必然导致战后意大利政府的统治不稳以及频繁动荡。有鉴于此，美国不得不转变其立场，由艾森豪威尔牵头，盟军联合司令部提出了让巴多格利奥政府进行民主化改革并在国内构建"广泛的反法西斯同盟阵线"的提议，罗斯福所率领的美国政府同意了艾森豪威尔的这一提议。1943 年 11 月，罗斯福指示艾森豪威尔，命令他必须在意大利建立起一个民主化的政府，而萨伏伊王室的保留与否则并不再是优先考虑的问题。

伴随着这一政策转变，美国开始与流亡的意大利反法西斯派系接触，在这之中最有代表性的就是流亡美国的前意大利外交部长卡罗·斯福尔扎伯爵（Conte Carlo Sforza）所加入的派系。在这些人士的配合下，美国开始着手巴多格利奥政府的自由民主化改革以及王室逊位的事宜，用以防范美国高层所惧怕的"红色政变"。

美国的这一设想立刻遭到了英方的反对，英方决定坚决支持以王室为核心构建意大利政府。面对北意大利汹涌的左翼运动浪潮，丘吉尔选择了无视。在丘吉尔看来，坚定反对巴多格利奥政府的左翼进步人士只不过是一帮"上不了台面的穷酸秀才"，无论是 CLN 的领导人克罗齐还是流亡的斯福尔扎,都不应当在新政府中有任何位置。① 于是,就在美国开始转变政策呼吁意大利政府的民主化与自由化改革之时,英国对意大利国王和巴多格利奥的支持反而愈发坚定了。

双方就此围绕意大利战后政府设计方案展开了将近一年的反复拉锯,一直到1944年6月才最终尘埃落定。在这一过程中,虽然包括丘吉尔在内的英方高层始终态度强硬,并且在一段时间内得以将国王和巴多格利奥继续保留在意大利政府中,但是美国方面通过逐步的蚕食,最终达成了他们所期望的目标。

1943年10月,美国政府不顾英国方面的反对,将斯福尔扎伯爵送回了意大利。斯福尔扎伯爵立刻开始动手运作一个仍然保留萨伏伊王室的提案,要求现国王让位给他的孙子,并将CLN的六个派系吸收进巴多格利奥政府,这一方案遭到了由英国所支持的维克多·埃曼努埃尔三世的抵制。英国要求在盟军占领罗马之前不对意大利政府进行任何处置,面对英国的立场,美国选择了退让。11月,巴多格利奥在没有吸纳任何一个CLN代表的情况下建立了新政府。

在英美就意大利政府设置问题继续争执不下之时,美国方面在罗斯福本人的力主之下将苏联引入了意大利事务的协商。借助英美苏三国共同商议意大利投降条款的契机,1943年10月,苏联派遣代表加入了一个专门负责为盟军对意管制委员会提供建议的顾问委员会,自此苏联有了在意大利事务上发声的渠道。不过,即使一力促成了苏联参与到意大利战后事务的解决之中,美国却又和英国一样非常注意限制苏联在意大利事务中的参与程度,在他们眼中,苏联最好能够在不具备决定性发言权的前提下为两国分担解决意大利问题的责任。

苏联方面自然认识到了英美对它在意大利事务中的限制,但是它所着眼的并非意大利。苏联对意大利事务的参与行为事实上伴随着美英苏三国关系模式大转变的背景。随着战争的进行,苏联方面认识到欧洲大

---

① Warren F. Kimball ed, Churchill and Roosevelt: The Complete Correspondence, Vol 2. London: Collins, 1984: 458.

陆在战后极有可能被苏盟双方的势力范围划分为两半，而目前仍未被苏联兵锋所染指的意大利不太可能在战后成为苏联的势力范围，势必会被盟军纳入掌控。认识到这一现实的苏联中央决定以意大利问题为契机和盟军的某一方建立良好的合作关系，以使得苏联对欧陆势力范围的主张能够在战后被其所承认。

基于各种复杂的考虑，莫斯科方面最终决定与美国进行合作，即利用它对意大利共产党的影响力协助美国达成其在意大利的政治目标，建立一个稳定的、资产阶级政府执政的意大利政权。可以看出，此时的苏联对于在西欧建立共产主义政权的兴趣不大。在后来解放法国本土之时，苏联也采取了极为相似的政策，那就是指示本土已经颇有实力的共产党派系与美国方面通力合作，建立一个广泛的资产阶级为首的政府。显然，斯大林认为共产主义政权此时在欧洲的"过度扩张"只会引起苏盟之间的分裂，对于苏联战后世界地位和势力范围的稳固弊大于利，因此他更倾向不触动法国和意大利原有的政府体制，而只是通过当地的共产党派系保留对这些政府的影响力渠道。

斯大林的这一态度让美苏双方在意大利问题上隐隐形成了一致对英施压的局面，罗斯福敏锐地观察到了这一千载难逢的机会，并决定充分利用苏联的支持来在盟军内部彻底压倒英国，以夺得后续盟军战略方向和世界政治事务的主导权。在1943年11月的德黑兰会议中，这一政治发展完全显露出了其成果。德黑兰会议的具体内容会在后文有更加详细的论述，它不仅标志着英美两国实力以及影响力平衡的彻底颠倒，也标志着世界上最重要的大国关系从英美关系向美苏关系转移的开始。

二、德黑兰会议与英美地中海话语权的转移

1943年11月，在卡萨布兰卡会议惨败的10个月之后，美国再一次走到了决定整个盟军未来战略乃至战后世界秩序走向的重要关口。充分吸取了卡萨布兰卡会议的教训后，美国军方的决策部门在这10个月的时间里极大地提升了其专业性和竞争力，而更加难能可贵的是，罗斯

福政府和军方领导人通过大量的内部努力，弥合了政军界之间的大部分意见分歧，美国军方和美国政府自此终于形成了一致对外的立场。在参谋长联席会议之前牵头组织的对于英美两国战略分歧的研究分析之后，罗斯福同意了军方的意见，并认为不应继续将推进地中海战场作为盟军下一步的主要战略，而需要将主要注意力放在对欧洲大陆和德国本土的进攻上。

在经过会前的讨论后，美国的军政领导人因此一致同意了在之后的阶段严格限制对东地中海和巴尔干地区的军事投入。正如 JWPC 和 JSSC 之前的研究所指出的，在这个方向上的进攻符合英国的战略利益和英国所构想的战后世界秩序格局，但是却与美国的利益形成了高度冲突，因此在完成了卡萨布兰卡会议所规定的战略目标，并成功在北非和意大利建立起政治和军事影响力后，美国应当及时抽身地中海战场，重新回到它所构想的轨道上。而原先美国军队系统内部所构想的 1944 年发动跨海峡登陆作战即"霸王行动"的时间表应当正式成为盟军的行动时间表，取代地中海攻略，成为盟军在 1944 年乃至 1945 年最重要的行动。①

相较于已经基本统一了意见的美方，英方这一次反而陷入了高层领导人之间的内部分裂。在意大利于 1943 年 9 月 8 日宣布投降后，正如美方参谋长联席会议所推测的那样，丘吉尔继续尝试命令盟军向东地中海推进。以解放意大利所占领的所有土地为由，英国政府命令英军进攻意大利在爱琴海所占据的十二群岛(Dodecanese islands)，以此试图将势力范围探入东地中海。但是英军的攻势并不顺利，遭到了德军的顽强阻击，不甘心失败的丘吉尔要求盟军联合司令部向爱琴海方向增派援军，但是这一要求遭到了盟军联合司令部的拒绝。而领导英军的参谋长委员会也不惜严词批评了丘吉尔的设想，他们指出地中海的盟军眼下必须着

① JCS Operational Proposals, 18 Nov. 1943, FRUS, Cairo and Tehran, 211-212; JCS 558, Strategy in Balkans-Eastern Mediterranean, 18 Nov. 1943, FRUS, Cairo and Tehran, 210.

眼于稳固意大利的局势，因此不可能在爱琴海再开辟一条战线。英国内部因而为了统一意见而空费了许多时间。①

在德黑兰会议上，藉由战时工业产能优势在盟军中逐渐获得决策话语权的美国和在东线击垮德军转入战略反攻的苏联互相承认了各自在战后对西欧和东欧的主导权，并心照不宣地开始共同将英国从反法西斯阵营决策圈中边缘化。察觉到这一趋势的丘吉尔将会议比喻为"一头俄罗斯巨熊和一头美利坚野牛，中间夹着一只英国小毛驴"，但是这段比喻还有下半句，决心守住英国对盟军战略决策制定参与权乃至主导权的丘吉尔声称，"但是，只有小毛驴才知道该走哪条路"。②

然而事实上，丘吉尔在会议上的努力却并不顺利，他继续竭尽全力在德黑兰会议上推销东地中海方向的攻略作战。这一次，他将这个提案包装成是为了让保持中立的土耳其加入到反法西斯战争中的手段。但是斯大林却并不认为土耳其是值得争取的反法西斯战友，因此没有认同丘吉尔的宣传，而是全力支持美国所希望在德黑兰会议上通过的霸王行动提案。对于斯大林来说，美方的计划能够直接给予德国本土以严重打击，从而大幅减轻前线反攻的苏军所面临的军事压力，相比较而言，处于外线、军力也并不强盛的土耳其能起到的作用就极为有限。德黑兰会议因此就变成了苏美两国战略利益高度重合的一场会议，为了支持霸王行动的顺利实施，斯大林方面非常干脆地也一并支持了美国所提出的意大利政治问题的解决方案，并恳请美国在南法开展能够与霸王行动形成南北联动的登陆计划，而这也意味着盟军内部苏美联合反英这一政治格局的正式形成。

苏美两国在德黑兰会议上的融洽表现同此时双方正在形成的政治共

---

①　Matthew Jones. Britain, and the United States, and the Mediterranean War 1942-1944. New York NY: St. Martin's Press, 1996: 100; Alex Danchev, Daniel Todman, ed. Field Marshall Lord Alanbrooke, War Diaries, 1939-1945. London: Phoenix Press, 2002: 458.

②　David Dilks ed. The Diaries of Sir Alexander Cadogan, 1938-1945. New York NY: G. P. Putnam's Sons, 1972: 579.

识是分不开的,华盛顿方面认可了苏联将会在战后形成对整个东欧的掌控,而莫斯科方面也对等认可了美国将会在战后成为西欧的主导者,欧洲大陆将会迎来全新的势力范围划分格局。对于这一形势,斯大林看得非常清楚,直言:"谁能占领这片土地,谁就能将他的社会体系强加给这片土地。"①在战争结束后,苏联红军所占领的土地将会不可避免地接受苏联所推行的政治模式,也会被逐步吸纳入以苏联经济体系为核心的社会主义经济圈之中。同理,美军在西欧所主导的军事占领最终也会在战后让被占领的地区逐步接受美国所推行的政治模式,在经济上逐步成为美国资本主义经济圈的一部分。

对于美国来说,能够通过双方高层会议就势力范围的划分达成共识同样是非常重要的,因为此时的苏联和英美盟军双方对目前欧洲国家社会的影响力强弱存在着根本性的差距,苏联可以通过已经在法国和意大利蓬勃发展的左翼和共产党组织切实影响到这些国家的政治局面,而此时的美国在这些国家尚不具备对等的动员组织能力。因此罗斯福认为,通过认可苏联对巴尔干国家和波兰等东欧国家的掌控来换取苏联在西欧和地中海国家问题上的配合对美国是有好处的。

在双方都存在同样客观需求的背景下,罗斯福和斯大林两位以务实的"现实政治"(Realpolitik)所闻名的政治家迅速在德黑兰会议上达成了一致。苏联支持美国在战后的法国和意大利建立势力范围,并承诺指示这些国家的共产党组织尽全力配合美国的军事占领,而作为回报,同时也为了己方的战略利益,美国向斯大林承诺在1944年尽快在英吉利海峡和南法实行大规模登陆,承认苏联在东欧的势力范围。此外,作为苏联帮助美国稳定意大利局势的补偿,美国方面承诺将原属于意大利海军三分之一的军舰,或者来自美国海军的等吨位军舰"赠送"给急需海军建设的苏联。

和斯大林一样,罗斯福本人也非常赞同在南法开辟登陆战场,这是

---

① Milovan Djilas. Conversation with Stalin. New York NY: Harcourt, Brace & World, 1962: 90.

由于铁砧行动能够同霸王行动形成南北联动，从而争取法国的早日解放。参与铁砧行动的军队将主要是由戴高乐所领导的 CFLN 军队，这些法国军队，乃至戴高乐本人，自火炬行动之后就长期处在美国的军事与政治影响之下。正如前文所说，军队所属政权的政治属性会影响其所到达的土地，如果 CFLN 能够顺利解放法国本土，取代目前正在法国愈演愈烈的左翼游击队势力，建立一个由戴高乐领导的法国政权，那么就能够彻底杜绝社会主义派系掌控法国的可能性，并让美国在环地中海以及西欧地区的最关键一环建立主导地位。

美国对铁砧行动的构思因此基本上就是完全围绕着让美国所控制的法国军队重返本土所进行的。在德黑兰会议前的商讨中，罗斯福就对他的阁僚指出，当前，英国政府仍然没有放弃争夺对战后法国政权的影响力，丘吉尔甚至承诺一定要帮助法国重新成为世界大国。罗斯福认为，以目前法国的状况，距离真正重返世界大国地位至少还需要 25 年左右的时间，在那之前，法国势必会在政治上依附于其他大国存在，而一个依附于美国的法国要好过依附英国的法国。让政治和军事上都高度依赖于美国的戴高乐所领导的 CFLN 解放法国并代表其组织政府无疑是具备相当可行性的选择。①

在德黑兰会议上，面对美国所抛出的铁砧行动方案，英国迅速意识到在南部法国的登陆作战会让盟军在接下来的时间里完全无暇顾及包括巴尔干在内的意大利东部任何地区的攻略行动，因此非常果断地表示了坚决的反对，即使在政治上面对着苏美双方的同时施压，丘吉尔也并不打算屈服。德黑兰会议上因此出现了一个颇为戏剧性的转折，在之前的战争进程中一向坚定支持着一切地中海方向作战的英国，却对战争进程中最后一个在地中海方向进行的主要作战不顾一切地提出了反对意见，而一直反对盟军地中海行动的美国，这一次却成为了最积极的支持者。这一转变的背后是英美两国战略冲突迎来高潮的历史背景。正如前文所述，美国参联会在 1943 年所作的研究表明，英国力推开辟地中海战线，

① JCS Minutes, 19 Nov. 1943, FRUS, Cairo and Tehran, 254-255.

其本质出发点是为了在沿线夺取原本属于法国和意大利的殖民地，并在战后的环地中海地区建立绝对影响力，此外，英国还希望能够进入东地中海执行其数百年来所坚持的对俄罗斯和苏联的出海口封堵政策，通过这一系列的战略目标，英国主推开辟地中海战线背后所潜藏的野心，便是维持和扩张其殖民帝国，并在战后继续保持其世界霸权地位。

但是随着地中海战争真正展开以后，英国的这些希望全部成为了泡影，地中海战场最大的获益者反而变成了美国。在北非，美国通过其与维希法国的传统外交关系、对法国殖民利益的支持和对法属北非解放区军事后勤与民生经济的垄断，顺利地取代英国，成为了戴高乐领导下的法国解放政府所选择依附的对象。而在意大利，此时的美国也在积极地和英国竞争对意政府的政治处置权。可以说，在德黑兰会议召开之时，英国原先所计划的在地中海所要达成的战略目标一个都没有实现。如果在德黑兰会议上同时达成了在1944年进行跨海峡登陆作战和南法登陆作战这两个决议，那么可以预见的是盟军将再也不会在战争期间在地中海开展其他的主要行动，丘吉尔和他所领导的英国政府在地中海方向上最后一个重要的利益关切也就会不了了之。反之，罗斯福却可以顺理成章地将法国纳入美国的势力范围。这一战略利益上的此消彼长不仅会彻底打乱英国在地中海的计划，更会极大地损害英国的战后世界秩序设想，因此是丘吉尔所绝对无法接受的。

在德黑兰会议上，英美双方因此就南法登陆作战这一看起来对整个战争进程影响并不大的作战计划形成了僵持局面，面对态度坚决的丘吉尔，罗斯福和斯大林似乎已经用完了政治上的施压手段。

在双方相持不下时，一个让人颇有些意想不到的因素帮助美国彻底打破了英美在这一问题上所陷入的僵局，并最终帮助奠定了美国在德黑兰会议上的完全胜利。这一因素并非政治手段，而是一种军用技术装备，以及美国对这种装备近乎绝对的控制权，这种装备就是坦克登陆舰（Landing Ship Tank，LST），自北非登陆之后被开发出来的LST因为其强大的运输效率和大幅降低伤亡的能力迅速成为盟军登陆作战的必需品，整个盟军阵营都建立起了对这种技术装备的绝对依赖。而这种依赖的背后是几乎所有 LST 产能都被美国所控制的"军备垄断"局面，在美国有意识的产能控制下，LST 的数量始终不能同时满足盟军在所有作战方向上的登陆计划。在德黑兰会议之前，丘吉尔本人就对美国刻意控制 LST 产能的行为给予了非常尖锐的批评，他认为，通过将 LST 的可用数量刻意维持在一个供小于求的水平，美国政府具备了利用经济优势来解决战略争端的能力，盟军之间所有围绕军事和战略问题而产生的分歧最终都会天然向着对美国有利的方向发展。①

罗斯福就在德黑兰会议上对这一优势进行了非常巧妙的运用，在德黑兰会议之前的第一次开罗会议上，罗斯福向蒋介石承诺在孟加拉湾投入美军所控制的 LST 部队实行两栖登陆，以支持中国方向的北缅作战。而在德黑兰会议上，借助现有可用的 LST 在下一阶段要全部按照承诺投入孟加拉湾登陆行动之中这一理由，罗斯福成功否决了丘吉尔试图夺回地中海地区军事政治控制权的最后一次努力，即其所提出的由英国主导的爱琴海与亚得里亚海登陆作战计划。罗斯福向丘吉尔提出，中国和亚洲战场的对日作战已经到了关键时刻，其重要性要绝对超过解放巴尔干半岛，同时，孟加拉湾登陆作战也是对之前长期没有得到盟军直接军事援助的中国的某种"补偿"。面对罗斯福的这一立场，丘吉尔从盟军角度无法提出合理的反对意见，而在缺少可用的关键登陆装备的前提下，强行登陆只会为英军带来巨大的伤亡，并且无法保证成果。在既成事实面前，丘吉尔迫于无奈，只得在德黑兰会议上暂时放弃了东地中海地区的攻略计划。②

而在德黑兰会议之后的第二次开罗会议中，已经达到否定英国战略构思这一重要政治目标的罗斯福，又撤回了其在第一次开罗会议上对蒋介石所作的"承诺"，将"本应"用于亚洲战场的 LST 部队又投入了美方所主导的诺曼底和南法登陆战场。

①　Andrew Buchanan. American Grand Strategy in the Mediterranean During World War II. Cambridge：Cambridge University Press，2014：167-168.

②　Andrew Buchanan. American Grand Strategy in the Mediterranean During World War II. Cambridge：Cambridge University Press，2014：167-169.

由此,借助政治、军事和外交各方面的复合因素,在地中海战区的军事和政治主导权的争夺中,美国开始全面压制住英国。1944年8月初,在经历了漫长而徒劳无功的反对与抗议之后,丘吉尔选择了向美国屈服,认可了由美方全权主导的南法登陆作战计划,也由此接受了美国在整个西地中海地区建立起无可争议的超然政治影响力的现实。

三、南法登陆以及美国对盟军战略方向决定权的形成

在德黑兰会议之后,不甘心失败的英国仍然没有放弃一切可能的阻止南法登陆作战变为现实的机会。1944年1月,在英国军官的干涉下,位于伦敦、专门负责筹备跨海峡作战的盟军联合参谋会议提出,为了保证诺曼底登陆的成功,必须继续增大投入部队的规模,并对南法登陆计划所需要投入的部队进行削减。英国方面的这一意见得到了对诺曼底方向登陆的成败变得过于关注的艾森豪威尔的认可,他对美国方面的最高决策集团提出,计划在南法进行的铁砧行动可能会被拖延或取消。艾森豪威尔的态度让早已经决定在这个问题上和英国斗争到底的美国政府非常恼怒,乔治·马歇尔批评艾森豪威尔屈服于英国的压力,并力主保下了铁砧行动。[1]

然而这只是两国争端的开始,3月20日,艾森豪威尔再一次悲观地向马歇尔表示,由于罗马方向的攻势不顺和诺曼底登陆作战所持续需要的加强兵力部署工作,铁砧行动已经不再具备实施的可能。英国政府得知这一表态后立刻对艾森豪威尔的意见表示了欢迎,并再一次急不可耐地通过驻华盛顿的联合参谋代表团向美国政府提出了南法战线取消后的东地中海作战计划。而美国军方也再一次表达了铁砧行动绝对不能取消的强硬立场,甚至不惜从此时正在计划大规模战略反攻的太平洋战场调回了将近30艘LST专门用于缓解铁砧行动的装备需求。这是美国历

---

① Eisenhower, Diary Entry, 7 Feb. 1944, Eisenhower Papers, 3: 1712; Marshall to Eisenhower, 7 Feb. 1944, Eisenhower Papers, 3: 1708.

史上首次将已经计划部署在太平洋的军事资源紧急调拨至另一个战区，这一史无前例的行为让伦敦方面清醒地认识到了美国在地中海战略方向问题上不惜一切代价和英国斗争到底的决心，只得表示同意暂时推迟铁砧行动而非将其彻底取消。①

但是两国的争端至此仍然没有实质性的好转，反而愈加激烈。1944年4月，丘吉尔通过信件亲自告知马歇尔，希望能够放弃在南部法国的登陆行动。他提出，目前意大利方向的攻势并不顺利，因此盟军即使需要进行南北双向的同时进攻，更加需要关注的也是诺曼底和意大利方向，而非南部法国。丘吉尔在信中还表示，即使是意大利完全获得解放，亚平宁半岛的盟军也不应该停止推进，而是需要一口气进攻到维也纳附近，压迫德军的控制领土。

美国方面对丘吉尔在信中的意图进行了分析，得出的结论是丘吉尔在目前的状况下仍然没有放弃他围堵苏联的设想，从意大利继续向欧洲内陆推进的盟军在他的计划中其实并非为了追击德军，而是为了将苏军挡在维也纳一线。②

得出这个结论后，罗斯福方面虽然并不想理会丘吉尔的建议，但是盟军在罗马方向的进攻确实在短时间内无法得到有效成果，因此双方在4月份的一轮意见交换之后，将这个问题再一次推迟到日后讨论。

在诺曼底登陆于1944年6月正式实施之后，双方再度重启了围绕这一问题的讨论。随着战争的推进，一直以来坚持保留铁砧行动的美国领导人找到了新的强大理由，那就是诺曼底战场逐渐凸显出来的后勤紧张局面。实际负责欧陆攻势运作的艾森豪威尔和马歇尔认识到，想要支持盟军的继续推进，就必须加强后勤供应能力。而法国北部海岸线的所有主要港口要么已经被德军破坏，要么因为意外事故无法启用，要么无法在短时间内被盟军控制，可行的入手点只有法国南部的土伦和马赛

---

① Eisenhower to Marshall, 27 Mar. 1944, Eisenhower Papers, 3: 1793.

② Michael Eliot Howard. The Mediterranean strategy in the Second World War. London: Greenhill Pr, 1993: 66-67.

港。而随着罗马在6月初得到解放,博诺米政府上台,美国在意大利的军事和政治目标都已经完成,投入其中的军力和物力也都能解放出来。

6月24日,美国参联会指示驻意美军将攻势停止在德军部署在北托斯卡纳的防线面前,这一命令相当于否决了丘吉尔打到维也纳阻挡苏军前进的提议,从意大利战场解放的美国军队立刻开始筹备在南法的登陆作战行动。

至此,英美两国地中海战略争端终于图穷匕见,双方最高领导人开始了直接的意见交换。6月28日,丘吉尔在与罗斯福的通信中,再一次表达了对南法登陆的反对,并请求罗斯福继续在意大利方向上的攻势。罗斯福则在回信中明确表示了他对参联会意见的认可,指出继续向意大利北部和东北方向进攻德军防线只会导致盟军军力的平白损耗。①

在两国领导人之间几轮激烈的意见交换后,沉不住气的丘吉尔终于在通信中坦白了他的真实想法。面对罗斯福援引苏联和法国对开辟南法战场的支持,并明确表示鉴于外交因素无法取消铁砧行动的来信,丘吉尔在回复中写出了他本人对英美战略责任划分的理解,提出"你们(指美国)可以全权指挥和负责霸王行动,但是我们(指英国)必须有对地中海战场的决策权"②。

对地中海战略控制权的争夺对于丘吉尔和英国政府来说,不仅是为了保住英国的战后世界秩序规划,也是为了尽力维持两国之间在战时以及战后的平等盟友地位。但是代表英国军方的英国参谋长委员会此时却已经认清了英国已经无力在战略层面与美国竞争的现实,委员会正告丘吉尔,认为对罗斯福的外交努力是无用的,因为美国的国内环境已经不允许罗斯福为了迎合英国的战略需求而牺牲己方的利益。委员会提出,战争进行到现在,美国已经在政治、经济、军备后勤、民生补给、陆海空三军力量等方面成为了盟军之中毋庸置疑的一大领导者,英国在这些

---

① Warren F. Kimball ed, Churchill and Roosevelt: The Complete Correspondence, Vol 3. London: Collins, 1984: 223.

② Warren F. Kimball ed, Churchill and Roosevelt: The Complete Correspondence, Vol 3. London: Collins, 1984: 225-226.

方面上所能展现出的竞争力已经全面落后于美国，而英国一度引以为傲的、在高度专业的政军官僚团队和更加成熟的政军决策机制上的优势也已经被美国快速赶上，1944年的美国已经拥有了一个方向明确、运作通畅、实力强劲而且更加坚定的决策系统。综上所述，英国已经很难通过正常的外交手段影响美国的决策了，面对罗斯福的意志，丘吉尔唯一的选择只有妥协。

7月1日，丘吉尔终于放弃了反对南法登陆作战的努力，在另一份直达罗斯福的信息中，他带着不甘最后一次批评了在南部法国投入兵力的决定，但是却同意将会和美国一起全力支持行动的成功。次日，盟军联合参谋部批准了在8月15日发动总规模三个师的登陆作战行动，正式代号最终确定为"龙骑兵行动"（Operation Dragoon）。8月初，丘吉尔对龙骑兵行动发动了最后一次微弱的抵抗，尝试说服艾森豪威尔将主攻方向从法国里维埃拉（Riviera，即法国地中海沿岸）转移至波尔多（Bordeaux，即法国南部大西洋沿岸），然而即使是这一努力最后也没有收到任何成效。认识到领导英国的自己甚至已经无法在作战计划的细节上影响到美方的决策后，丘吉尔在8月11日终止了所有的外交努力，也承认了英国在盟军地中海战略斗争中的彻底失败。①

对于英国来说，在南法登陆作战计划的决策斗争中落败所带来的负面影响是巨大的。在国际社会看来，英国已经没有能力在任何领域挑战美国的主导地位，甚至无法守住被英国看作其全球殖民帝国大动脉的地中海地区，这让英国在国际社会的声望再次迎来重挫。而对于丘吉尔本人来说，和罗斯福在这一问题上斗争的失败更是对他造成了极大的打击，在无法达成其战后设想的绝望中，丘吉尔在1944年7月份甚至考虑过在地中海战场撤销盟军联合司令部，放任美国继续进攻南法而让英军撤出诺曼底战场单独进攻东地中海。② 可以预见的是，这一决定如果

---

① Andrew Buchanan. American Grand Strategy in the Mediterranean During World War II. Cambridge：Cambridge University Press，2014：174.

② Churchill to Ismay，6 July. 1944，PREM 3/271/9.

真的得以执行，将会在盟国内部造成难以想象的分裂，对战争进程的负面影响也将会不堪设想。不过，丘吉尔最终痛苦地认识到，如果离开了美国的物资与后勤支持，已经濒临精疲力竭的英国是绝对无法独自将战争进行下去的。两害相权之下，丘吉尔只得接受了英国在地中海这一曾经的核心利益地区完全失去战略主导权的现实。

在法国和意大利政府按照美国而非英国的意志、以更符合美国而非英国的意志得以重建之后，英美两国在地中海的政治斗争就此尘埃落定。英国一方从最开始的对美国政治意愿的强硬对抗，到最后不得不转变为妥协和默认，这从本质上是一个英国随着时间的推移和政策的逐步失败而逐渐丧失博弈筹码的历史过程。此后，虽然英国海军直到1947年都还是地中海地区最为强大的海军力量，① 但是地中海地区政军事务的战略决策权已经更多的是由美国而非英国所掌控，这一重大的政治胜利由此为美国在1947年彻底取代英国确立地中海海洋霸权奠定了重要的基础。

第三节　美国主导下的西欧解放

1943年下半年，面对盟军逐渐增长的反潜作战能力，德国海军无法继续承受潜艇的损失，被迫放弃了大群潜艇机动作战战术，并将潜艇部队撤出北大西洋。在基本上清除了德国潜艇对北大西洋航运的威胁后，盟军首脑于1943年底召开的德黑兰会议中确定了下一步的欧洲作战方针。在会议上，凭借着苏联的支持以及对英国的话语权优势，美国成功地将军方一直以来所力主的跨海峡登陆作战变成了现实。通过登陆作战，美国开辟了由其完全主导的第二战场，并将其在大西洋上的海权影响力辐射范围扩大到了欧洲近海。

---

① Edward J. Sheehy. The U. S. Navy, the Mediterranean, and the Cold War, 1945-1947. Westport CT: Greenwood Press, 1992: 107-115.

一、美国所主导的诺曼底登陆与第二战场的开辟

早在 1942 年 4 月，美国还未取得盟军内部的决策主导权之时，美国军方就已经在罗斯福总统的默许下向英国输送着海峡登陆所需的陆空兵力。在最初的计划中，美国要将大约 100 万名作战人员以及对应的各种装备运送到英国，用以预备在 1943 年春发动的登陆作战。同"一战"时仍然需要依靠英国提供运输船的情况不同，此时的美国制订了完全由美方一国所掌控和主导的跨洋运输行动，这充分说明了美国意图作为主导者参与到欧洲作战中的雄心。即使是在卡萨布兰卡会议以美方的失败而告终、登陆计划在盟军决策层面被无限期拖延后，美方也依然没有放弃对这一计划的逐步迭代和完善，在后续的时间中，将要被投入跨海峡登陆作战中的兵力规模不断膨胀，直至最终诺曼底登陆时，实际参与到登陆行动中的盟军部队已有将近 300 万人、4 个集团军的规模。①

1943 年底，在德黑兰会议中，已经隐隐形成一致立场的罗斯福和斯大林共同提出了尽快在欧洲北部开辟新战线的提议。二人在发言中一致认为，新开辟的欧洲战线的重要性应当位于所有在地中海开展的军事行动之上，并且同期地中海所进行的军事行动必须能够同北方第二战线的开辟形成联动。

罗斯福和斯大林二人的提议当然同一直以来都在寻求恢复对环地中海地区控制权的丘吉尔的想法产生了非常激烈的冲突。但是此时的美苏领导人已经达成了对于盟军战略方针，乃至于这一战略方针的影响下所将会形成的战后世界秩序的共识。面对美苏的一致立场，英国自"二战"以来第一次在主导权的斗争中迎来了失败，这同时也是一次无比彻底的失败。丘吉尔没有能够在会议上达成任何一个英国在会前所期待落

---

① Mark A. Stoler. Allies and Adversaries：The Joint Chiefs of Staff, the Grand Alliance and U. S. Strategy in World War II, Chapel Hill NC：University of North Carolina Press，2000：167-169.

实的战略,整个议程几乎被罗斯福和斯大林所完全把持。在会议上,斯大林表示希望能够现场确定跨海峡登陆作战,即霸王行动的指挥官人选以及明确的日期,从而在会议上将欧洲第二战场的开辟彻底确定下来,而早已有所准备的罗斯福不顾丘吉尔意图拖延时间的表态,欣然同意了斯大林的提议。①

1944年4月,在诺曼底登陆实施之前,为了尽可能保障登陆场的安全。在美国的主导下,英美盟军部署了包括7艘战列舰(1艘用作后备)和23艘巡洋舰在内的庞大舰队,其中,英国以及附属的加拿大贡献了全部参战舰只数量的79%,主力舰队正在太平洋发动战略进攻的美国则贡献了16.5%,剩余的荷兰、法国、波兰以及挪威等国则贡献了余下的4.5%。② 这说明虽然诺曼底登陆行动是一场由美国所主导规划的作战行动,但是从海陆空作战部队的综合投入规模上看,英美两国基本上处在一个大致平等的地位,而如果单纯从海军的投入规模来看的话,英国仍然占据了诺曼底登陆行动海军作战部分的主导地位。这也从侧面说明了此时东北大西洋的海权仍然由英国而非美国掌控。

凭借着这样一只前所未有的庞大舰队,英美盟军在登陆作战发起之前便开始了对整个法国北部海岸一带的海权控制。首先,盟军认真研究了德军可能对登陆部队造成威胁的海上力量。由于此时德国海军的水面主力舰艇已经基本上全部丧失了作战能力,因此盟军方面判断,德军将会尝试从位于比斯开湾和敦刻尔克等法国沿岸地区的海军基地组织鱼雷艇以及潜艇发动攻击。依靠在大西洋反潜作战中积累的丰富经验,盟军的海军力量编织起了密不透风的反潜巡逻网络,成功地将整个英吉利海峡变为了安全区。

在基本上排除了海上的威胁后,盟军开始着手解决后勤补给的问题。诺曼底登陆并不是普通的作战行动,它所要在欧洲大陆开辟的第二

---

① Robert C. Stern. The U. S. Navy and the War in Europe. Annapolis MA: Naval Institute Press, 2012: 217-218.

② Stephen Roskill. The War at Sea, 1939-1945, Vol. 3, Part 2. London: Her Majesty's Stationary Office, 1956: 16-18.

战场将会在短时间内成为盟军集结重兵、发动大规模战略攻势的地带。为了支持这样的攻势，盟军首先需要保证能够在欧洲解放区建立起高效的后勤网络，在法国沿岸寻找大吞吐量的港口因此便成了当务之急。在德黑兰会议上，盟军已经确定下了将布列塔尼半岛北部最顶端的港口城市瑟堡(Cherbourg)作为第二战线后勤港口的意向，但是瑟堡仍然有德军的重兵防守，解放瑟堡本身就是一场需要充足后勤补给的大规模攻势。为了解决这一悖论，盟军提出了建设人工港，并部署在登陆场地为部队提供后勤支持的设想。出于实际因素考虑，人工港的建设工作被委托给了近在咫尺的英国方面全权负责。巨大的工程量和紧张的工期为已经在深度总动员体制中度过四年之久的英国带来了巨大的负担，几乎达到了它的工业产能所能承担的极限。在半年的工期内，英国动员起了了1千名士兵和2万名工人，并联络全国的各大造船厂进行配合生产，最终成功在期限内建成了两座规模大致同多佛尔港相当的人工港。1944年6月初，伴随着登陆作战行动的顺利进行，组装完毕的两座人工港从伦敦被拖曳到海峡对岸，并在随后的战争中实现了1.2万吨的货物吞吐量，为登陆欧洲第二战场的盟军的持续作战作出了重要的贡献。[1]

　　1944年6月6日，诺曼底登陆行动开始。在优势海空力量的有力支援以及成熟高效的后勤网络的支持下，盟军成功在所有登陆场站稳了脚跟，并开始向法国内陆推进。此时美国海军部队最后的任务便是支援登陆部队对瑟堡的进攻。

　　瑟堡有着非常重要的战略价值，它不光是盟军方面所选定的第二战线核心后勤港口，更是德国在法国所占据的最重要的海军基地之一。从6月下旬开始，英美盟军集结起陆海空兵力向瑟堡发动了进攻。德军方面也非常清楚瑟堡对交战双方的意义，因此展现出了坚决的抵抗意志。最终，在经历了一个多月的苦战后，盟军终于在7月底至8月初击溃了驻守德军，并占领了瑟堡。而在此之后不久，整个布列塔尼半岛都迎来

　　① Stephen Roskill. The War at Sea, 1939-1945, Vol. 3, Part 2. London: Her Majesty's Stationary Office, 1956: 16-18.

了解放。通过这一次战役,盟军方面在第二战场获得了稳固的大后方。

在控制住瑟堡后,美国海军完成了它在欧洲近海的所有任务。此时,海上的军舰已经很难再对正向塞纳河和莱茵河拓展的战线提供直接的火力支援,而德国在比斯开湾、布列斯特以及北海沿岸的潜艇基地也大多在同时期被英国海军攻陷或包围而失去了作用。于是,后续清扫欧洲海域轴心国残余舰艇的任务基本上都被分配给了仍然将大西洋作为主要活动战场的英国海军,而美国海军的大多数舰船则被重新部署到了太平洋海域,用于发动对日本的总攻。①

诺曼底登陆前后历时超过 2 个月,在这一过程中,英美等国将约 100 万的兵力、约 60 万吨物资和约 18 万辆坦克投送到了欧洲大陆。②在诺曼底和南法双方向的联动攻势下,巴黎于 8 月 25 日被盟军光复,法国重新获得了解放。

由美国所主导的诺曼底登陆是盟军开辟欧洲第二战场的决定性胜利。在作战行动中,盟军对仍盘踞在欧洲的轴心国势力造成了毁灭性的打击,重建了法国政权,并通过对瑟堡等主要欧陆港口以及欧洲近海海权的控制实现了后勤补给线的大幅度改善,通向苏联的运输线的安全也获得了保证。这些都为后续盟军继续在欧洲方向发动大规模的作战行动,并最终摧毁纳粹德国政权奠定了重要的基础。

二、盟国海军在大西洋的最后攻势与美国主导下欧洲战争的胜利

在瑟堡得到解放后,美国海军就大幅减少了在欧洲近海的部署强度,只在瑟堡驻留了一小支海军舰队,用来抵御从仍在德军掌控之中的部分比斯开湾以及海峡群岛的海军基地可能发动的袭击。不过此时德军

---

① Robert C. Stern. The U. S. Navy and the War in Europe. Annapolis MA:Naval Institute Press, 2012:243.

② 刘娟. 美国海权战略的演进[D]:博士. 武汉大学, 2010:139.

仍然保留的海军舰艇数量已经非常稀少，因此这一支驻守舰队直到战争结束都没有经历高强度的作战，只是在 1945 年春天为正在跨越莱茵河的盟军部队提供了登陆舰的帮助，此次行动便是美国海军"二战"期间在欧洲战场的最后一次活动。①

相比较而言，同一时期的英国海军在大西洋上则要活跃得多。在结束了对诺曼底登陆的大规模海上支持后，英国马上将目光转向了北极航线。德军此时仅剩的唯一一艘主力舰"提尔皮茨"号长期盘踞在挪威海域，以"存在舰队"的形式威胁着北极海域的安全。为了重启北极航线，也为了后续解放挪威的行动，任务强度相较几年前已经大大减弱的英军终于腾出手来，决定一劳永逸地将其摧毁。1944 年 9—11 月，在英国陆基重型轰炸机发动的空袭中，"提尔皮茨"号遭受了不可修复的损伤，并最终被击沉在挪威特罗姆赛港附近海域。德国海军的水面主力舰部队至此全军覆没。②

在对"提尔皮茨"号发动空袭的同时，英国海军的航母舰队转而开始清扫挪威海岸的德国舰艇，并掐断从挪威到德国的海上航运线路。纳粹德国的军工产业高度依赖北欧——主要是瑞典——的高品质铁矿石，同时其在挪威的占领军也依赖从本土运输的物资补给。在 8 月份，瑞典宣布其港口不再向德国籍船只开放，而在苏联从陆上切断了德国同北欧的交通，又在 9 月份让已经与其停战的芬兰停止对德航运后，挪威的海运路线就成了德国唯一的北欧物资运输通道。在持续数月的清扫作战后，英国海军击沉了 9 艘德国潜艇和大量的德国运输船，不仅基本上实现了对挪威海岸的控制，还完全切断了从挪威航向德国的后勤线，同时重建了英美方同苏联的北极航道。到 1944 年末，共有 159 艘货船满载物资补给顺利地抵达了苏联的港口，并几乎没有再遭到任何损失。

而在基本上占领了德国位于法国和挪威的所有潜艇基地后，依然部

---

① Robert C. Stern. The U. S. Navy and the War in Europe. Annapolis MA：Naval Institute Press，2012：280-282.

② Stephen Roskill. The War at Sea, 1939-1945, Vol. 3, Part 2. London：Her Majesty's Stationary Office，1956：156-172.

署在大西洋袭扰盟军后勤线的德国潜艇就成了无根浮萍,活动范围受到了极大限制。伴随着比斯开湾地区的逐步解放,英美盟国的大西洋后勤航线也逐步南移,从爱尔兰北部航线逐渐集中到爱尔兰南部,海上航运线路的优化让盟国的后勤补给效率终于迎来了大幅改善。在这样的转变下,美国所控制的冰岛海军基地的战略价值也开始逐步让位于英国1943年从葡萄牙手中所获得的亚速尔群岛海军基地。① 这一转变意味着盟国大西洋安全区随着第二战场的军事胜利而出现的大幅度拓展,同时也意味着英美大西洋海权的重建。

此后,直到1945年5月,英国海军持续维持着在大西洋、挪威近海以及荷兰近海的清扫巡逻行动,并基本上持续维持着对这些海域的海权控制。德国海军所剩的潜艇和小型水面舰艇数次尝试对英国的海权控制进行冲击,但均未能够获得成功。1945年5月4日,纳粹德国海军元帅邓尼茨下令所有潜艇以及水面战舰停止和盟军的敌对行动,在之后的一段时间里,仍旧活跃在大西洋深处、挪威海域以及其他地区的德国舰艇大多逐步放弃了抵抗,依照命令向盟军投降。

1945年5月初,英国方面开始着手对挪威以及丹麦的解放工作。5月6日,一支英国舰队在同行的瑞典军舰的引导下,由斯卡格拉克海峡进入丹麦领海,并在9日抵达了丹麦首都哥本哈根。2天后,这支舰队又航向奥斯陆,并在挪威政府的充分配合下控制了德国占领军,稳定了挪威的社会局势。在一切尘埃落定后,1945年6月5日,流亡伦敦数年之久的挪威国王哈康七世(Haakon Ⅶ)以及其他的王室成员在英国海军的护送下返回了挪威。于是在英国的主导下,挪威和丹麦在战争末期获得了解放。

在希特勒和纳粹德国的毁灭已经成为定局之后,英美苏三国的高层对欧洲战争的结束形式进行了讨论。在讨论中,斯大林出于他一直以来所规划的政治目标,希望能够放弃进攻其他仍然在抵抗的德国军队,优

---

① Stephen Roskill. The War at Sea, 1939-1945, Vol. 3, Part 2. London: Her Majesty's Stationary Office, 1956: 176-177.

先攻占柏林，而令人颇为感到意外的是，丘吉尔和艾森豪威尔二人在这一问题上表现出了相较于两年前而言极为剧烈的立场转变。丘吉尔一反曾经在英美跨海峡登陆作战计划之争中所坚持的，以风险规避和降低损失为核心的稳重态度，转而开始极力鼓吹无视战线上其他地区的德军残余势力，命令一支孤军直取柏林的冒险计划。而在另一方面，艾森豪威尔却抛弃了他曾经在1942—1943年时所采取的不顾一切尽快击溃德军、结束战争的立场，转而开始提出在整条战线上进行耗时更为长久却也更加安全的全线推进。[①]

二人立场戏剧性的反转背后有着非常复杂的原因，据厄内斯特·金将军本人在战后的分析，这首先同英美两国的外交政治因素是相关的。英国在整场战争中一直都对苏联抱有对立情绪乃至敌意，其所设计的战后世界秩序也是以对它数百年来围堵俄罗斯政策的继承为主的。封锁苏联，和苏联抢夺欧洲大陆上的势力范围是英国国策的一环，这自然让丘吉尔不得不和正在进逼柏林的斯大林展开"竞赛"。而和英国不同，此时由罗斯福所领导的美国仍然秉持着与苏联进行维安合作、将对方纳入联合国集体安全体制的设想，并且早已和苏联议定了在欧洲的负责地区即势力范围的划分。在这样的政治前提下，和苏联争抢对柏林的控制会在两国之间造成不必要的紧张。

而另一个主要原因则是两国出于政治经济因素的考虑，厄内斯特·金指出，此时的英国已经再也承受不起战争所带来的高消耗了。[②] 在"二战"的所有参战国中，英国是全国总动员执行得最为彻底的国家之一，也是保持战时体制运行最久的国家之一，长期的战争消耗让英国的国民经济已经处在濒临崩溃的前夜。而英国在战争中却又几乎完全没有能够达到其所设想的战略目标，这更加加重了糟糕的经济情况对英国的严重影响。按照英国原本的设想，它将能够在战争中完全解放并控制地中

[①]　Ernest J. King, Applied Strategy of World War II. Naval War College Review, Vol. 22, No. 9 (1970), pp. 62-70.

[②]　Ernest J. King, Applied Strategy of World War II. Naval War College Review, Vol. 22, No. 9 (1970), pp. 62-70.

海，然后彻底吞并位于西亚和非洲的原法属和意属殖民地，借助对这些殖民地的压榨和利用，英国能够在战后实现国民经济的快速复苏。但是这一战略目标因为美国的竞争而彻底失败，英国所能利用的殖民地资源相比战前没有任何好转，反而还因为风起云涌的独立运动而愈发恶化，这让其国民经济缺乏在战后复苏的动力。有鉴于此，英国政府不得不尽一切可能早日结束战争，至少是结束在欧洲部分的战争。如果英国不能够尽快赢得欧洲战争的胜利并开始恢复国民经济，那么可能英国的国民经济就会在短时间内走向无可避免的崩溃，直捣柏林、尽早结束欧洲战争因而最终成为了英国的最高利益所在。

然而，英国的这一利益关切却与美国的利益关切存在着冲突。战争末期美国的国民经济并没有出现像英国这样的灾难性衰退，在没有受到来自国内的经济压力影响的情况下，美国对于战争进程的着眼点就放在了欧洲大陆的政治格局上，为了能够将主要精力投入解放区政治制度建设和社会稳定的工作中，美国方面反而希望尽可能稳健地推进战线，以确保解放区秩序为第一优先。而由于西欧解放区绝大部分的重建工作又将会由美国所一力承担，英国并不会在其中扮演什么决定性的角色，甚至英国自身都将在战后需要来自美国的帮助，因此英国的经济情况并不在此时美国制定欧洲战争战略的考虑范围之中。甚至可以说，英国的国民经济情况越糟糕，就越有利于美国在欧洲工作的开展。[①]

最终，由于自身在盟军内部的硬实力和影响力的下滑，英国没有能够在"二战"末期将它在政治和经济上的利益关切转化为盟军在欧洲的行动方针。美国和苏联两个新的超级大国，而非在战争早期依然位居盟军主导者地位的英国，成为了有资格决定欧洲战争结束的时间和地点的国家。1945 年 5 月 8 日，随着苏军攻克柏林，纳粹德国的残余领导人向盟军投降，历时 6 年的欧洲战争宣告结束。

在欧洲乃至环大西洋战场，美国是主要的参与者之一，它贡献了绝

---

① Ernest J. King, Applied Strategy of World War II. Naval War College Review, Vol. 22, No. 9 (1970), pp. 62-70.

大多数的军事力量，并在西半球垄断了除苏联以外的盟军的后勤。而除此之外，美国还在战争后期快速成为了欧洲战场战略决策的主导者，在美国军方的意志之下，盟军在欧洲成功开辟了第二战场，加速了法西斯阵营的溃败。在这一过程中，美国在历史上第一次实现了将它的海权影响力投射到欧洲近海，这是一个里程碑式的成就。然而也需要认识到，截至诺曼底登陆，乃至欧洲战争结束之时，在欧洲近海海域最活跃、实力最强的的海军力量仍然是英国海军，其承担了这一战区绝大部分的海军作战任务。美国海军确实借助"二战"在大西洋实现了大幅的海权扩张，但是在其影响力投射范围的最末端，即欧洲近海，英国海军仍然是占据主导性海权的力量。然而，此时这一优势已经不能够帮助英国重新夺回在盟军中的领导者地位，而大西洋的这一海权格局也在"二战"结束后不久就随着英国的国力崩溃而发生了彻底的永久性转变。

第四节　美国在太平洋地区海权的确立

在"二战"期间，太平洋战场所爆发的海权争夺是最为激烈、最为直观的。在3年多的时间中，美日两个互相敌对的海军强国经历了数次直接的大舰队交战，并最终以武力手段确定了太平洋霸权的归属。在很大程度上，太平洋战争塑造了美国海军，也塑造了美国夺取和巩固海权的惯用模式。在战争结束后，美国已经在整个太平洋构建起了以层层密布的海军基地为支点、完善而又牢固的海权体系网络。而已经习惯了长期远洋部署的美国海军则能够在这一体系的支持下，几乎毫无阻碍地实现对西太平洋地区的影响力投射，这是太平洋战争为美国留下的最宝贵的遗产之一。

一、美国对日海军行动以及美国太平洋战略主动权的确立

在日本于1941年底发动的战略突袭中，美国海军遭受了极为重大

的损失,在极短的时间里,部署在珍珠港海军基地的所有8艘战列舰都失去了作战能力。面对来势汹汹的日军,美国方面一方面迅速启动了战时体制,开始批量生产海军战舰;另一方面在短期内开始搜罗可用的抵抗力量,意图暂缓日军的侵略。于是,在与英国方面接洽后,美英牵头组织起了 ABDA 四国联合舰队,希望以此争取重组战力所需的宝贵时间。

1942年2月末,美英临时拼凑起来的 ABDA 舰队被彻底消灭,东南亚全境沦陷,日军兵锋进抵澳大利亚门户和中太平洋。1942年3月底,面对极端不利的战局,英美两国再次进行了一轮磋商。在磋商中,遭受了一连串军事失败打击的英国考虑到在相当一段时间内都无法重返东南亚,因此非常干脆地放弃了在太平洋战区的防务责任,连带着也将整片太平洋海域的战略指挥权拱手让给了美国。急于在亚太战略收缩以保船避战的英国甚至放弃了对英帝国下的澳大利亚和新西兰所应负担起的义务,将其防务安全转手交由美国负责,而自己则将残部远东舰队后撤到锡兰,随后在4月份更是被入侵印度洋的日本海军舰队震慑,远遁东非海岸。

虽然几乎不费吹灰之力就拿到了对太平洋战场的统一战略指挥权,但是情况对于美国来说却不容乐观。一时间,太平洋上仅剩同样遭受了惨重损失的美国海军还能形成对日本海军的有效抵抗,而在纸面上,两线作战的美国海军此时的实力还要弱于日本海军。由于缺乏舰队作战所需的主力舰,美国海军在先期只能被迫使用各种非对称对抗手段来拖延和消耗日本海军,其中最为重要、效果最为显著的便是集中瞄准日军海上后勤补给线所发动的无限制潜艇战。

美国所发动的太平洋潜艇战取得了超出预想的战果,这种成功固然在一方面得益于美国方面强大的战时船舶产能所造就的庞大的潜艇舰队;另一方面,这种成功也有很大一部分要归因于日本方面的海军以及海权建设策略上所存在的先天不足。

在20世纪上半叶,日本的国家财政以及经济水平在列强之中长期处于末流,打持久战的能力较弱,这从根本上影响到了日本的战争策略以及军队建设的选择。由于预计到同中国、俄罗斯/苏联以及英美等国的战争一旦发展成持久战,将会对日本极为不利,所以日本在建军时的指导思想便是通过庞大的常备军规模,在初期就给对方造成巨大军事压力,以求迅速将对手逼上谈判桌。这一套指导思想要求日本部分忽略后续的动员能力,长期供养一支规模庞大的常备陆海军队伍,从而为日本本就状况不好的国家财政与经济造成了巨大的压力。

由于根源上无法缓解的巨大财政压力,日本所能够兼顾的战略目标就受到极大的限制,只能够选择极为有限的几个方向重点投入资源。在这之中,旧日本军队又自建军始就在强调进攻性和侵略性,因而在正面的舰队作战中击败英美海军水面主力舰队便成了日本海军压倒一切的指导思想和建军需求。自确定了以英美为假想敌的国策后,日本开始统一对所有种类的军舰强调舰队战时的对敌杀伤效能,试图以此来弥补主力舰吨位对英美等国的劣势。因此日本海军在“二战”前所下水建造的所有军舰,不论大小吨位舰种如何,都是以在舰队决战中杀伤敌军主力舰为唯一目标指导设计的。就连原本在英美等国的海军中作为勤务舰存在、主要执行护航和反潜等辅助性事务的轻巡洋舰和驱逐舰,在日本海军中也必须为了强调对主力舰的杀伤能力而牺牲其执行常规任务的性能。

因此,在太平洋战争爆发时,旧日本海军是作为一支纯粹的进攻性、破坏性力量而存在的,它几乎完全忽视了位于天平另一端,作为海军所同样应当承担的保护性任务。而日本政府由于长期有限的财政,也根本无力去关照海上后勤路线的安全问题。这让战争初期的日本在护航反潜作战领域暴露出了甚至比同时期的美国还要大得多的漏洞。但是和美国不同,日本并没有能够抓住美方此时同样存在的类似漏洞,这依然是因为日本海军建军的指导思想所致,和同时期实行无限制潜艇战的美德两国不同,日本并没有将对商船的进攻列为其潜艇部队专门需要去完成的任务,日军潜艇部队优先级最高的任务是辅助日本海军舰队杀伤敌军的主力舰,这让美日双方的潜艇部队作战从性质到成果都完全不同。虽然在战争时期,日本潜艇在对美军军舰的杀伤上取得了一些比较重大的战果,但是这些战果根本无法和美国潜艇的战绩相提并论,在整场太平洋战争中,美国击沉日军商船477.9万吨,有力地支援了正面战场。

然而,太平洋战场上对日本海军的胜利终究还是需要通过舰队战来解决。1942年6月初,举世著名的中途岛海战打响。为了彻底在太平洋上打垮美国海军,日本海军此战聚集了它最为精锐的航母力量,意图毕其功于一役。但是,在美军的奋战之下,日本海军在中途岛迎来了前所未有的大败,参战的四艘舰队航母被全部击沉,其上所搭载的拥有高超作战素质的一批飞行员也遭受了极大的伤亡。

对于过分依赖常备军的日本军队来说,这样惨重的损失是几乎不可恢复的。由于前段部分已经提到的、旧日本政权所长期存在的财政问题,使得它所能够在军队建设中投入的资源极为受限,无力建设一套有效的后备力量动员和训练体系,因此其常备军队在规模庞大的同时,又普遍奉行着"精兵政策",追求开战短期内常备军力量对敌打击效果的最大化。而对于飞行员则更是如此,飞行员,尤其是舰载机飞行员的培养花费极为高昂,财政困难的日本根本无力批量培养后备飞行员,只能够尽力提升已有的飞行员队伍的素质。① 在中途岛的损失因而对此时已经高度依赖舰载航空兵力量的日本海军造成了远比纸面数字更加严重的打击。而在战略层面,中途岛的失败让日本一举消灭美国太平洋舰队的尝试落空,由此其整个战略部署被完全打乱,随后更是被拖入了它最恐惧的长期消耗战之中。

在中途岛战役失败后,日本政权转换了太平洋战略,开始以夺下中西太平洋的其他战略支点为主要关注方向,意图与美军形成战略相持。7月份,日本方面制订了夺取新几内亚莫尔兹比港的计划,这一意图被中途岛海战前已经破译日方密码的美军所侦知。

新几内亚位于澳大利亚北部门户,一旦莫尔兹比港落入日军之手,澳大利亚的海岸就将时刻遭受着严重的军事威胁,这不能不让澳大利亚

---

① 潘文林. 压垮日本法西斯的最后一根稻草——从合格飞行员的缺失看日本帝国的灭亡(上)[J]. 军事文摘,2016(1):50-54.

以及毗邻的新西兰极为紧张。作为英帝国体系下的自治领，澳大利亚和新西兰非常自然地希望能够向伦敦请求援助。但是此时伦敦早已被欧洲战场多条战线的局势搅得焦头烂额、左支右绌。对于内阁官员们来说，他们根本无力，也不愿意关心远在太平洋的几片群岛的攻防战。但是澳大利亚和新西兰对此问题的观感却完全不一样，因为它们即将由于这一行动遭受切实的国防威胁。面对伦敦方面的冷漠，已经为英国在其他方向上的战争贡献了相当人力、物力的澳大利亚和新西兰自然产生了颇多不满。①

正在此时，美国方面做出了果断行动。1942 年 8 月，美国派遣海陆军队进入瓜达尔卡纳尔岛，并在之后半年多的时间里同日军展开了血腥惨烈的拉锯战。此战中，依照 1942 年 3 月底与英国方面达成的协议，美国方面接管了对澳大利亚和新西兰军队的指挥权，并将其并入了美国太平洋舰队作战序列，而澳新则充分地配合了美国的接管。②

在将近一年的时间中，瓜岛附近的海空成为了让日本海军持续失血的创口。自 1942 年 12 月开始，美国在拉锯战中逐步掌控了瓜岛附近海域的制海权和制空权，从而让日军完全陷入被动。1943 年 2 月，瓜岛解放，美军开始清扫附近仍然盘踞在新几内亚和俾斯麦群岛等地的日军势力。3 至 4 月份，已经无力继续在瓜岛附近继续投入兵力的日方终止了在该地区的军事行动。

在瓜岛以及附近地区所发生的战役，再一次为日本军队带来了几乎不可恢复的巨大打击，在战役结束后，日方承受了 2.46 万作战人员死亡的损失，其中最为宝贵的精锐飞行员有 1200 余人被消灭，日本舰载航空兵部队由此再也没有能够重返战争爆发前的精锐状态。③ 纵使是在之后的时间里得到了数艘新型舰队航母的补充，甚至从作战力量的规模

---

①　Stephen Roskill. The War at Sea，1939-1945，Vol. 2. London：Her Majesty's Stationary Office，1956：221-222.

②　Stephen Roskill. The War at Sea，1939-1945，Vol. 2. London：Her Majesty's Stationary Office，1956：221-222.

③　刘娟. 美国海权战略的演进[D]：博士. 武汉大学，2010：145-146.

上超越了中途岛时期，但是作战人员专业技能和素质的欠缺却使得1943年之后的日本海军的实际作战能力一落千丈，并逐渐和美国海军形成了根本性的差距。

而在战略层面上，瓜岛战役也彻底终结了日方自战争开始以来积累的主动优势。在此役结束之后，太平洋战场的战略主被动关系彻底扭转。日本开始强调"绝对国防圈"，并逐渐放弃了彻底击败美国的战略目标，而美国则得以掌握对西太平洋地区的日军战略支点主动进攻的能力，从而为其在太平洋战争后期夺取西太平洋的海洋霸权奠定了基础。

二、对日战争的胜利及美国太平洋海权的确立

1943年5月，在认为时机已然成熟之后，美军参谋长联席会议下达了在太平洋发动双叉战略攻势的指令，由麦克阿瑟指挥第7舰队从东南亚包抄，而尼米兹则指挥第3/5舰队（同一支舰队的两个番号）控制中太平洋并向日本岛屿防御链和本土推进，意图刺穿日本方面规划的所谓"绝对国防圈"。从1943年下半年至1944年初，美军在这一战略指导下持续维持着对中南太平洋海域日军的清扫活动，将己方的海空控制向西延伸，并基本解除了澳大利亚和新西兰一直面临的防务威胁。

1944年6月，临时重组完成的日本海军航母编队在菲律宾海同美国航母编队展开了交战。此时，由于日方舰载机飞行员的作战素质已经大不如前，并且在技术装备的性能上也出现了落后，因此整个作战态势几乎呈现出美方的完全优势。参战的日本海军航空兵战机被美方摧毁80%以上，同时2艘舰队航母被击沉，而美方的损失却寥寥无几。经过此役后，日方非但飞行员的训练补充无法跟上消耗，就连舰载机的补充也无法保证了。曾经威名赫赫的日本航母编队就此被打成空船，直到战争结束都没有再承担任何的重要职责。从此以后，美方在太平洋战场上基本保证了制空权，并在以航母为核心的新海战体系中获得了不可动摇的海上优势。

在菲律宾海获得大胜后，美国开始考虑太平洋战场的下一步作战方

案。此时，由尼米兹和麦克阿瑟所共同负责的双叉攻势已经取得了重大的成果，完全突破了日本先前所设定的海防圈，下一步着重关注双叉攻势的哪一面就成了美军所讨论的焦点。领导中太平洋攻势的尼米兹提出解放台湾，以台湾为支点建设的海空基地能够彻底打断日本本土到东南亚的海上航线，并且还能够将日本本土以及中国大陆沦陷区纳入战略轰炸的航程之内。而另一方面，领导南太平洋攻势的麦克阿瑟却针锋相对地提出解放菲律宾，他在会议中重点阐述了政治方面的观点，认为优先光复菲律宾能够极大地提振美国国内民众的战争信心，并且菲律宾的地理位置也并不比台湾差，虽然以菲律宾为基地的战略轰炸机无法触及日本本土，但是以其为母港的舰队同样能够威胁到日本本土到东南亚的交通航道。

考虑到 1944 年 11 月的大选，罗斯福同意了麦克阿瑟的提案，将菲律宾选作了主攻方向。1944 年 10 月，围绕美方所选定的登陆场莱特岛，美日莱特湾海战爆发。日本方面组织起了当时所能够调动的所有海空力量，包括幸存的几乎所有水面主力作战舰艇以及所属海军的岸基飞机，甚至已经几乎成为空船的航母编队也作为诱饵出战。从场面上看，莱特湾海战是太平洋战场上最为宏大的一次海空战役，为了能够实现日本军部政府此时所确定的，以太平洋战场的"重大军事胜利"扭转颓势并寻求美日和谈的政策方针，日方在此次海战中几乎倾尽了举国之力。① 但是在早已准备万全，战斗力已经不可同日而语的美国海军面前，参战的日本海军付出了巨大的代价，却几乎没有能够达成任何一项战略目标，由此在莱特湾海战迎来了彻底失败。

在声势浩大的莱特湾海战之后，日本海军主力部队近乎全灭，残余的舰只也几乎全部带伤，不得不返回港口。由于缺乏维修和补给，其中大部分军舰就在港口中迎来了战争的结束。日本政权自此完全丧失了在太平洋上展开海权争夺的能力，只能够固守在一座座岛屿上等待美军的

---

① Stephen Roskill. The War at Sea, 1939-1945, Vol. 3, Part 2. London: Her Majesty's Stationary Office, 1956: 211-228.

进攻。而在美军一方,在赢得了莱特湾海战的胜利之后,太平洋战场已经不再存在争夺海权的问题。于是在接下来的时间内,借助绝对优势海空力量的协助,美军开始在西太平洋稳扎稳打地占领着一个又一个作为战略支点的岛屿。从1944年底到1945年6月,美国海军通过一系列拔岛行动,占领了硫磺岛和冲绳岛。这一攻势彻底敲开了日本本土的南大门,并为之后盟军对日本本土的战略袭击建立了前进基地。

在德国于1945年5月投降后,从欧洲战场抽身出来的美国很快就将几乎所有的军事力量重新集结到了太平洋。到8月中旬之前,美国海军已经在太平洋集结了超过90%的潜艇、1137艘战舰、14847架飞机以及数以万计的登陆舰只。这是人类历史上从未有过的庞大舰队,美国能够集结起这样一支庞大的舰队已经足够让人印象深刻了,而能够让这样一支舰队顺利地展开作战行动就更是一个不可想象的成就,它背后是美国在整场太平洋战争中在后勤建设方面所作的无可估量的努力。

太平洋海域非常辽阔,而后勤补给线随着战争的胜利只会不断变长。为了能够支持这样一支空前绝后的海空力量在前线的战斗,美国政府和社会各界都付出了巨大的投入。首先是后勤运输网络最基本的单元即运输船的生产,为了满足美军乃至整个盟军对运输船不断上涨的需求,美国船舶工业界将运输船的产能和生产效率提升到了极限。在1941年,采用标准化设计的万吨级运输船自由轮初次出现时,需要平均230天建成,而在经过了1年的优化之后,1942年的自由轮平均建成时间被缩短到了42天,到了1943年,每天都有3艘自由轮下水。这些自由轮组成了太平洋海域上首尾相接、源源不断的"货船列车"将难以计数的各种战争物资从美国本土运送到远在太平洋另一端的战场。此外,美国还不惜以巨大的花费,在太平洋上它所掌控的各个海军基地进行了扩建,用以承载高效的舰船服务与维修设施。这些设施不仅可以用于维修遭受战创的军舰,也可以用于维修在遥远的路途中出现故障的自由轮,由此美国在整个太平洋几乎从无到有地建立起了一整套完善的后勤补给网络。不仅如此,为了时刻保证出航舰队的作战能力,美国还为每一支舰队配备了维修船团,时刻跟随舰队行动,也由此开创了海军舰队在战略机动过程中进行补给维修的历史。①

1944—1945 年，美国在太平洋海域所运营的这一套后勤网络已经极为成熟，满载着弹药和油料补给的"货船列车"不再只会在港口进行对军舰的补给，而是会直接跟随舰队航行至作战海域附近，并停泊在作战舰队后方大约数百公里处，随时为从战斗中撤下来的军舰提供补给。② 正是以这一整套后勤补给网络为支持，美国才得以在战争末期顺畅地在西太平洋实行对海洋的控制。

同时期的英国海军在试图参与太平洋战争时，便毫不掩饰地表达了对美国方面高效完备的后勤体系的羡慕。对于英国来说，它无法像美国那样在太平洋组织起一支同样的"货船列车"，在 1944 年末至 1945 年初，英国政府四处搜罗了用于后勤运输的人手以及船舶，用于从澳大利亚向参战的英国太平洋舰队提供补给。由于此时英国产能和运力的不足，因此在大部分情况下，这支后勤舰队所运输的物资都仍然来自美国，并且还需要由美国方面提供作为中转站的港口，因此在事实上它成了美国太平洋后勤运输体系的一部分。同时，接受美国物资补给以及美军战略指挥的英国太平洋舰队，也顺理成章地成了美国海军第 5 舰队的一部分。这展现了太平洋战争末期美英两国在太平洋海域战略地位的全方位、全天候的不对等，同战前两国几乎平等的地位相比，这种改变无疑是极为显著的。

凭借及时的战略战术转型、强大的战时军工产能和不断完善的后勤体系，美国海军在短时间内便从珍珠港的惨重损失中恢复了战斗力。随后又在战争的进程中成功打乱了日方速胜的战略部署，将战局拖入了战略相持下的长期消耗战。在消耗战中逐步取得优势后，美国海军又果断地发动了毫不停歇的大规模攻势，一举击溃了敌军，并借此确立了对太平洋海域的整体霸权。这既是美国的总体战体制对日本的非总体战体制

---

①　Stephen Roskill. The War at Sea, 1939-1945, Vol. 3, Part 2. London: Her Majesty's Stationary Office, 1956: 329-330.

②　Stephen Roskill. The War at Sea, 1939-1945, Vol. 3, Part 2. London: Her Majesty's Stationary Office, 1956: 329-330.

的胜利,也是美国的理性决策对日本非理性决策的胜利。

第五节 小 结

地中海是英国在战争进程中除了本土安全之外最关心的地区。它承载着英国战后世界秩序规划至关重要的一环,以及其继续维持世界霸权地位的野心。因此在整个"二战"时期,英国都在极力推动盟军在地中海方向的作战行动,希望能够借助盟军的行动获得重建地中海地区政治环境的权力。从这个角度来说,在战争初期的英国眼中,美国只是它所招揽的帮助英国取得胜利的打手而已,地中海在战争爆发之前就是英国的后花园,只要盟军击溃了轴心国,英国就仍然会是这片海洋的主人。

但是随着战争的发展,英国却发现事态逐步脱离了它的掌控,对于当时的英国政府来说,或者这是一件非常难以理解的事情。然而从许多角度来说,这都是合理的发展,从最单纯的,也是最重要、最直观的军事角度而言,虽然英国海军在地中海的作战非常英勇顽强,英国海军也始终都是战争期间该地区规模最大的水上力量,但是英国海军在地中海的作战方式却决定了英国在军事角度上就是无法继续确保其对地中海的控制的,而在军事控制失效后,政治控制自然也就一并失去了。如果想要通过战争来确保对地中海的控制权,英国海军应该采取的是海域控制(Sea Control)的策略,通过在主动出击中获胜来消灭敌方的制海权,增加己方制海权。但是在现实中,英国海军由于面临着主力舰缺乏和造船工业不振的窘境,在地中海主要采取的是海域拒止(Sea Denial)的策略,这种策略主要集中关注的是防御敌方海军对己方控制海域的进攻。[1] 这

---

① Vincent P. O'Hara. Struggle for the Middle Sea: The Great Navies at War in the Mediterranean Theater, 1940-1945. Annapolis MD: Naval Institute Press, 2008: 254-262.

一或主动或被动的策略选择导致英国海军在地中海打了三年的拉锯消耗战，却始终未能打开地中海战场的局面。而最终破解地中海战场僵局的却是在该地区投入重兵和大量技术装备、主导了5次大规模两栖登陆作战行动的美国军队。自然而然地，美国在这一过程中取代了无法独自破局的英国成了地中海最具主导性和重要性的军事与政治力量，并借此实现了对地中海沿岸地区的优先军事占领与政治控制，由此逐步构建起了完全受其而非英国的国家意志所影响的环地中海政治生态圈，这为美国在战后形成对地中海周边地区的战略利益关切，并从英国手中顺利接管地中海海洋霸权作了宝贵的铺垫。

和地中海海权一样，大西洋海权的转移也同样没有能够在"二战"的过程中完成。至欧洲战争结束之时，虽然大西洋海权格局相较于战前已经发生了明显的转变，美国海军的影响力投射范围显著向东扩展，并触及了欧洲近海。然而美国海军终究未能取代英国海军在整片大西洋建立起独占性的海洋霸权。在纳粹德国投降时，英国仍然保留有对欧洲近海的海洋霸权，并仍然能够凭借这种霸权实现对挪威和丹麦等个别国家政治影响力的重建。然而在这背后，英国却已经丢失了对同盟国的战略，乃至战后世界秩序设置等关键事务的主导权，而在失去了对这些事务的主导权之后，英国仍然掌握的海洋霸权的价值也就在很大程度上被抵消掉了。

而美国确立太平洋海域海权的过程则要明显比地中海和大西洋地区要明确和顺畅许多。在美国太平洋海权确立的过程中，几乎看不到像在地中海地区那样的政治博弈。这是因为，无论是以人员和资源的投入，还是以参与度为标准考量，美国都是太平洋战场盟军无可争议的领导者，如同西半球各个战场通常会设置的英美平级战略指挥体系从一开始就不存在于太平洋海域。自1942年初ABDA舰队失败之后，美国就获得了对整片太平洋海域的战略指挥权，因此美国确立太平洋海权的过程是非常单纯地通过军事胜利而非政治斗争达成的。在这种情况下，美国之所以能够在战争结束时获得对太平洋地区的海洋霸权，其主要原因就在于采用了正确的作战方针以及策略。美国在战争开始后的极短时间内成功完成了战时体制的转型、组织机构的改革、战略战术的确定以及海空抵抗力量的重组。这让美国海军成功抵御住日军先期的进攻矛头、将战局转入日本最惧怕的长期消耗战成为了可能。而在转入战略相持阶段后，凭借着更加完备、更加有效的国家总体战体制，美国高效地动员起了国家资源为战争服务，实现了海军技战术水平对敌军的反超，并为之后的全面胜利打开了道路。

在前文章节关于战前备战以及大西洋战争的部分，我们不难看出，"二战"初期的美国仍然表现得十分稚嫩，在许多领域都存在着极为明显的缺陷和不足。但是在战争这样最为激烈的国家竞争之中，"二战"时期的美国政府却也同时表现出了惊人的高效纠错、自我优化和学习革新的能力，推动着整个国家的综合实力在短时间内产生了翻天覆地的变化。从这个角度来说，"二战"，尤其是太平洋战争，其实也让美国得以彻底地挖掘了其自美西战争以来所积累的潜力。而太平洋海洋霸权的确立，正是美国所积累的潜力得以充分转化为竞争力的结果。

在战争的末期，英国倒是曾经尝试过通过政治手段再度建立起独立自主的西太平洋海权，然而这一努力最后理所应当地失败了，因为英国在这一问题上所能拿出的筹码分量不足。首先，英国缺席了几乎整场太平洋战争，对于美国而言，让英国以平等的身份分享太平洋战争的胜利果实是毫无合理性可言的。其次，在战争末期日本海军被基本消灭后，英国虽然参与到了对日作战之中，但是它所组织的太平洋舰队却还需要完全依赖美国海军作战体系而存在。因此无论是从政治上还是从实际上出发，太平洋战争结束后的英国希望获得独立自主的西太平洋海权的提议都完全不存在实现的基础。因此在战后，英国依托美国的海洋霸权在西太平洋实现海域控制的结果就成了必然，而随着英国国力的不断衰退，它在西太平洋的海权存在也逐渐走向了注定的消亡。

第五章　战后世界秩序的形成和美国全球海洋霸权的确立（1945—1971）

对于美国的海洋霸权之路来说，"二战"仅仅只是一个开始。在"二战"中，美国几乎在太平洋获得了独占性的海权，并在大西洋确立了对其他国家的海权优势。而在战后的国际社会，随着世界秩序逐步转向冷战格局，美国开始产生了在全球范围内确立和巩固海洋霸权的战略需求，而这种需求则同英国在战后所作的战略收缩决策正好形成了联动。由此，在美英双方的配合下，美国最终在冷战时期完全取代了英国，掌控了全球的海洋霸权。

第一节　英美两国战后世界海洋秩序设想的形成与演变

战后规划工作在"一战"中是被当时仍然非常不成熟的美国政府系统性忽视和遗忘的事务。在"一战"中，美国政府对于应该构建一个怎样的战后世界秩序并没有明确的概念，所能依靠的只有威尔逊总统本人的一些并不成体系的理念，而美国政府又参与到国际秩序构建这一艰巨性的工作，对欧洲大国政治的复杂性没有充分的认识。面对有备而来的英国，美国在一无所知的情况下，不仅几乎被完全排除在战后事务的议题之外，甚至还在不知情的情况下为英国与其他国家私下达成的战后处置密约中的各种义务背了书，成了一个几乎没有获得任何政治收益的

"战胜国"。这一经历对于美国来说无疑是极为惨痛的，引以为戒的美国在"二战"中充分吸取了教训。早在战争刚刚爆发，甚至美国还未参战之时，美国总统和国务院就将大量的时间、人员和精力投入了包括海权秩序在内的战后世界秩序构想的规划中。

一、美国战后世界海权秩序设想的形成与演变

1939 年秋天，在欧洲战争刚刚开始之时，罗斯福内阁中的部分要员就已经开始了对包括全球海洋秩序在内的战后政治格局的设想。副国务卿萨姆纳·威尔斯(Sumner Welles)便是其中最具代表性的一员，虽然他在 1943 年就早早地退出了美国政府的权力中枢，但是他关于战后世界秩序的设想以及观点却对罗斯福的政策规划产生了决定性的影响，也在很大程度上决定了英美两国战时以及战后关系的格局。

早在欧洲战争爆发之初，萨姆纳·威尔斯就坚信这场战争将会是美国对世界秩序重新洗牌的好机会。在威尔斯看来，1919 年威尔逊总统尝试参与战后世界秩序构建的失败在很大程度上就是因为在战争时期没有能够产生一套清晰完备的战后秩序设想的影响，因此他认为美国政府这一次必须吸取教训，在战争的早期就要开始对战后世界格局的规划。① 于是在他的领导下，美国国务院在 1939—1940 年就开始了对战后世界秩序的规划设计工作。

到 1941 年 6 月，在纳粹德国发动了对苏联的进攻之后，威尔斯和美国国务院的工作逐渐导向了具备实际意义的成果。这些构想包括由全球性国际政治组织以及大国合作所保证的集体安全体制、世界范围内的自由贸易与海洋自由航行秩序，以及各国民族自决和全球去殖民化等。

罗斯福非常赞赏萨姆纳·威尔斯所提出的这一战后秩序设想，并在大西洋会议开始的前几周与他频繁地交换了意见。随后，威尔斯本人被

---

① Christopher D O'Sullivan. Sumner Welles, Postwar Planning, and the Quest for a New World Order, 1937-1943. New York NY：Columbia University Press，2008：33.

获准参加罗斯福和丘吉尔的会面。

在大西洋会议正式开始之前，威尔斯以及其他部分国务院决策官员还有另一个关心的问题，那就是英国政府的动作。"一战"后威尔逊总统让美国参与世界秩序设置努力的失败对所有具备国际视野的美国官员来说都是一次刻骨铭心的教训，而在威尔斯等人看来，美国所提出的议案没有能够在巴黎和会上通过，背后的原因就是欧洲的其他主要参战方互相都已经达成了有关停战条款的密约，一无所知的美国被自然排挤在了其他列强的圈子之外。而在1941年苏德开战后，英国似乎又要故伎重施，同苏联就战后政治问题进行了单独接触，以同意苏联占有波兰东部和波罗的海诸国的领土为代价要求苏联不与德国单方面媾和。而在7月份，英国又和流亡伦敦的欧洲诸国政府进行了关于战后政治问题的协商。威尔斯以及整个国务院都意识到，这将会导致美国再一次被排挤在欧陆战后秩序规划的圈子之外。①

为了阻止这一情况的发生，威尔斯向罗斯福提出，必须反对盟国之间，尤其是英国和其他国家之间订立任何形式的密约。此外，由于英国的密约大多涉及对欧陆领土的处置，威尔斯建议罗斯福提高民族自决原则在美国决策中的地位。反对包括英国在内的任何国家在战争结束之前，在未经领土上所居住民族同意的前提下私自决定领土的处置。②

在大西洋会议上，罗斯福和丘吉尔二人除了对眼前军事问题的商议之外，还触及了关于战后问题的讨论。两国之间首先讨论的便是民族自决问题，自7月份向英国就私自订立密约的问题发出警告后，美国方面还没有收到来自英国的任何回复。罗斯福以及威尔斯因此在会议上再一次强调了英国必须尊重民族自决的意愿，不得在战后欧陆领土的划分问题上自作主张。威尔斯提出，在"一战"中英国与他国在巴黎和会之外私下达成的协议对美国的利益和感情带来了非常大的伤害，这一次美国

---

① Berle Diary, 8 July. 1941, Berle Papers, Box 213, FDRL.

② William Roger Louis. Imperialism at Bay: The United States and the Decolonialization of the British Empire, 1941-1945. New York NY: Oxford University Press, 1978: 3-4, 79, 81, 121-133.

绝对不会接受在对战后条款不知情的前提下加入战争。①

美国撤走直接支持的威胁产生了效果，鉴于战争的险恶局势，英国必须保持将美国拉入战争的可能性。丘吉尔以及与会的其他英国官员因此均在会议上当面保证，英国不会再在未经知会的前提下私自对欧陆的战后秩序进行规划，英国也将表态尊重美方所提出的民族自决原则。但是丘吉尔提出，民族自决原则必须是主要用于打击纳粹阵营的武器，它的矛头不能对准英国旗下的殖民地。在丘吉尔的坚持下，双方最终同意在联合公报中规避民族自决原则对英国殖民地的适用问题，美国在战时的第一次去殖民化努力由此并没有能够对英国产生冲击。

在这一问题上达成共识之后，两国领导人转向有关经贸问题的协商，由于两国在构建自由贸易秩序问题的立场上差别颇大，因此双方只在会议上达成了一个非常基础的保持和支持经济开放的共识，英国的帝国特惠制得以在战争时期继续保留。

随后，罗斯福和威尔斯提出了与自由贸易秩序息息相关的海洋航行自由的问题，正如前文对英美间战期关系所作的论述，航行自由权问题曾经一度是英美两国之间最大、最主要的矛盾，也是间战期英美两国发生冲突最有可能的导火索之一。但是在经历了十余年的两国关系发展和国际局势的变迁之后，海洋航行自由权虽然仍然是美国最主要的利益关切之一，但是它对英国的关键战略利益已经不会构成严重的影响，丘吉尔于是没有经过多的考虑便同意了美国关于战后构建全球海洋航行自由的表述。英美两国将近半个世纪的航行自由之争由此迎来终结，而美国数十年来所主推的构建全球海洋自由航行秩序的理念也最终得以通过大西洋宪章完全确立为国际惯例。

在双方就所有问题达成共识之后，大西洋会议于1941年8月12日结束。双方在此次会议上都达成了部分目标。美国保证了自己不会被再一次排挤在战后决策之外，同时从英国获得了继续保持对外经济开放的

---

① Anthony Eden. The Eden Memoirs: The Reckoning. London: Cassel, 1965: 273.

承诺；英国则守住了其殖民地在民族自决原则面前继续存在的合法性，同时也保留下来了帝国特惠制。

在1942年和1943年，威尔斯所领导的国务院战后规划部门持续地构思着战后世界秩序的设计，在战后对其他国家，特别是欧洲国家的处置问题在此时成了最优先考虑的事项。在设计自己理想中对美国最为有利的世界秩序的过程中，威尔斯等人逐渐意识到欧洲列强式的殖民主义和帝国主义是必须消灭的威胁。从政治角度出发考虑，欧洲列强所造就的国际政治氛围对丛林法则和弱肉强食毫不避讳、毫无顾忌，并且长期的帝国主义列强外交早已让欧洲大陆成了充满各种复杂而尖锐的矛盾的火药桶。可以预见，如果参与到战后世界秩序建设中的欧洲国家继续维持原本的殖民主义和帝国主义面貌，新的国际政治组织作为调解国际矛盾的安全阀的作用将会被大大削弱，并连带对一手打造并参与到这个体系之中的美国的国际信誉造成不可挽回的巨大损失。而从经济角度出发考虑，威尔斯认为，美国在战后如果想要避免陷入另一轮"大萧条"，就必须保证能够将全球所有地区纳入其自由贸易经济体系之内，以自由贸易形式从这些国家获取充足的原材料和商品市场。而殖民地的存在则阻挠了美国扩展自由贸易范围的努力，因为殖民地宗主国通常都会以贸易保护机制独占殖民地的原材料和商品市场，从而阻止了美国从殖民地机会均等地获得经济利益。因此从经济角度来说，殖民地体系的削弱乃至彻底垮台也同样符合美国的利益诉求。

出于这一新的认识，威尔斯第一次提出了广泛适用的反殖民主义思想，他开始认为新的国际政治组织必须建立起一套专门用于管理所有殖民地的国际托管制度，并为未来这些殖民地的独立解放设定时间表。通过这一措施，威尔斯希望能够对所有秉承殖民主义思想的欧洲国家进行无差别的全面改造。

基于无差别反殖民主义的思想，威尔斯做出了他对于欧洲国家的战后处置构思。首当其冲的是法国，在威尔斯看来，法国作为老牌的殖民主义和帝国主义列强，本身就对美国未来所追求的世界秩序构成了严重的潜在威胁，而法国又在1940年快速战败，几乎没有为反法西斯战争作出贡献。因此在双重的负面观感之下，威尔斯认为法国应该在战后被彻底逐出大国行列，剥夺其所有殖民地并禁止其扩充军备。[1]

而对于此时欧洲最大的殖民主义国家英国，威尔斯也没有任何顾忌。纵使两国现在是同盟关系，但是在威尔斯眼中，英国在战后会立即变成不亚于其他任何国家的、对美国所追求的战略利益的重大威胁。为了反制英国，威尔斯主张同中国和苏联加强友好合作关系，在战时的威尔斯看来，即使是苏联也比英国更适合作为美国的合作伙伴。在威尔斯的设想中，由美国领导的新世界中没有作为殖民霸权的英国的位置。他坚信，英国必须尽量在战争中失血，以达成削弱其影响力的目标，而美国应该也必须趁英国深陷于长期消耗战中之时抢占其所遗留的政治空间。[2]

在德国问题上，战后规划委员会在威尔斯的领导下提出了削弱德国政府中央集权的方案，认为德国的政体应当被改换为一个松散的邦联制政府，仅维持着表面的统一，在事实上实行地方高度自治。此外，德国还应当被施加极为严厉的政治以及军事束缚，以确保其对欧洲秩序威胁的彻底消除。[3]

对德国问题的讨论引向了对另外两个轴心国即意大利和日本的讨论。威尔斯等人一致认为，意大利也应当完全清洗掉法西斯政权的影响，而意大利在非洲的殖民地和在欧洲所侵占的他国领土也应当全部归还、获得独立或者交由国际组织托管。[4]

而对于日本的处置方法也非常类似，威尔斯提出日本在政治上应当

---

① Christopher D O'Sullivan. Sumner Welles, Postwar Planning, and the Quest for a New World Order, 1937-1943. New York NY：Columbia University Press，2008：95-97.

② Problems confronting the United States in connection with the British Empire，12 Dec. 1942，Box 193，Welles Papers，FDRL.

③ Postwar Policies Related to Germany，15 Jan. 1943，Box 57，Welles Papers，FDRL.

④ T Document 202，The Italian Empire：Political Considerations，29 Dec. 1942，Box 61，Welles Papers，FDRL.

退回到军国主义思想尚未完全萌发的年代，例如"一战"之前或者更早。而在领土上，日本则需要被剥夺所有通过对外侵略获得的土地，包括伪"满洲国"、库页岛、朝鲜、台湾、"一战"后以国联名义托管的所有原德属太平洋岛屿，以及"二战"自吞并马来半岛以来的所有侵略扩张成果。①

不难看出，对战争中的几大主要国家，威尔斯以及战后规划委员会所给出的方案基本上是一致的。无论是法国、德国，抑或是意大利和日本，都需要在很大程度上被剥夺掉海外殖民利益和/或再度获得此类利益的能力，这同时也就意味着此时的美国不会支持这些国家再度获得与其海外利益匹配的域外海权，在理想状态下，美国将会全数接管这些国家海外利益被剪除后的海权空窗区。

中国的具体处置方案也在委员会的设想中占据了不小的分量，威尔斯赞成罗斯福所提出的在战后帮助中国成为四大国之一的设想，认为一个强大的中国有助于帮助美国同时制衡英苏日三国。在威尔斯看来，随着殖民主义的消亡，中国将会成为影响东亚秩序的决定性力量，对中国的设想能否实现直接决定了美国亚洲战后规划的成败。为了加强"中华民国"政权的国际影响力，威尔斯以及罗斯福认为应当把中国自 1895 年以来所失去的所有领土全部归还，并帮助中国建立起繁荣的国民经济。同时华盛顿还将取消其在中国所享有的所有治外法权，并废除国内的排华法案。在威尔斯的设想中，中国将会就此成为和美国紧密合作的亚洲维和警察，在收回台湾后，美国还将会帮助中国把台湾打造成以维持区域集体安全为目的的战略基地。② 从海权角度上，这一设计基本上意味着美国愿意在战后支持中国取代日本在中国近海所享有的海权，但代价就是中国此后必须高度配合美国的亚太战略，并且除了中国近海之外，战后中国政权继续增强海权影响力的活动将仍然不被美国支持。

---

①　P Document 213, Agenda for the Meeting of March 13, 1943: Part I: Treatment of Japan, 10 Mar. 1943, Box 193, Welles Papers, FDRL.

②　Milwaukee Town Hall Speech, 23 Oct. 1950, Speech Files, Box 199, Welles Papers, FDRL.

　　最后则是对英国的处理方案的讨论，在英国问题以及英国问题所延伸开的去殖民化问题的讨论中，战后规划委员会甚至整个国务院都出现了非常大的分歧。威尔斯认为，为了实现他所设想的美国战后秩序，英国必须被显著地削弱。而鉴于英国的权力形式，最有效的削弱方法便是从其殖民地着手。取消帝国特惠制和通过国际组织无差别地托管全部殖民地因此是威尔斯设想中最重要的削弱英国的方法。不过，正职国务卿科德尔·赫尔(Cordell Hull)对此表示了反对意见，认为这个政策的打击面太广了，目前新的国际托管制度的目标还是应该只限于曾经国际联盟旧有委托治理制度下的那些殖民地和轴心国所控制的附属地。①

　　赫尔以及战后规划委员会中的其他官员作出这样的考虑，并不是由于他们反对拆解欧洲的殖民体系。在他们看来，并不是所有的被殖民地的人民都"做好了"独立自治的准备，而除了让欧洲列强继续治理被殖民的人民以外，他们想不出更好的替代方法。而更重要的原因是，威尔斯所设想的无差别托管所有殖民地和附属地的计划很有可能会作用到美国自己身上，此时的美国也控制着相当数量的海外领，例如维尔京群岛和波多黎各等，国务卿赫尔等人害怕美国自己的殖民利益也受到损害。②

　　到1943年7月份，战后规划委员会和国务院中几乎所有的决策官员都变得更倾向国务卿科德尔·赫尔的托管制度设想，副国务卿萨姆纳·威尔斯则在斗争失败后由于个人丑闻而在1943年8月辞职，离开了美国的政治权力中枢。在威尔斯离开之后，国务卿赫尔获得了对美国战后规划工作的控制权。不过，虽然在战争中期就离开了美国权力中枢，萨姆纳·威尔斯以及他所领导的战后规划委员会在1942年和1943

---

　　①　Christopher D O'Sullivan. Sumner Welles, Postwar Planning, and the Quest for a New World Order, 1937-1943. New York NY: Columbia University Press, 2008: 162-165.

　　②　Christopher D O'Sullivan. Sumner Welles, Postwar Planning, and the Quest for a New World Order, 1937-1943. New York NY: Columbia University Press, 2008: 165-166.

年所做的筹备与计划工作还是为后来包括全球海洋秩序格局在内的战后世界秩序的设立奠定了至关重要的基础。在战争结束之前，美国政府后续所作的规划在大致上并没有偏离威尔斯与罗斯福所设计的轨道。

除了威尔斯所主导的战后世界秩序构想以外，罗斯福总统也通过极具特色的个人外交手段直接或间接地推动了美国战时乃至战后的海权影响力扩张，这其中最具有代表性的案例便是美国与巴西的战时同盟合作的出现以及发展。由于罗斯福总统与时任巴西总统热图利奥·瓦加斯（Getúlio Vargas）本人所保持的亲密的私人关系，美国与巴西两国得以自20世纪30年代开始建立起良好的合作关系。① 到了"二战"爆发之时，巴西与美国的国家关系已经有了长足的进步，甚至早在美国加入战争之时，巴西就已经率先突破了它的中立立场，对美国作出了趋向于军事同盟的友善表态。在此之后，巴西更是在"二战"中成为了整个拉丁美洲同美国走得最近的国家。在大西洋反潜战中，巴西与美国发展出了良好的军事合作机制，不仅承接了大量美机美舰的海外部署，并且其自身也动用了海空力量协助盟军巡航南大西洋海域。通过发展与巴西的军事安全合作，美国不仅以极其微小的代价大幅扩张了它在大西洋西岸的海空势力范围圈，而且通过巴西这一亲密盟友在战时间接获得了在南大西洋地区的海权影响力。② 这是罗斯福总统所特有的以国家元首个人关系为主导的外交战略在"二战"时期所获得的显著成功之一。选择了亲美立场的巴西也由此进入了美国国务院的视野，并将其定位为了为美国战略利益服务至关重要的地缘力量。在"二战"末期联合国创设之时，罗斯福总统和美国国务院凭借着他们所认定的，巴西对"协助稳定南部大西洋航运秩序"所作出的贡献，直接承诺愿意支持巴西成为联合国安理会

---

① John R. Harrison. Fairwing-Brazil: Tales of the South Atlantic. Atglen PA: Schiffer Military History，2014：22-23.

② Frank D. McCann Jr. The Brazilian American Alliance，1937-1945. Princeton NJ：Princeton University Press，2016：291-342，378-402.

的常任理事国，专门负责配合美国管理拉丁美洲和南大西洋海域。① 这一承诺虽然后来由于英美苏的三方博弈发展以及罗斯福的猝然离世而并未成为现实，但是从这个表态上我们不难看出，战争时期巴西所选择的同美国展开全面军事防务合作的道路为美国带来了极为可贵的政治和战略收益。

在"二战"结束时，美国基本完成了它在战时所作的世界秩序规划中所囊括的海权发展目标。值得注意的是，战争末期至战后初期的美国政府并没有提出追求全球海洋霸权，在地中海以及印度洋海域，美国满足于由英国掌控海权的现状，② 它所寻求的是在太平洋达成完全的海权独霸，并在大西洋形成对包括英国在内其他所有国家的海权优势，以此保障美国本土的绝对安全以及美国对欧洲和亚太双向政策投射的顺畅进行。美国形成对全球海洋霸权的追求以及其全球海洋霸权的事实确立是冷战环境下所发生的转变，是由复杂的多方因素驱动造成的，这一点将在本章第三节有更为详细的阐述，但"二战"时期美国主导了太平洋和大西洋海战并取得了空前的胜利，则奠定了美国全球海洋霸权最终形成的基础。

二、英国战后世界海权秩序设想的形成与演变

相比较于美国方面，英国的正式战后秩序规划工作的起步明显更晚一些。在大西洋会议前后，英国外交部当中正进行着围绕英国战后任务的讨论，不过这些讨论都仍然还只涉及非常基础的原则性问题。有意见认为，英国的经济高度依赖对外的进出口贸易，因此英国需要在战后重点关注国际经济关系与国际经济秩序的重组。也有意见认为英国需要在战后对德国施加最严厉的惩罚措施，以宣示英国保卫其霸权地位以及在

---

① Frank D. McCann Jr. The Brazilian American Alliance, 1937-1945. Princeton NJ: Princeton University Press, 2016: 332-342, 457-458.

② Edward J. Sheehy. The U. S. Navy, the Mediterranean, and the Cold War, 1945-1947. Westport CT: Greenwood Press, 1992: 107-115.

其控制下的欧洲秩序的决心。①

对于美国所可能在大西洋会议上提出的战后诉求，英国政府当中也很早就有着充分的准备。在战争之中，自身工业产能不足以应对多线战争消耗的英国从美国那里获得了巨量的物资支援。英国在战争中甚至战后对美国在某种程度上的依赖已经成为了英国政府不得不考虑的问题。外交部当中的某些官员因此提出，鉴于美国对战争的贡献，可以考虑以允许美国参与欧洲秩序重建作为回报。他们认为可以将英美关系打造成"雅典和斯巴达之间的关系"，让美国帮助英国维持欧洲大陆的和平。②"二战"的欧洲战场已经证明，英国在国联时代作为利用工具的法国无力在像德国这样的秩序挑战者面前维持可控的欧陆政治局势，而法国已经是欧洲大陆上最强大的国家，法国的失败证明欧洲已经无法实现秩序的自我维护，因此英国认为必须引入域外国家的帮助，而比起此时的苏联来说，美国是一个更加理想的合作对象。

在这种思维的引导下，英国方面自1941年8月开始对大西洋会议的成果进行了数轮评估。英国外交部、内阁以及驻美大使馆三方联合评估后，认为在英美两国之间建立并发展紧密的合作关系对于未来构建一个稳定且对英国有利的国际秩序至关重要，但在这样一个国际秩序下，英国决不能成为美国的下属，两国至少需要在原则上有着平等的地位，而在实际操作中英国需要比美国更有话语权。③

在1941年至1942年初这一时期，由于前线战况危如累卵，首相丘吉尔点名要求其内阁优先关注眼下的战事，不要在战后世界秩序规划的工作上"浪费时间"。但是对于内阁中的其他官员来说，美苏两国对战

---

① Andrew Ehrhardt. The British Foreign Office and the Creation of the United Nations, 1941-1945. London: Kings College London, 2020: 57-59.

② Some Observations on Peace Plans, 28 Oct. 1940, W11399/8805/49, FO 371/25208.

③ Postwar Cooperation with the United States, 15 Aug. 1941, A9358/18/45, FO 371/26151.

后世界秩序的规划给他们造成了非常大的压力，因为英国在这两国所构思的战后世界秩序中不会再保持它原本的地位。美国在大西洋会议时所提出的废除帝国特惠制度的要求让英国官员们非常紧张，他们相信华盛顿的最终目标就是英国殖民地体系的毁灭。此外，苏联也让英国感到非常不安，法国已经被纳粹德国所击垮，在未来的数十年内可能都无法恢复其战前的世界地位。而一旦纳粹德国也随着战争的胜利而垮台，整个欧洲大陆就不存在能够制衡苏联的力量了。

面对这一情况，暂时还没有一套系统化战后世界秩序规划的英国内阁基于一直以来的将美国引入欧洲事务的战略思考，提出了一条权宜之计。认为在战后英国必须帮助美国在欧洲建立一定程度的军事存在，以参与欧洲事务换取美国对英国殖民地体系敌意的削减，并帮助英国制衡苏联。同时，英国还要与苏联形成一个能够在战后正常运转的政治合作机制，以协调和管控两国关系。在英国政府看来，前者在《大西洋宪章》的保证下已经顺理成章，而后者的要点在于尽早培植英苏之间的政治互信。于是，在1942年5月，英国同苏联签订了《英苏互助同盟条约》(Twenty-Year Mutual Assistance Agreement)，承诺在战争结束后二十年之内在两国之间维持全方位的经济互助。

但是英苏关系在战时的发展始终谈不上顺利，两国互信的建设由于领导人之间的矛盾和决策层之间的猜忌进展非常困难，这让英国不得不开始思考苏联在战后同英国关系破裂，形成对英威胁的可能性。为了确保英国能够对这一可能性做好充分的准备，英国参谋长委员会在其下设立了一个新的专门用于思考国防与安全等战略问题的战后规划部门，即军事分委员会(Military Sub-Committee, MSC)，这个部门自1942年8月开始正式启动了规划工作。并在1942—1947年逐步演变成为英国战后战略防卫政策构思的源头机构。

1942年底，新成立的MSC在内阁决策审议中非常"清醒"地指出了战后英苏关系恶化的可能性。军事分委员会提出，苏联对东南欧、中东和太平洋这些英国也同样有着重点利益的地区存在着战略级别的关注，在战后对这些地区势力范围的划分将会是可能导致合作关系出现问题的关键。不过，军事分委员会同时也提出，两国在这些地区的利益重合同样也有可能意味着英国的战略利益能够得到来自两国的双重保护。立足于这两面的分析，军事分委员会提出，应当在大体上保持英美苏三国合作的框架，同时尽可能"削弱"苏联对这些地区的"野心"。①

在内阁的讨论中，参会的军政各方高层最终确定了一个大致可行的对世界各地区势力范围的划分。在大西洋地区，英国将会主要依赖同美国的合作；在西欧以及北欧，英国将会与地区内的主要国家构建起政治合作同盟，这个同盟必须以英国为主导。

讨论同时也明确，在东西地中海地区，英国不允许除它以外的任何国家在这一地区占据主导地位，英国必须在与东西地中海沿岸国家的合作中占据领导者地位。在中东以及东南欧地区，英国允许苏联参与当地事务，并接受与其进行相当程度的政治与军事合作，但是以上两地与地中海接壤的部分不容苏联插手。而在印度洋与太平洋地区，参会各方同意将两洋划分为四大管区，分交美苏英中四大国以及在东南亚有着殖民利益的法国和荷兰共六国共同合作管辖。②

战时内阁对英国在东西地中海继续保持绝对主导地位的重要性进行了非常深入的讨论和分析，与会军政高层提出，控制地中海的目的在于：①保护中东地区；②阻止可能的敌对势力，例如苏联，自巴尔干半岛南向突破、切断地中海通道以及英国借助此通道所建立的与印度洋亚太地区联系的尝试；③保障地中海商路的通畅，确保地中海地区能够切实服务于英国的战后经济振兴；④形成对南欧以及土耳其投射政治影响力的根据地。③

而为了确保地中海地区的安全，英国必须完全掌控埃及，并在希腊

①　Julian Lewis. Changing Direction：British Military Planning for Post-war Strategic Defence，1942-47. London：Routledge，2008：38-39.

②　Julian Lewis. Changing Direction：British Military Planning for Post-war Strategic Defence，1942-47. London：Routledge，2008：39-40.

③　Julian Lewis. Changing Direction：British Military Planning for Post-war Strategic Defence，1942-47. London：Routledge，2008：41.

的数个关键战略节点设立海外基地。同时，为了保证巴勒斯坦的安全，英国需要将法国在黎巴嫩和叙利亚的殖民地建设为缓冲区。而在西侧，英国也要尽可能在突尼斯和阿尔及利亚两片法属殖民地建立控制，协助直布罗陀锁死地中海的西翼。以上这些对法属殖民地的动作要在尽量保证与战后法国政权维持政治协作关系的前提下进行。与会各方一致认为，一旦战后法国不同意形成与英国的政治合作关系，那么英国就要"采取坚决行动"占领以上四片法属殖民地。①

在意大利问题上，与会各方的态度也同样十分坚决，意大利必须被完全解除武装，彻底断绝任何使其能够对地中海"英国治下和平"(Pax Britannica)的地区秩序造成威胁的可能性。意大利在北非以及中东的所有殖民地都必须脱离意大利的控制，交由英国进行托管。②

联系第三章第一节的内容可以看出，卡萨布兰卡会议结束后美方JSSC对英方地中海战略目标的研究分析，实际上确实同英方事实上的战后决策考虑有着较高的一致性，仅在部分环节有所出入。此时的MSC以及参与战时内阁讨论的其他大部分军政高层实际上并未将苏联作为唯一的战略敌人进行考虑，所有具备威胁到地中海—中东一线地区能力的国家，包括法国、意大利、西班牙等也都是他们眼中潜在的敌对目标。换句话来说，英国大部分高层决策者的战略重点不在于反对苏联，而在于尽一切可能实现英国对环地中海地区的事实性独占，在这一过程中，无论哪一个国家对这一地区秩序形成可能的挑战，其"威胁"都要被英国消除。只不过在之后的数十年中，苏联是这一角色最主要的扮演者。

1943年年中，出于应对由于战事变化而对战后规划问题所产生的新的需求的考虑，参谋长委员会撤销了MSC，并在其基础上重新组建起了另一个专精于负责处理敌国领土占领、划分以及处置方案设计的分

---

① Post-war Planning: Proposals for International bases; Strategic Requirements in the Middle East, 1942-1943, CAB 119/65.

② Post-war Planning: Proposals for International bases; Strategic Requirements in the Middle East, 1942-1943, CAB 119/65.

委员会，新成立的分委员会被命名为战后规划分委员会（Post-Hostilities Planning Sub-Committee，PHP）。PHP 的任务同 MSC 有着些许的不同，比起长期的战后国家战略的构思，PHP 更多地将眼光放在了短期的敌国占领区以及解放区的处置任务中。不过，PHP 在完成这一工作的过程中，开始更加深入地对苏联在战后对达达尼尔海峡可能采取的态度进行了研究分析。

早在 1943 年 1 月，参谋长委员会就在考虑苏联战后可能提出的拥有并无限制使用不冻港的要求，并且非常清楚地认识到苏联可能会在战争结束之前要求实现对黑海—地中海海上通道的事实控制。参谋长委员会以及英国的其他政府部门对这一可能的构想的态度都非常明确。除了"一战"时的短期例外以外，英国绝对不允许任何俄罗斯政权对达达尼尔海峡和博斯普鲁斯海峡实施控制，也不允许任何俄罗斯政权"无限制"地进出这一条海上通道，苏联自然也在这一范围之内。

在 1936 年，英国就通过蒙特勒公约将土耳其指定为唯一的"黑海海峡捍卫者"，借助国际公约，英国确定了海峡不被苏联占据的合法性。对于英国而言，黑海海峡实在是太过重要，以至于无论土耳其最终在"二战"中愿不愿意加入盟军一方对轴心国宣战，英国政府都会继续保证在这一事务上继续支持土耳其而非作为战时盟友的苏联。[1]

而到了 20 世纪，黑海海峡的问题更加突出，它的价值不再仅仅限于可以供俄军主力舰队出入地中海，海峡土地本身也产生了极为重要的战略价值。以黑海海峡为基地的空军部队可以轻松将包括希腊、埃及和巴勒斯坦在内的整个东地中海地区纳入其打击范围。

1943 年 8 月，PHP 将上述意见反馈给了向其询问是否允许苏联进驻黑海海峡协助盟军作战的英国外交部。在回信中，PHP 特别指出，让苏联在海峡地区获得领土或者基地会极大地增加苏联潜艇以及飞机在东地中海的活动力度。9 月 20 日，PHP 所隶属的参谋长委员会也同样

---

[1]　Post-war Planning：Proposals for International bases；Strategic Requirements in the Middle East，1942-1943，CAB 119/65.

对外交部给出了相似的回答，参谋长委员会提出，按照现行的蒙特勒公约就已经能够妥善地保护英国的战略利益，苏联不能有黑海海峡的控制权，也不能有无限制出入权。一旦苏联获得上述权利，那么希腊、埃及、巴勒斯坦，甚至是波斯湾都会有面临苏联直接威胁的可能，对于英国来说无异于"饮鸩止渴"。①

在之后的规划过程中，专门负责战后事务规划的 PHP 同其直接上级参谋长委员会在同联合国组织架构设计有关的数个重大议题上产生了意见不合，这在英国内阁中，特别是在外交部方面引起了波澜。许多官僚提出，参谋长委员会根本不具备开展战后秩序规划所需的专业能力以及技巧，他们的眼光也根本不适合用于考虑这方面的问题，由这样一个专事军事战略问题思考的部门来决定某个战后秩序规划方案的生死，是极为不合适的。②

1944 年 3 月，在英国政府内各方的运作下，PHP 与参谋长委员会的隶属关系被部分摘除，新的战后规划参谋部(Post-Hostilities Planning Staff, PHPS)进驻了三个分属不同政府部门的主任，用于和参谋长委员会的意见对抗。在两个月的重组后，新的 PHPS 开始工作。它的任务再次发生了改变，不再主要着眼于停战协议以及战后占领区的处置，而是开始重点关注战后军事政策的构思以及制定。③

新的 PHPS 的第一个主要工作，就是关注此时随着盟军大规模的战略反攻已经逐渐成为热点战场的亚太地区。PHPS 提出，在亚太尤其是在东南亚地区，英国在战后需要尽力促成一个英、美、法、葡、荷五国组成的利益共同体。这一设计的首要目标便是限制日本未来可能的侵略野心，PHPS 提出要使用经济以及军事的双重手段将日本牢牢锁死在四岛领土之内。为了达成这一目的，PHPS 认为未来的联合国需要在华北以及中国东北、朝鲜半岛和海参崴获得基地，英国或者

---

① PHP(43)5(Final), 11 Aug. 1943, CAB 79/27/35.
② C. O. S(44) 50th meeting(0)(4), 17 Feb. 1944, CAB 79/70/20.
③ C. O. S(44) 105th meeting(0)(1), 30 Mar. 1944, CAB 79/72/15.

美国则需要在这些基地驻留一支或数支具备相当实力的舰队以及战术空军。日本南向的扩张也必须被锁死，英美将在马歇尔群岛、卡罗林群岛、菲律宾至台湾一线形成强大的海空封锁线。此外，在美国的配合下，这一条封锁线只需要稍加东向延伸，便能够同样起到封锁苏联在太平洋海上行动的目的。①

　　与出于自身经济利益而希望将战后的日本打造成亚洲经济龙头以及其国内资本进军亚洲桥头堡的美国不同，英国丝毫不关心亚洲，特别是东亚地区的经济是否繁荣。对于英国而言，一个经济繁荣的东亚反而更有可能对它所希望维持的世界秩序产生冲击。在东亚地区，英国最首要的任务是保证彻底消除所有潜在的秩序挑战者的威胁。因此 PHPS 在统合了英国政府其他部门的意见后，在对日问题上果断选择了上述这样军事化色彩颇为浓厚的策略。

　　PHPS 对战后亚太地区战略防卫策略的讨论随后由于苏联的存在而自然地引申到了中东地区。PHPS 认为，在战后，英国在波斯和伊拉克的石油供给由于苏联的存在而非常难以保证安全。与其孱弱的海军不同，苏联拥有的陆军力量令人生畏，而直接与苏联陆地接壤的波斯和伊拉克地区比起亚太海域，在苏联的力量面前显得更加易受侵犯。PHPS 提出，英国在战后很有可能无力在中东这样遥远的地区长期单独维持一支足够抵御苏联陆军的军事力量，因此必须把美国引入中东地区的防务。PHPS 由此建议，在战后可以给予美国在中东地区所有英军基地的无限制使用权，以此将美国引入中东。而在中东，美国的存在将依赖英国在当地长期经营的设施与后勤网络，这样英国将仍然可以在中东占据话语主导权。②

　　而在欧洲地区，面对应对苏联同样占据绝对优势的陆军力量以及限制作为两次世界大战策源地的德国发动第三次对外侵略的双重需求，英

---

①　Julian Lewis. Changing Direction：British Military Planning for Post-war Strategic Defence，1942-47. London：Routledge，2008：81-82.

②　Strategic Aspect of the Discussions on Oil Policy，5 Apr. 1944，CAB 80/82/17.

国继续选择了依靠法国在欧洲大陆上提供支持。即使被法国在"二战"初期的表现重挫了信心，即使因为法国过早的投降行为而陷入了极大的战略危机，英国在这件事情上也依然毫无选择的余地。PHPS 提出，必须不遗余力地帮助法国的战后重建，毫无保留地将其再度建设成一个地区性乃至世界性的决定性力量。出于这一目的，PHPS 建议英国帮助法国尽快回归社会秩序稳定、恢复国民经济，帮助法国重建其在东南亚的殖民秩序，甚至帮助法国重建起实力强劲的海陆空武装部队。①

在这样的目标指引下，英国同美苏在 1944—1945 年展开了政治博弈。然而最终的结果并没有能够完全符合英国的期望。英国没有能够守住帝国特惠制，而其殖民帝国非但没有得到进一步的扩张，反而摇摇欲坠。此外，英国也更是失去了对欧洲政治事务的主导权，被迫让位于美国和苏联，这一切都反映了英国在战争中无可避免的衰落。

但在基于军事安全战略所作的世界秩序规划上，英国的设想却在破产与成功之间保持着一个十分微妙的状态。英国在战争中失去了对地中海周边地区的主导权，虽然其地中海的海权此时并未被美国夺走，但是在战后攫取法国和意大利在非洲和中东的殖民地，助力经济复兴这一至关重要的规划却成了无稽之谈。而在亚太地区，PHPS 所设想的西南两向的对日海陆空封锁线也在战争进程中由于自身能力的不足和美方的优势谈判地位而被废弃，彻底让位于美国的对日规划。但是英国在欧洲、地中海、中东以及亚太全线封锁苏联的政策却在之后的时间里被美国继承了下来。在欧洲，美国为主导的北约如英国所希望的那样与苏东集团形成对峙；地中海至黑海的海上通道也在美英的合作之下继续保持着对苏的封锁；在波斯和伊拉克，美国也果断地依靠英国在此地深耕多年的基地等设施进驻兵力，同苏联展开了对峙。

在战争中，英国最终失去了全球海洋霸权，但是在一部分大西洋地区以及太平洋地区接管了海洋霸权的美国却依然在英美合作关系以及后续的北约框架下继续替英国保护着它最重要的海外战略利益。在这一过

① PHP(44)32(Final), 1 Jun. 1944, CAB 79/75/9.

198

程中，美国逐步被英国的决策思维同化，成为了英国殖民主义政策和帝国主义地缘战略事实上的继承者。这一点将在本章第三节中有更加细致的阐述。

可以看出，美英两国在战时对包括全球海权秩序在内的战后世界秩序的构想和设计存在着巨大的差异。但是战争结束后实际出现的全球海权秩序却也并没有完全符合美国一方或者是英国一方的设想。它同时混杂了美国以去殖民化、海上自由贸易和美国两洋海权优势为核心的设想，以及英国的欧洲—中东—亚洲全线封锁苏联海权扩张的设想。这在很大程度上是英美两国在战争末期海权利益出现高度趋同的情况下，继续进行大国博弈所造成的结果。

第二节　战后英国全球战略大撤退与殖民帝国的崩溃

在日本于 1945 年 8 月 15 日无条件投降后，整个英国都陷入了狂欢的海洋。人们走上街头，欢庆着英国以战胜国的身份结束了又一次世界大战。但直到此时，许多英国人都还没有意识到他们要为这场胜利付出怎样的代价。在战争结束后，严重的经济危机接踵而至，并极大地限制了英国的战略决策选择。为了减轻财政压力，英国政府不得不在战后逐步放弃大部分的海外利益，这一决定不仅让英国苦心经营了数百年的殖民帝国走向崩溃，更是彻底断送掉了英国的全球性大国地位。

一、战后英国的第一轮全球战略大撤退

1945 年 8 月 20 日，华盛顿向伦敦发出正式的外交照会，照会中称，由于对日战争已经胜利，因此美国方面将会停止一切与租借法案有

关的援助行为。这一决定使得饱经战火的英国立刻陷入了严重的财政危机。①

租借法案的援助贯穿了英国整个社会的生产生活系统，在过去的数年里，通过租借法案，美国已经让英国全国的经济体系都高度依赖援助物资，在战时经济体制下运行。正常情况下，英国的经济体系想要摆脱这种依赖并重新返回正常的经济体制是需要时间来逐步完成的。但是随着租借法案的终止，所有援助物资的流动在一夜之间被切断，这让英国根本没有经济转型的余裕，而且这些援助物资原本所供应的需求方向也并不会因为援助的消失而消失，英国的国民经济于是瞬间就被美国的决定推到了"空转"的边缘。这一"卸磨杀驴"的行为自然在英国政府和民间引起了巨大的不满，执政的艾德礼和在野党领袖丘吉尔都一致对美国不留任何后路地切断援助的举动发出了强烈的批评。

英国政府方面在波茨坦会议之时就已经预见到了美国在战争胜利之后突然切断租借法案的可能性，并将这一举动评估为对英国国家金融体系以及经济结构稳定性的巨大打击。因此，在波茨坦会议上，丘吉尔就曾经恳求过杜鲁门，如果日本突然宣布投降，不要贸然中断援助，而是等到英美之间讨论出未来战后时期的援助方案之后再做决定。杜鲁门一开始并不反对丘吉尔的这一提案，并且还在会后派遣了特使去伦敦就相关问题进行磋商。然而，磋商刚刚开始，日本方面就宣布了无条件投降。在继续租借法案援助的问题没有获得任何讨论成果的情况下，总统权力尚未稳固、仍在国内面临质疑的杜鲁门为了不无谓地触动国会对他的抵触情绪，果断宣布了直接终止租借法案，放任英国的战时经济在战后迎来"硬着陆"。

此时英国的经济困境非常严重，它的国内财富在刚刚过去的战争中净蒸发了28%，总计10亿英镑(约40亿美元)的净额海外投资也完全报销。此外，在租借法案中止后，除了正常生产生活活动方面所遇到的

---

① Peter Clarke. The Last Thousand Days of the British Empire: Churchill, Roosevelt and the Birth of the Pax Americana. London: Bloomsbury Press, 2009: 366.

困难以外，英国还面临着超过 50 亿美元的外汇短缺，而在英镑区内部又面临着来自其他殖民地和自治领不断疯长的债务。起先，工党政府在凯恩斯的建议下，考虑了大规模提振出口和巨幅削减海外开支的政策。然而这两个政策并不是能够立刻产生效果的政策，因此也不能让英国的经济处境立刻好转。在战争时期，为了优先供应战事，英国的工农业产能完全聚焦在满足国内需求上，几乎彻底抛弃了海外市场，这些市场后来绝大多数被国内产能膨胀的美国顶替，因此英国想要在战争结束后迅速抢占国际出口市场份额并不现实。①

而削减海外开支也很困难，此时的英国仍然是一个全球部署、全球存在、拥有全球利益的大国，它在世界许多地区的政策都要求其维持持久稳定的人力、物力投入。仅在欧洲，英国就需要在意大利维持 10 万人的驻军；英国在希腊的干涉军乃至英国所扶持的希腊政府军也都需要消耗资金；德国的英国占领区也仍是一片废墟，处在必须大量输入物资的阶段；在印度和中东的驻军每年也需要消耗总计 2 亿英镑(约 8 亿美元)的费用。② 中止这些投入意味着英国放弃它维持了数百年的地缘和战略利益，也意味着英国放弃通过战争所获得的相当一部分政治收益，这对于当时仍然自诩为世界大国的英国政府和国民来说自然是一个不那么容易的选择。更何况，这个选择还会削弱英国作为盟友对美国的价值，可能让英国在外交关系上处于更严重的不利位置。

更让人头疼的是，此时英国的对外进口数字也同样压不下来。英国本土在战争中仅民房就被摧毁了约四百万座，被摧毁的工业设施也同样数不胜数，这些在战后全部都需要重新修整，并且由于国内产能不足以在短时间内应对如此之大的重建需求，英国还必须大量进口来自国外的重建所需物资。而在另一方面，英国国民在过去六年时间里的消费品需求被压低到了极限，在战争结束后还要继续维持原本的低水平会引起他

①　Peter Clarke. The Last Thousand Days of the British Empire: Churchill, Roosevelt and the Birth of the Pax Americana. London: Bloomsbury Press, 2009: 402-403.

②　Peter Clarke. The Last Thousand Days of the British Empire: Churchill, Roosevelt and the Birth of the Pax Americana. London: Bloomsbury Press, 2009: 417-418.

们的强烈不满，对政权的稳定不利。为了保证他们的生活水平比战争时期有所提升，英国也必须每年进口为数不少的生活必需品。因此进口方面最主要的两大需求都是刚需，也不可能再有什么大的削减。①

在内部政策无力解决危机的情况下，走投无路的艾德礼政府面前只剩下了唯一一个选项，那就是主动请求美国继续给英国提供经济援助。于是自1945年10月起，凯恩斯和驻美大使哈利法克斯勋爵爱德华·伍德(Edward F. L. Wood, Lord Halifax)同美方启动了有关对英经济援助的协商谈判。

在最开始，英美两国谈判代表协商了英国在战争期间总的债务问题，分为对美租借法案债务问题和在英镑区内部的债务问题，因为债务的具体数字会关系到美国的援助力度。在租借法案债务问题上，美方代表团表现得极为慷慨。英国原本在租借法案中欠下了总计270亿美元的债务，同时美国反欠英国50亿美元，因此英国战时对美净债务为220亿美元。在谈判中，美方代表团将这一数字缩减到了6亿5千万美元的水平，即原数字的3%不到。②

而英镑区债务问题相比之下则反而并不好解决，这一问题的焦点是印度，因为英国在英镑区内对印度的债务就几乎达到了对其他所有殖民地和自治领债务的总和。英国在整个英镑区的债务总额是大约30亿英镑(约130亿美元)，其中对印度债务就高达13亿英镑以上。起初，凯恩斯提出将对印债务的数字直接抹去三分之一，同时让美国的援助数字和英国战时在英镑区内所欠债务直接绑定。但是这一决定最后没有能够在谈判中通过，英国代表团内部向凯恩斯提出，英美两国不加知会，私自决定英国对印债务数字的削减额度的话，会被此时已经觉醒了民族独立感情的印度人民认为是英国的背叛，从而加大英国对印政策实施的阻碍。最终，英国在咨询了英镑区内部的意见后，和美方达成协定，将英

① Alan P. Dobson. U. S. Wartime Aid to Britain: 1940-1946. London: Croom Helm, 1986: 203-204.

② Peter Clarke. The Last Thousand Days of the British Empire: Churchill, Roosevelt and the Birth of the Pax Americana. London: Bloomsbury Press, 2009: 400.

国对澳大利亚和新西兰总计 3 千 8 百万英镑的债务，即英镑区债务的大约 1% 的部分抹去。同时，加拿大将会从 1946 年开始对英国继续提供大约 12.5 亿美元的贷款。①

在债务数字问题确定之后，接下来在双方代表团之间进行的就是关于贷款问题的谈判。然而，谈判的走向对英国并不有利，占据了完全的主导地位的美国在谈判中表明政治条件必须与经济援助绑定。美方提出，国会不会接受单纯的对外经济援助，况且，在先前美方所承诺的削减租借法案债务数字的行为也不是不求回报的，因此英方必须向美国做出某种程度的补偿。据此，美国政府通过其谈判代表团向英国未来的整体经济政策提出了要求。第一个要求就是美国政府自 1932 年以来就在追求的帝国特惠制度的废除；然后就是要求英国立刻执行一直被其拖延的布雷顿森林协定，使得英镑汇率同美元挂钩；最后，英国还必须取消对美元商品出口的歧视性政策，开放英联邦国家市场，放弃外汇管制并在 1947 年 7 月 15 日前允许英镑自由兑换。

这些要求无一不是在过去两国经贸矛盾中被美方频繁提及而被英方深恶痛绝的要求。受谈判的走向刺激，英国国内也一度出现了非常强烈的抵制情绪，艾德礼政府的财政大臣甚至要求英国方面宣布谈判破裂，退出和美方的援助协商。但是首相艾德礼认识到英国方面几乎没有任何反制的筹码，因此无力改变美方的意志，而能够在此时纾解英国经济困境的国家除了美国以外别无他人。因此即使在协商中没有任何议价权，英国也必须全盘接受美国所提出的要求。②

最后，在谈判中，英国在英镑区内部的债务仍然被大致确定在了原先 30 亿英镑（约 130 亿美元）的水平。而美国方面则提出可以向英国出借总计 50 亿美元的附息贷款，英国政府在经过评估后，认为在如此之

---

①　Peter Clarke. The Last Thousand Days of the British Empire: Churchill, Roosevelt and the Birth of the Pax Americana. London: Bloomsbury Press, 2009: 383-384, 401-402.

②　Alan P. Dobson. U. S. Wartime Aid to Britain: 1940-1946. London: Croom Helm, 1986: 224-227.

多的附带条件下，继续要求贷款附加利息是无法接受的，因此最后议定的结果是美国向英国出借总计 37.5 亿美元的无息贷款。①

至此，英美双方得以在艾德礼的配合态度下达成了新的战后经济援助协定，而美方几乎完全达成了其自战前便开始存在的经济野心，即拆解英镑区和帝国特惠体系，并强迫英国加入美国主导建立的全球自由贸易体系。

这一协定以及英国国家领导人迫于现实压力不得不接受这一协定的表态，让 1945 年 12 月尚还沉浸在胜利喜悦中的英国社会瞬间如坠冰窟。付出巨大的资源牺牲成为战胜国后，英国居然还必须接受这样一份毫无尊严、"与战争赔款无异"的协定，这在当时的英国产生了极大的争议。并且，虽然这份英美借贷协定暂时缓解了英国的燃眉之急，但是它却无法从根本上为英国所面临的经济困境带来好转。正如前文所说，英国仍然需要维持大量的海外军事和民政投入，这些投入短期内无法取消。而与此同时，英国的对外出口额在很长时间内也得不到显著的提升。这导致英国虽然在协定中承诺了启动英镑对美元的自由兑换，但是此时的英国实际上并不具备"自由"兑换美元的能力。虽然它仍然可以在殖民体系内部任意借出英镑用于兑换外汇，但是这只会进一步加重英国在英镑区内部的债务问题。被重重困境锁死的英国经过一年多徒劳无功的挣扎后，终于在 1946 年底发现一场巨大的经济和金融灾难已经近在眼前。

在凯恩斯于 1945 年底和美方商议借贷事务之时，除了确定已经欠下的外债额度之外，还对英国在 1946—1948 年所将新增的外债总额进行了估算。双方给出了大致相同的数字：12 亿 5 千万英镑/50 亿美元。正是基于这一估算的数字和对英国战时外债总数的确定，双方才达成了美国和加拿大总计向英国出借 47.5 亿美元的协定。但是凯恩斯所估测的这一数字却与事实出现了严重不符，他犯下这一巨大失误的原因就在

---

①　Peter Clarke. The Last Thousand Days of the British Empire: Churchill, Roosevelt and the Birth of the Pax Americana. London: Bloomsbury Press, 2009: 399.

于过分低估了战后美元强劲的坚挺程度，战后美国的经济繁荣让美元币值出现了超出当时大部分主流经济学家们预计的强势上扬，英国为了继续获得美元来维持一系列国内外的开销所消耗的国内财富也就一直居高不下。从结果来说，凯恩斯等人的这一决策失误，让英国在1947年的黄金和美元储备赤字膨胀到了10亿英镑（约40亿美元）的水平，并且比借贷计划的时间表足足提前一年就消耗光了所有来自北美两国的贷款，而此时英国的出口盈余额还根本没有办法填补借贷耗光后所剩下的金融缺口。①

英国内阁在1946年圣诞节前后就注意到了由于凯恩斯等人的错估而即将到来的金融灾难，但是他们已经没有什么办法去应对这场危机了。所能够提出来的也不过就是在借贷之前就已经考虑过的扩大出口额、削减海外投入、降低进口额。但是就和借贷之前的情况一样，英国在这三个方向所能做的努力非常有限。首先，英国的出口盈余额对于金融缺口来说只是杯水车薪，根本无法对缓解局势有实际的帮助。对外进口额也已经削减到极限了，直接导致国民生活水平被压得极低，此时仍然归英国负责的巴勒斯坦地区和德国英占区也都需要英国的进口物资保证日常生活。而海外投入的大头也根本无法削减，此时希腊已经重新爆发了内战，英国为了维持其所控制的希腊政府的存在而不得不在经济濒临崩溃的情况下继续进行大量海外军事投入，这使得英国的军费开支在1947年仍然占到了总预算的40%，② 而在巴勒斯坦和印度，英国也面临着来自原住民持续不断的反抗活动，治理成本始终居高不下。在这种情况下，英国政府的第一反应是和美国商议增加借贷的可能性，但是这方面的努力最后却没有获得成功。

---

① Peter Clarke. The Last Thousand Days of the British Empire: Churchill, Roosevelt and the Birth of the Pax Americana. London: Bloomsbury Press, 2009: 470-473.

② Peter Clarke. The Last Thousand Days of the British Empire: Churchill, Roosevelt and the Birth of the Pax Americana. London: Bloomsbury Press, 2009: 470-473.

　　而就在同一时期，英国又面临着难以想象的内部困境，在 1946 年末至 1947 年初的严冬中，全英国都迎来了严重的燃煤短缺。1947 年 1 月，英国的燃煤缺口达到了每周 30 万吨的巨额数字；1947 年 2 月初，英国政府报告由于燃煤缺乏，英国一半以上的工业企业都将在数天之内内因缺电而停工；2 月中旬，全英国因电力短缺而失业的工人从不到 40 万人一跃升至 230 万人以上。燃煤和电力断供导致全英国的社会生产和基本生活都出现了严重的问题，由此产生的汹涌民意随后就在英国造成了剧烈的社会动荡和政治危机。迫使英国政府不得不立刻做出了牺牲海外利益、中断海外投入、关注国内以稳定社会情绪的选择。[①] 2 月 14 日至 20 日，英国内阁中快速形成了一连串的决议，将巴勒斯坦事务移交联合国托管、撤出希腊并转由美国负责继续对希腊内战的干涉、撤出印度。这就是战后英国的第一轮全球战略大撤退。

　　然而，纵使匆忙抛下了许多的海外利益关切，此时早已经被重重困境锁死的英国，仍然还是无可避免地在 1947 年迎来了战后第一场英镑危机，自此至 1964 年，英国在十八年内爆发了八次大规模的英镑危机，由此进一步对战后的英国经济造成了严重的伤害。英国经济霸权的消亡促成了英国殖民霸权的消亡，而殖民霸权的消亡又进一步抹消了英国在世界多个海域维持海洋霸权的需要以及能力。

二、战后英国的第二轮全球战略大撤退

　　自从印度独立之后，英国政府在殖民地事务、特别是在东南亚地区的殖民地事务上，通常奉行着以顺应殖民地人民独立自治的诉求为主的政策。这是英国在其殖民帝国体系于 1947 年事实性解体后所采用的新政策所导致的结果，具体来说，这一态度的目的在于以原殖民地的自治地位换取该殖民地在独立后继续保持英联邦国家的身份，以此完成英国

---

　　①　Peter Clarke. The Last Thousand Days of the British Empire: Churchill, Roosevelt and the Birth of the Pax Americana. London: Bloomsbury Press, 2009: 476-477.

对这一殖民地相对低成本的影响力平稳过渡。1957 年，在这一方针的指导下，英国准予了马来亚摆脱殖民地身份，使其获得独立地位。但在马来亚获得独立后，英国政府依然通过各种手段控制着东南亚的沙巴、沙捞越、新加坡和文莱等地区。

独立的马来亚首先要面对的便是如何处理好与印尼的关系。从1953 年开始，由于经历了同美国和荷兰两国的一系列外交摩擦，周边局势恶化，新的印尼领导人开始转向亲近社会主义阵营的外交政策，以寻求西方以外的支持。继于 1955 年承办了万隆会议之后，印尼又在1956 年同苏联达成了有关经济和技术的合作总协定，印尼借此从苏联获得了大批军用技术装备，意图巩固国防。①

而 1957 年刚刚在英国的顺应态度之下获取独立的马来亚，则自然而然地在先期采用了较为亲英、亲西方阵营的态度。印尼的"共产主义影响"以及同苏联达成援助合作协定的举动让当时的马来亚领导人东姑阿都拉曼(Tunku Abdul Rahman)表示了高度的关切，在缺乏外交实际操作经验的情况下，他选择了向英国政府寻求建议。于是，东姑阿都拉曼和英联邦事务部的部门领导人进行了磋商，磋商期间，双方提出了将沙巴、沙捞越、新加坡和文莱等地合并入马来亚，成立一个新国家的提案。②

这一提案在后续得到了马来亚和英国政府双方的同意。对于马来亚来说，它希望能够借助这一合并来降低其国内马来亚华人的人口比例，抵消华人群体对马来亚政局的政治影响力。而英国方面则考虑到殖民地独立的必然结局，也希望能够将它所仍然控制的东南亚殖民地尽快以可控的方式处理掉，更何况，鉴于印尼的亲社会主义阵营的转变，位于北加里曼丹岛的沙巴和沙捞越即将成为东西方阵营对峙的又一条前线，英

---

① 高艳杰. 美国对印尼领土问题的政策与美印(尼)关系(1956-1966)[D]：博士. 华东师范大学，2012：62-64.

② Nicholas Tarling. Britain, the Tunku and West New Guinea 1957-1963. Journal of the Malaysian Branch of the Royal Asiatic Society. June 2010, Vol. 83, No. 1(2010), pp. 77-90.

国并不打算由自己来直接面对这一风险。① 于是，在 1961 年，马来亚公布了将马来亚、沙巴、沙捞越、新加坡和文莱合并的"大马来西亚计划"，而早就已经同马来亚通过气的英国政府则在第一时间表示了支持。

作为加里曼丹岛利益的直接关切方，印尼对"大马来西亚计划"表示了坚决的反对，在印尼政府看来，英国所提出的"大马来西亚计划"直接对刚刚独立不久的印尼的国家安全造成了威胁。而在冷战东西对抗的大环境下，这一态度迅速转变为了对英国以及依附于英国制定国家政策的马来西亚的敌意。

1962 年 10 月，在解决了内部问题之后，印尼苏加诺政府开始着重在国际社会上对"大马来西亚计划"进行抵制。1963 年 1 月 21 日，印尼外交部长正式宣布，由于马来亚自愿跟随英国所提出的危害东南亚地区和平稳定的战略计划，印尼进入与马来亚的对抗状态。

在经历了数个月的调停后，马来西亚联邦在联合国所作民意调查的支持下，于 1963 年 9 月成立。印尼方面拒绝接受这一结果，并与马来西亚断交。两国关系急剧恶化，印尼方面开始组织武装力量渗透进加里曼丹岛北部地区，建立起了攻击英国和马来西亚人员以及资产的游击志愿军。

面对印尼方面的行动，英国参照其于 1957 年同马来亚所签订的军事安全合作条约，派遣军事力量进入北加里曼丹岛同印尼游击队展开了战斗。在这次军事干涉行动中，英国并没有能够获得美国方面的军事支持。此时的美国政府依然不甘心放任印尼落入苏联的势力范围之内，因此并不愿意采用军事对抗手段直接激化矛盾。而在美国方面表示了不愿出兵后，澳大利亚和新西兰也在冲突前中期显得颇为犹豫，不愿跟进英国的出兵号召，这让一头扎进加里曼丹岛的英国政府在相当长的时间内只能独自作战。

---

① Nicholas Tarling. Britain, the Tunku and West New Guinea 1957-1963. Journal of the Malaysian Branch of the Royal Asiatic Society. June 2010, Vol. 83, No. 1(2010), pp. 77-90.

由于基本无法得到美国方面的支持，英国只能够自行支持干涉军的远洋作战，物资和经费的消耗由于长期的长线军事部署居高不下。从1963年到印尼苏加诺政府倒台的1966年，为了维持在加里曼丹岛持续的军事行动，英国本就状况不佳的政府财政承受了巨大的压力。

而更令英方灰心的是，在1966年结束的、长达三年之久的军事干涉行动几乎没有为英国带来任何实质性的收益。虽然派遣了军队打击印尼的游击武装，但是英国和美国一样，希望能够在苏加诺政权倒台后重建和该国的友好关系，因此在1966年，为了给新上任的苏哈托留下好印象，实质性主导了加里曼丹岛军事干涉行动的英国出面和印尼接洽，希望能够结束所谓的对抗局势。但是马来西亚方面却对此表示了不满，在它看来，马来西亚也是加里曼丹争端的直接关切方，英国不征求马来西亚的意见就启动同印尼的谈判，是对马来西亚的"不尊重"。而在差不多同时，英国向印尼提供了供其摆脱困难状况的紧急经济援助，却又拒绝了马来西亚所提出的7500万英镑的国防资金援助的请求。这一系列事态让刚刚帮助马来西亚抵御住印尼军事侵扰的英国马上迎来了英马关系的滑坡。①

在恶化的英马关系背景下，英国政府又考虑到新加坡于1965年被马来西亚逐出了联邦，继续在当地维持军事存在很可能会导致近在眼前的马来西亚的敌意，因此开始不再寄希望于在东南亚继续拥有军事基地。从1966年底开始，英国政府内部便已经开始出现有关亚太战略撤退的猜测。

正在此时，英国国内毫无起色的经济形势，让公众开始关注政府在海外军事领域的投入。随之而来的就是整个社会中关于保留这些投入的必要性的大讨论。一些从政府中泄露出来的数据表明，当时的英国每年需要在维持海外军事投入的存在上花费2亿英镑，而英国在马来西亚以

---

① David C. Hawkins. Britain and Malaysia—Another View: Was the Decision to Withdraw Entirely Voluntary or Was Britain Pushed a Little?. Asian Survey, Vol. 9, No. 7 (1969), pp. 546-562.

及新加坡军事资产建设的总投入则已经达到了7亿英镑的水平。政府以及社会人士纷纷提出质疑，认为如果英国斥如此巨资是为了保卫它在东南亚的经济利益，那么这必然是一笔赔本的买卖，因为就算英国在东南亚的经济利益被完全损失掉，也比不上它在东南亚地区的军事投入所消耗的巨额财富。更何况，此时的英国在东南亚根本不会面临被其他国家侵犯的危险，马来西亚和印尼也不是敌国，那么又有什么必要在东南亚耗费巨资部署陆海空力量呢?①

此时有部分英国政府官员提出，英军在东南亚的存在是为了防止马来西亚脱离英镑区，从而对英国造成伤害。但是人们觉得这个理论也同样站不住脚，马来西亚官员的态度一直都非常明确，决定马来西亚是否能够继续留在英镑区内的并不是英国驻在马来西亚的军队，而是英国所能给予马来西亚的经济援助。那么如果英国能够通过撤军大幅缩减军费投入，是不是反而就能够给予马来西亚更优厚的援助条件呢?②

这个时候，一些英国政府官员在讨论中抛出了最后一个驻军理由，即防止马来西亚和新加坡之间的军事冲突。但是这个理由却起到了反效果，因为在英国社会看来，这个假设的场景实在是过于糟糕了。即使是在驱逐了新加坡之后，马来西亚的华人人口依然占据了总人口的40%，如果马来西亚真的计划对新加坡展开军事冲突，势必会在马来西亚国内引爆种族矛盾，而马来人对华人的种族冲突则又会无可避免地导致印尼的入场，英国社会对介入这样一个错综复杂而又混乱的多边冲突实在是

---

① David C. Hawkins. Britain and Malaysia—Another View: Was the Decision to Withdraw Entirely Voluntary or Was Britain Pushed a Little?. Asian Survey , Vol. 9, No. 7 (1969), pp. 546-562.

② David C. Hawkins. Britain and Malaysia—Another View: Was the Decision to Withdraw Entirely Voluntary or Was Britain Pushed a Little?. Asian Survey , Vol. 9, No. 7 (1969), pp. 546-562.

毫无兴趣。①

　　讨论进行到这个地步，似乎英国在东南亚的驻军已经没有必要再继续保留下去了。就连马来西亚方面，也对英国的继续驻军并不热心。恰逢 1967 年 11 月，英镑再次迎来了一波灾难性的贬值。面临新一轮的财政危机，英国内阁当即决定终止维持英国的全球军事干涉体系，将军力完全撤出东南亚地区。同一时间，也门地区的内战也迎来了阶段性成果，受苏联支持的也门民主人民共和国即南也门宣告独立，标志着海湾地区政治局势的进一步复杂化，由于英国社会中不断高涨的对继续进行海外军事干涉的抵制，英国内阁就此顺带着也一并作出了完全撤出亚丁湾的决策，至 1971 年底停止保留在苏伊士运河以东开展军事行动的能力。②

　　由此，在 1971 年，英国完全终止了它在新加坡、马来西亚以及在也门亚丁湾的海陆空军事存在，这便是英国战后的第二轮全球战略大撤退，在实质上，英国彻底放弃了在亚太乃至印太地区维持制海权和发动军力投射的能力，并寄希望于美国来填补它的撤退所遗留的空缺。

　　在北约框架内部，英国主动撤出、放弃这些重要战略支点的政策不可避免地让它对美国的合作价值大幅缩水，英美关系的结构至此完全失衡，在地缘战略的实施中，美国残存的最后一点对英国物质支持的依赖也就此一同消失了。

---

①　David C. Hawkins. Britain and Malaysia—Another View: Was the Decision to Withdraw Entirely Voluntary or Was Britain Pushed a Little?. Asian Survey , Vol. 9, No. 7 (1969), pp. 546-562.

②　David Reynolds. A 'Special Relationship'? America, Britain and the International Order Since the Second World War. International Affairs (Royal Institute of International Affairs 1944-), Vol. 62, No. 1 (1985-1986), pp. 1-20.

第三节 美国在全球海洋霸权的确立

在"二战"结束时，美国并不寻求获取全球海洋霸权，它满足于在太平洋和大西洋的海权优势，并认可由英国对地中海和印度洋实施独占性的控制。但是这一政策在自 1947 年开始逐步成型的冷战格局以及英国无可避免的全球战略大撤退面前发生了大幅度的转变。为了填补英国撤退后留下的真空，以抵御共同的战略对手苏联，美国在冷战时期转变成了有建立全球海洋霸权需求的国家。在这一需求的推动下，美国在历史上第一次取代了英国在地中海和印度洋的地位，并通过北约架构确立了美国海权高于英国海权的格局。

一、美英在地中海海权转换的完成

传统上，美国海军在地中海的活动是暂时性、危机应对导向性的，只在情况需要时向该海域派遣非永久部署的舰队处理突发局势。到 1945 年战争结束时，虽然美国通过包括政治、经济和军事在内的多重手段获取了对几乎整个环地中海沿岸的影响力，但是美国海军却仍然没有在地中海进行永久性的部署。① 直到此时，美国政府似乎仍然认为，地中海理所应当属于英国海军。1945 年 9 月，美国在地中海战区的全部舰队力量就只有 1 艘巡洋舰和 2 艘驱逐舰，② 相较于同时期英国在地中海所部署的庞大舰队来说简直不值一提，这也在一定程度上代表了战时乃至战后初期美国军政高层相当一部分人对地中海地区的看法。

然而，在战争结束后，这一情况很快就发生了变化。由英国出兵干

---

① Edward J. Sheehy. The U. S. Navy, the Mediterranean, and the Cold War, 1945-1947. Westport CT: Greenwood Press, 1992: 107-115.

② Edward J. Sheehy. The U. S. Navy, the Mediterranean, and the Cold War, 1945-1947. Westport CT: Greenwood Press, 1992: 107-115.

涉希腊，以及由苏联和土耳其之间的海峡争端所发端的东地中海危机成了彻底改变英美两国地中海海权力量对比的关键事件。

虽然对于抗击轴心国的战争而言，希腊战场是外围的边缘地带，但是它的地理位置对于英国的战后世界秩序设计来说却至关重要，英国因此下定了不惜一切代价在希腊建立英国政治影响力的决心，即使是在英国的地中海总体战略规划由于美国的压制而逐渐走向总体破产之时，英国政府的这一决心也仍然没有出现动摇。由此在1944年底，英国派遣军队进驻雅典城，开启了持续数年之久的武装干涉希腊之路。

此时由罗斯福所领导的美国政府出于战略利益的考虑，并不反对英国出兵干涉希腊。但是，从感情因素上，无论是罗斯福本人，抑或是本来就深受反英情绪影响的美国政界和社会人士，都很难对又一次做出帝国主义行径的英国表示同情。因此在希腊干涉早期，美国并没有作出旗帜鲜明的表态，除了惯常为英国的军事行动提供方便，以及为英国所扶持的希腊政府提供必要的援助物资之外，这一阶段的美国并没有对希腊表现出太多的兴趣。直到罗斯福去世前夜，他仍然在和丘吉尔的交流中坚持着将苏联和平引入有关希腊问题的多边对话之中。[1] 这在相当程度上说明了罗斯福在希腊问题上所秉承的原则和立场。

然而，罗斯福在1945年4月12日的突然去世彻底改变了局势，新上任的总统杜鲁门对对外关系领域的认识和经验几乎是一片空白。他对罗斯福倾尽心血的外交政策遗产并没有寄托任何特殊的感情，也并不认可由罗斯福代表美国乃至盟军方面和斯大林所商议的东西势力范围划分。这让杜鲁门在丘吉尔和继任的艾德礼看来要远比罗斯福容易产生和斯大林出现争执的基础，也使得他比罗斯福更容易被来自外部的思维所影响。

杜鲁门在职期间，丘吉尔以及后继的艾德礼工党政府潜移默化地向

---

① Henry Butterfield Ryan. The Vision of Anglo-America：The US-UK Alliance and the Emerging Cold War 1943-1946. Cambridge：Cambridge University Press，1987：156-158.

这位美国总统施加着外交影响,并最终成功地让杜鲁门所带领的美国走上了英国曾经采用了数个世纪的政策轨道。这是因为在新的战后世界秩序下,英国的国防以及战略利益关切在客观上变得同美国的国防以及战略利益关切高度重合。特别是在环地中海地区,除了在巴勒斯坦地区存在较大的利益和政策分歧以外,英美在地中海沿岸其他所有地区的利益几乎是一致的。而与之相对的就是美苏双方诉求之间逐渐显现出的分歧,在波茨坦会议上,美国领导层的转变以及英美和美苏分歧的此消彼长直接导致了参会三国领导人之间博弈模式的改变。在新的执政思想指导下,杜鲁门和斯大林之间出现了非常多的争执,反而和丘吉尔以及爱德礼走得越来越近。①

1945 年 11 月,英国工党政府启动了对希腊进行经济援助的讨论,这一援助最主要的目的并不是解决希腊所面临的现实问题,而是消除希腊左派的影响力。首先,鉴于这一经济援助强烈的政治属性,以及英国仅凭自身无力负担经济援助项目的事实,英国内阁很快就确定下了说服杜鲁门政府加入项目的政策。② 此时的美国政府对于向希腊提供援助并不反对,因此艾德礼政府并没有花费太多精力就争取到了美国政府的经济参与,后者承诺向希腊提供 2 千 5 百万美元的贷款。但是想要让美国的战略利益和英国形成一致却并不那么容易。艾德礼政府的做法是通过强化杜鲁门对苏联的猜忌心理,诱导他关注西欧国家在地中海方向的贸易与后勤航线的安全,简单来说,艾德礼政府对杜鲁门提出,如果无法保证希腊和土耳其对黑海的封锁,那么苏联海军就随时都有进入地中海破坏西欧地区海上经济生命线的危险。这非常明显是英国数百年来的阻止俄罗斯政权通过海洋南下的战略关切,在新的国际关系格局下,英国政府将这一关切改头换面,又让对外交工作并不熟悉的杜鲁门将其全盘

① Robert M. Hathaway. Ambiguous Partnership: Britain and America 1944-1947. New York NY: Columbia University Press, 1981: 169-171.

② Henry Butterfield Ryan. The Vision of Anglo-America: The US-UK Alliance and the Emerging Cold War 1943-1946. Cambridge: Cambridge University Press, 1987: 161-162.

接受。这一做法获得了成功，1945 年 12 月，巡洋舰"普罗维登斯"号（USS Providence）在杜鲁门的命令下访问了希腊，由此正式拉开了美国对希腊政治干涉的序幕。次年，战列舰"密苏里"号和航母"富兰克林·罗斯福"号也都造访了这一水域。①

1946 年春天，希腊再度陷入了内战之中，这让已经在英国的影响下对希腊产生了经济以及政治关切的杜鲁门政府开始在希腊事务上一反原先对英国"帝国主义式干涉"的反感，逐渐对其所计划援助的希腊政府以及希腊政府背后的英国在这一地区的行动产生了同情心理。美国政界绵延数十年对共产主义的恐惧在罗斯福去世后终于再一次压倒了对英国殖民帝国主义政策的厌恶。

而就在数个月之后，苏联又在东地中海地区主动挑动了地区矛盾。1946 年 8 月 7 日，苏联政府照会土耳其及美英政府，提出由土耳其和黑海沿岸国家共管黑海海峡，土耳其危机爆发。土耳其无力单独面对苏联施压，于是借助英土同盟条约求助于英国，但是此时的英国同样也无力承担对土耳其的保护义务，于是开始思考将这一义务转嫁给美国的可能性。

出于地理位置的原因，如果想要成功封锁黑海出入口，堵死苏联外出通路，就不仅仅要控制希腊，土耳其也是必须控制的一环。在英国政府不断的诱导以及此前一系列事件的影响下，美国决策层已经对苏联和其毗邻国家之前的争端高度敏感，因此下意识地将苏联和土耳其之间的矛盾上升到了苏联对外扩张战略的一部分。而在希腊和土耳其同时爆发的地缘冲突和政治危机更是让英国方面不遗余力宣传的"苏联计划突破黑海封锁威胁西欧国家地中海方向后勤大动脉"的说辞变得极有说服力。于是在土耳其危机中，美国断然选择了和英国一同向苏联施压，面对不利局势，苏联最终选择将海峡问题搁置起来，实质性结束了土耳其危机。

1946 年 11 月，希腊共产党所组织的希腊民主军粉碎了敌人的数次

---

① Edward J. Sheehy. The U. S. Navy, The Mediterranean, and the Cold War. Westport CT: Greenwood Press, 1992: 25-70.

围攻，获得了胜利。而对于英国以及逐渐开始同情英国的美国来说，战事并不乐观，杜鲁门于是在与国务卿协商后开始探寻向希腊提供军事贷款的可行性。这的确是相较罗斯福时代而言巨大的政策与立场转向。但是，此时的英国政府仍然不满足，因为1946年末的英国正面临极为严峻的经济形势，正在考虑将干涉军从希腊撤出。为了保证希腊局势仍然处在控制之内，艾德礼工党政府急需美国代替英国直接干涉。英国因此不断地向美国强调英国撤出之后希腊将会面临的"危险状况"，声称希腊共产党夺权之后苏联将会获得一个无阻碍的地中海出海口。①

到此时，受到英国决策层长期影响的其他美国政府高层，对英国以及英国所维持的殖民帝国体系的态度也发生了根本性的转变。他们不再对这一体系抱有敌意，转而变成了类似于"美国可以做得更好"的批评态度。由于英美两国在战后逐渐在总体上趋向重合的战略利益，美国政府中对英国遍布全球的殖民地以及基于殖民地的政治、经济和军事制度产生了相当程度的认可。相当一部分高层开始自视为英国政府基于维持其全球殖民帝国而制定的全球战略以及地区政策的精神继承人。他们认为，美国可以比英国更妥善、更明智地执行这些战略以及政策。杜鲁门政府在希腊问题上的思路就很好地说明了这一点，相较于罗斯福时代对英国干涉采取略带反感的中立态度，杜鲁门初年的美国政府开始认为英军在希腊的干涉是"对社会稳定有正面意义"的必要措施，如果英军迫于国内压力撤走，必须有国家来填补空缺，维持必要措施的继续存在。②

1946年末，在时任海军部长以及后来的美国国防部长詹姆斯·福莱斯特（James Forrestal）的请求下，美国政府第一次在地中海地区进行了永久性的舰队部署。而已濒临财政危机、正处在第一次全球战略大撤退前夜的英国则对这一决定表示了欢迎，在双方的推动下，1947年1月，美国在地中海的常备舰队扩大到了3艘巡洋舰和9艘驱逐舰的规

---

①　Henry Butterfield Ryan. The Vision of Anglo-America：The US-UK Alliance and the Emerging Cold War 1943-1946. Cambridge：Cambridge University Press，1987：168.

②　G. M. Alexander. The Prelude to the Truman Doctrine：British Policy in Greece 1944-1947. Oxford：Clarendon Press，1982：249-252.

模，此外还有 1 艘航母的不定期加入，这使得此时美国地中海舰队在纸面上具备了可观的作战实力。①

不过，此时的美国海军地中海舰队实际上却仍然不具备真正的争夺制海权的能力，虽然已经形成了永久性的部署，但是美国海军在地中海所部属的舰队力量非常分散，并且不在一个统一指挥架构之下，各个分舰队分别负责红海、黑海、波斯湾、亚丁湾、阿拉伯海和阿曼湾等关键水域，所承担的任务也是五花八门。② 处在这样一个状态下的美国地中海舰队更像是长期以来就在地中海承担主要防务职责的英国海军的辅助性力量，而非扮演决定性角色的主要力量。

但是在美国政府推出杜鲁门主义之后，情况快速发生了变化。在已经受迫于财政经济形势而必须撤出地中海的英国政府的默许和引导下，美国海军开始着手取代曾经的英国海军在地中海的地位。1947 年 8 月，福莱斯特同时任国务卿乔治·马歇尔探讨了进一步增加地中海地区海军力量的方案。

虽然直到 1947 年 10 月，英国仍然在地中海保留有一支规模堪称庞大的舰队，但是在伦敦方面已经宣告从希腊撤出后，英国海军逐步撤离地中海的关键防守岗位就已经只是时间问题，换言之，美国不再能够指望英国海军继续在地中海作为对抗苏联的第一道屏障。福莱斯特和马歇尔二人所担心的，正是美国在地中海松散部署的海军要如何替代英国海军应对苏联可能的进犯。

在这样的背景之下，加强美国地中海海军部队应对苏联威胁的途径也自然极为清晰，即：①进一步扩大舰队部署规模；②构建永久性的、常设的统一指挥体系。

首先增加的是军舰的访问频率，从 1947 年 8 月末到 10 月，美国海军派遣了 32 艘军舰前往希腊水域进行巡航访问。在当年年末，英国所

---

① Edward J. Sheehy. The U. S. Navy, The Mediterranean, and the Cold War. Westport CT: Greenwood Press, 1992: 83.

② Edward J. Sheehy. The U. S. Navy, The Mediterranean, and the Cold War. Westport CT: Greenwood Press, 1992: 99.

培植的希腊政府更是数次主动请求美国海军派遣军舰访问希腊在不同地区的港口。而为了在同时加强对环地中海国家的影响，美国海军在这一时期也加大了对土耳其、意大利、法国等国，乃至直布罗陀、巴勒斯坦和埃及等地区的军舰巡航访问频率。① 借助骤然提升的活跃度，美国海军向整个环地中海地区释放出的是美国政府提高了地中海地区战略地位的重要政治信号。

就在增加军舰访问频率的同时，美国也逐渐地加强了地中海地区的舰队部署力量乃至是两栖作战能力。到 1948 年 1 月 1 日，在驻地中海的第 125 特混舰队(Task Force 125，此时部署在地中海地区所有分舰队的名义最高指挥部)旗下的常备舰队增强到了 1 艘航母、6 艘巡洋舰和 10 艘驱逐舰，此外这支特混舰队还依照福莱斯特的要求，配备了一支至少 1200 人的海军陆战队用于应对"突发局势"。② 美国海军在地中海的海陆作战能力由此都达到了战后以来的第一个顶峰。

1948 年 2 月，美国海军以第 125 特混舰队作为基础，创立了第六舰队，实现了地中海舰队指挥体系的统一化，至此，地中海真正成了一片美国人的海洋。在随后至今的七十余年中，第六舰队都始终是美国用于防守地中海地区的核心海军力量，也是这片海域最强大的海军力量。

第六舰队的建立不仅彻底地、永久性地改变了地中海的海权格局，它也帮助改变了整个美国海军的发展轨迹。在第二次世界大战由于向日本投掷了两枚原子弹不久便宣告结束之后，美国海军整体都迎来了巨大的迷茫。随着旧日本帝国的彻底垮台，美国在全球都已经不存在可以被称为海权挑战者的对手，而核武器这一崭新的大规模杀伤性武器的诞生则似乎也宣告了常规海军战略意义的终结。在美国决策者们看来，战争不再需要通过对海权的争夺而赢得，想要击败或者消灭地球上任何地方的任何敌对国家，所唯一需要的攻击手段就是使用搭载着核武器的长程

① Edward J. Sheehy. The U. S. Navy, The Mediterranean, and the Cold War. Westport CT: Greenwood Press, 1992: 100-105.

② Edward J. Sheehy. The U. S. Navy, The Mediterranean, and the Cold War. Westport CT: Greenwood Press, 1992: 105-106.

战略轰炸机，而这些轰炸机完全可以不受任何打扰地在美国国土的腹地出发打击敌人。既然核武器可以帮助美军直接消灭敌军的政治、经济和工业中枢，那么通过争夺海权来逐步获得对敌方的优势也就不再具备必要性了；既然海权的争夺已经不再必要，那么消耗巨大的大规模进攻性海军舰队也就没有存在的必要了。海权无用论直接导向了海军无用论，在这一思潮的指引下，美国所保有的庞大的常备海军力量的存在意义几乎是在战争结束之初便立刻遭到了质疑。①

在核武器巨大威力的诱惑下，朝鲜战争之前的杜鲁门政府始终都走在一条"空军至上"的发展道路上，在大空军建设思想指导下，杜鲁门政府大幅度地削减了海军预算，转而投入战略空军以及配套基础设施的建设中。一时间，美国海军甚至面临着被彻底裁撤掉的戏剧性结局。就在此时，东地中海危机的爆发让迷茫中的海军系统找到了方向，通过帮助美国政府处理地缘危机，美国海军证明了自己存在的价值。

但是，仅凭东地中海危机和第六舰队的设立仍然不足以帮助海军重新赢回决策者们的青睐。对于此时的杜鲁门政府而言，美国海军只是重新找回了它存在的意义，但却仍不足以借此与新成立不久、倡导核轰炸理论的美国空军竞争。1949 年 4 月 23 日，接替福莱斯特出任国防部长的大空军支持者路易斯·约翰逊（Louis Johnson）在没有经过国会的前提下，直接下令取消了海军所提出的新一代航母"合众国"号以及后续舰的建造工作，为空军所主推的超远程战略轰炸机项目让路。这一决定在美国海军内部引起了轩然大波，包括时任海军部长在内的一大批海军高层将领选择辞职抗议，福莱斯特本人则选择了跳楼自杀向杜鲁门政府施压。这场著名的"海军上将叛变"（Revolt of the Admirals）事件，也标志着海军无用论派和传统海军势力之间自战后所开始的矛盾的总爆发。这一规模巨大、性质恶劣的军种冲突一直延续到了当年的 8 月份，美国海军纵使是用尽了一切抵抗手段，也没有能够成功挽救海军发展计划，牵

---

① George W. Baer. One Hundred Years of Sea Power: The U. S. Navy 1890-1990. Stanford CA: Stanford University Press, 1994: 275-298.

涉此次争端的海军高层将领被逐一清算，而从陆海两军都挪用了巨额资源的超远程战略轰炸机项目则得以继续进行。

但是，随着朝鲜战争的爆发，海军无用论在美国政军系统内的发展也迎来了终点。在战争初期，杜鲁门政府惊愕地发现美国当时所拥有的常备陆海军力量根本不足以应对朝鲜半岛的战争，而挤占了其他军种的资源打造的战略核空军也根本不适于用来干涉朝鲜局势，它只能触发美苏之间不可控的全面军事对抗，根本无法协助美国达成战略意图。空军至上主义由此在朝鲜战争中被美国政府快速抛弃，而海军以及海权的作用至此才得到了重新重视。从这个角度而言，东地中海危机和朝鲜战争这两个历史事件对美国海权在当代的发展有着不可估量的历史地位。

二、美英在大西洋地区海权转换的完成

1951年秋，丘吉尔再度当选为英国首相，开始了他的第二任首相生涯。这个时期正处在历史上的一个关键时期。英美两国的关系正处在又一个历史的十字路口，在之前的一段时间内，英国对中华人民共和国政权的承认、美国和日本就和约问题的商议、英美核合作的停滞，以及朝鲜战争对西半球防务造成的影响，让英美自"二战"结束以来的关系正面临着许多不利的因素。在此之上，英国的国力又正处在持续的大滑坡之中，它的经济情况自1947年的第一次英镑危机以来便一直挣扎在死亡线附近，殖民地一个接一个宣布独立，原有的对伊朗石油的垄断也受到了挑战，而英国所一直引以为傲的远洋海军舰队也在工党执政期中遭到了毁灭性的打击。而在新设立的北约正在确定内部国家所应该承担的战略防卫责任、战略指挥的层级和多国联合军事行动指挥的权力架构的大背景下，英美之间并非总体向好发展的关系局面和英国国力的持续衰弱对英国显得尤为不利。

1950年，朝鲜战争爆发，朝鲜战争不仅对于新中国有着十分重大的意义，它也在很大程度上彻底改变了西方阵营的历史。原本还只是停留在纸面上的北大西洋公约组织在朝鲜战争爆发后迅速转变成为了真正的

军事同盟。自朝鲜战争爆发开始，美国立刻就启动了北约体系下统一战略指挥权的讨论。关于北约欧洲战区最高指挥官（Supreme Allied Commander Europe，SACEUR）人选以及相应权力架构的讨论非常顺利，艾森豪威尔在 1950 年 12 月被指任为第一任 SACEUR，随即走马上任。但是大西洋战区最高指挥官（Supreme Allied Commander Atlantic，SACLANT）以及相应权力架构的讨论却因为英国方面的反议而进入了反复的讨论。美国的立场非常直白，美国海军占了北约海军力量的绝对优势，承担了绝大部分海上防务责任，因此大西洋战区的所有海军力量要由一名美方的最高指挥官实行完全的统一指挥。英国方面则在一个附属在美方司令之下的东大西洋战区扮演从属性的角色。英国对这一提议并没有全盘推翻的能力，因而只是在寻求尽量限制 SACLANT 的权力，从实际控制权弱化为建议指导权，以此让英国保留东大西洋海军行动的指挥权。[①]

但是，由于前文所述的种种不利因素，工党政府却并没有能够在与美方的协商中取得这样的理想条件。根据美方在 1951 年春所提出的要求，英国将不得在大西洋东段水域的海军行动中保留指挥权，在西大西洋的海防事务中也不会作为具有任何特殊权力和特殊地位的国家存在，相当于在北约体系内部将英国的战略防务地位打入了美国以下其他普通国家的水平。这对于丘吉尔来说是不可接受的，他一直以来都在努力寻求美英两国在国际组织架构中的平起平坐，或者至少也要保证英国是除了美国之外最重要的国家。因此，为了扭转这一决定，刚刚重夺首相宝座的丘吉尔于 1951 年 12 月 30 日启程前往华盛顿会见杜鲁门总统，希望能够阻止这一意图的实现，并确保英国能够在北约内部仍旧保持其在英美关系中的超然地位。[②]

丘吉尔的目标概括起来很简单，但是实际上他的具体诉求却非常错

---

① Alan P. Dobson & Steve Marsh. Churchill at the Summit：SACLANT and the Tone of Anglo-American Relations in January 1952. The International History Review，Vol. 32，No. 2（2010），pp. 211-228.

② Charles Wilson. Winston Churchill：The Struggle for Survival，1940-1965. London：Houghton Mifflin Company，1966：47.

综复杂，首先，丘吉尔希望能够在英美关系滑坡期重提两国的"特殊关系"并再度强调英美关系的亲密性，以求唤醒和复苏两国的军事同盟与政治合作。但是与此同时，丘吉尔又希望能够对美国示强，至少在表面上驳斥外界的"英国衰退论"，为英国求得一个更有利的对美协商的位置，他需要强硬地向美国表示，硬实力的不对等不代表英国会成为美国的卫星国和傀儡。鉴于英国的国力弱势地位和"有求于人"的现状，丘吉尔的这两个目标某种意义上是相互冲突的，这也在一定程度上决定了随后的英美峰会上丘吉尔的尴尬处境。①

当丘吉尔初到华盛顿之时，他无疑是踌躇满志的，在战时同罗斯福的个人关系所导向的英美同盟的成功或许让他对基于国家领导人私人关系的大国外交产生了不切实际的信心。他希望在峰会上通过说服杜鲁门，让英美的军事合作关系重返"二战"时期双方大体平级的联合参谋部的形式。美国方面的与会代表们自然根本不会接受这样一个不切实际的设想，不过他们仍然不反对加强同英国的友好关系，英美 SACLANT 峰会就这样在一个微妙，但大体和睦的氛围下开始了。

和睦的氛围并没有能够在讨论中存在太久，双方很快就产生了争论，核心问题就在于英国在东大西洋的指挥权设置要不要进行特别和区别对待。一旦东西阵营爆发热战，以英国本土水域以及其近海为主的东北大西洋海域是几乎必定在第一时间出现海战的地区，但是恰恰就在这一片海域，北约并没有能够实现真正的统一指挥。在北约内部的防务区划上，东北大西洋海域被 SACLANT 和英国本土水域司令部(British Home Station)分割，对于前者，北约内部不能接受除了美国以外任何国家的指挥，而后者则是关乎英国本土防卫、关乎英国生死存亡的海域，英国根本不可能让出指挥权。由此，在最需要统一指挥的地区，北约却偏偏无法达成统一指挥，英美峰会的矛盾由此很快就爆发出来。英方军官团首先尝试提出彻底废弃 SACLANT 这一职位，并将大西洋的海防责

① Alan P. Dobson & Steve Marsh. Churchill at the Summit: SACLANT and the Tone of Anglo-American Relations in January 1952. The International History Review, Vol. 32, No. 2 (2010), pp. 211-228.

任平等分派给英美两国，这实际上就是要求在大西洋防务上抛弃北约架构。美方军官团自然不可能同意，不过作出了让步，许可英国在服从美方 SACLANT 指挥与实际控制的前提下，在东北大西洋分战区享有一定的战略自主权，并且同意将英国本土水域司令部的辖区范围扩展到 100 英寻等深线（100 fathom line）。英美两国的军官团在几次谈话后开始逐渐向着美方所提出的方案靠拢，大体上，美方进一步作出了一个显著的让步，同意让英美军事协议具有超越北约的权限，英国第一海务大臣不仅享有对英国本土水域海军行动的指挥权，他/她还可以在战时命令北约体系下部署在东北大西洋分战区的盟国海军部队穿越辖区进入英国本土水域，受其指挥协同作战。这一让步是美方在峰会上所作出的最大让步，基于这一让步，SACLANT 似乎已经不再是一个显著的问题。但是正在此时，丘吉尔下场并表现出了一个非常怪异的态度，使得这一问题再度陷入了迷雾之中。①

在会议上，丘吉尔对整个北约体系下的统一指挥机制提出了质疑，他的论据是，在过去的两次世界大战中，协约国以及反法西斯同盟根本没有设立统一指挥机制，也同样赢得了胜利。丘吉尔据此提出，英美两国可以考虑仿照"二战"时期的联合参谋部重建联合指挥体系，由美方海军作战部长和英方第一海务大臣直接对接，并将情况直接反馈给两国国家领导人。在这样一个机制中，英美双方的权责地位大致是平等的，整个大西洋的防务责任将由英美两国近乎平等地分摊。丘吉尔的这一提议等同于直接摈弃了美国一直以来尽力主推的北约系统，也更是直接让两国先前的所有谈判进程倒退到了起点，美方不得不重新开始做丘吉尔的工作，说服其接受北约体系下的美方统一指挥。丘吉尔对这一不同于其他所有人的古怪立场的坚持由此让会场的氛围变得极为尴尬，也让努力维持着英美两国友好关系的两国代表团面临谈判破裂的阴霾。美方军官指出，大西洋战区的美方统一指挥权已经得到了北约所有成员国——包括英国自己的工党政府——的同意，丘吉尔则仍坚持表示，大西洋战

---

① Secretary of Defense (Lovett) to the Supreme Allied Commander, Europe, 24 Jan. 1952, FRUS 1952-5, vi, part 1.

区所部署的海军力量根本就是英美两国的，因此应当只有英美两国对此事务拥有话语权。[1]

丘吉尔的提议背后，除了对于英国一定要取得和美国对等地位的坚持以外，更是潜藏了对其他国家，乃至自己同盟国家的不屑一顾。杜鲁门总统当即对丘吉尔表示了严正反对，他提出，北约体系下的其他 12 个盟国对大西洋航线的稳定存在着切身的利益关切，美英没有权力在这个议题上将他们抛开，否则北约本身的合法性便无处立足。[2]

到了这个时候，丘吉尔仍然坚持的立场不但让美方感到厌烦，甚至也引发了英国代表团其他军官的反对，在这些军官看来，美方已经做出了足以满足英方战略利益的让步，丘吉尔继续胡搅蛮缠只会导致两国关系无端受损。最终，在北上访问加拿大、试图争取到这个同为北约国家的英国前自治领在这一问题上的支持无果后，丘吉尔面对来自几乎所有人的反对，还是就英美双方军官团原先所商议的条款达成了妥协。英国本土水域司令部辖区扩展到 100 英寻等深线，同时英国第一海务大臣在北约东北大西洋分战区具备一定程度的自主指挥权。而在大西洋的其他所有地方，北约海军活动则一概由美方实行统一的战略指挥。[3]

对此谈判结果，英国《经济学人》杂志取英国曾经引以自豪的"不列颠尼亚统治万顷波涛（Britannia Rules the Waves）"为义，以略带几分诙谐与自嘲色彩的"不列颠尼亚统治小片波涛（Britannia Rules Some Waves）"作为标题进行了报道，反映了英国已经再也无力重返巅峰、再

---

① United States Delegation Minutes of the Second Formal Meeting of President Truman and Prime Minister Churchill, 7 Jan. 1952, FRUS 1952-54, vi, part 1.

② Memo by Special Assistant to the Secretary of State (Battle) of a Meeting Between President Truman and Prime Minister Churchill, 8 Jan., 1952, FRUS 1952-54, vi, part 1.

③ Alan P. Dobson & Steve Marsh. Churchill at the Summit: SACLANT and the Tone of Anglo-American Relations in January 1952. The International History Review, Vol. 32, No. 2 (2010), pp. 211-228.

度获得过往辉煌的冰冷现实。① 至此，大西洋的海权也终于易手。

三、美英在太平洋、印度洋地区海权的转换的完成

从前文不难看出，1950 年爆发的朝鲜战争以及中国后续所作出的抗美援朝的决定，从很多角度永久地改变了当时的国际关系格局。而在太平洋地区，这一改变则表现得尤其明显。1951 年，时任美国国务卿杜勒斯面对亚太地区急遽紧张化的东西方阵营对抗形势，提出了利用西方阵营——主要是美国——在太平洋地区所享有的海权优势，对已经在很大程度上"受到共产主义思想影响"的东亚实施海上的战略封锁。他认为："美国在太平洋地区防务范围应是日本、琉球群岛、台湾、菲律宾、澳大利亚这条近海岛屿链。"②

在"二战"中实现了对太平洋战场军事控制的美国，在战后已经在太平洋地区建立起了一套较为完善的海军基地网络，横亘东、中、西太平洋三个海区。以这一网络为基础，美国政府在杜勒斯的影响下启动了对东亚大陆地区海空封锁线的构建工作。

为了堵上封锁线上的漏洞，除了继续追加对本国实际控制的战略支点的投入以外，美国政府自 50 年代开始还致力于联络封锁线上受到美国政治影响的国家，使其配合美国的封锁战略、允许美国海空力量的进驻。从 1951 年到 1954 年，美国先后同菲律宾、澳大利亚、新西兰、日本以及台湾地区签订了共同防御条约，从而将它的海空势力范围进一步逼近到中国近海。③

借助共同防御条约体系和海军基地体系，美国完成了对太平洋上几乎所有岛屿群的直接和间接控制，并组织起了后世所著名的"三条岛

---

① Alan P. Dobson & Steve Marsh. Churchill at the Summit: SACLANT and the Tone of Anglo-American Relations in January 1952. The International History Review, Vol. 32, No. 2 (2010), pp. 211-228.

② 刘娟. 美国海权战略的演进[D]: 博士. 武汉大学, 2010: 176.

③ 刘娟. 美国海权战略的演进[D]: 博士. 武汉大学, 2010: 177-178.

链"。最西边的第一道岛链由阿留申群岛、朝鲜半岛、日本群岛、琉球群岛、台湾岛以及菲律宾群岛组成,第二条岛链则由日本本岛、关岛、印尼马鲁古群岛组成,而第三条岛链的主力则是阿拉斯加、夏威夷、其他的美属太平洋岛屿以及澳大利亚和新西兰。凭借美国在太平洋长期经营的基础设施,这三条岛链至 50 年代中期便基本完成,配合美国强大的海空军力量以及经历"二战"考验的、完善高效的后勤补给维修体系,美国具备了向东亚大陆任意一处地点发动海空压制行动的能力。

而此时的英国在东南亚地区的海权则由于前文所述的"二战"的结果,失去了其独立自主性,其海权利益和美国海权利益发生了高度的同化。而由于在太平洋地区占据主导的是美国而非英国的战略规划,因此在实践中,英国在东南亚的海权逐渐演变为为美国的整体战略而非为英国的整体战略服务的海权,成了依附美国的大太平洋海权而存在的附属品。在对美国而言的战略地位上,仅在太平洋地区而言,英国逐渐处在了一个和澳大利亚和新西兰等原英国自治领同等的水平,配合作为海权主导者的美国展开活动。

在 1971 年底英国撤出东南亚以后,新加坡作为海军强国军事基地的历史得以在冷战时期暂时结束,自此以后,英国只在香港保留着一支象征性的驻军力量,直到中华人民共和国恢复行使香港主权。而由于前文中所提到的历史原因,香港欠缺作为军事基地必要的基础设施条件,无法真正为英国履行海军战略支点的职责,因而实际上英国控制下的香港并不能够成为海权影响力的投射中心,英国在太平洋的海权存在因此也随着新加坡驻军的撤离而彻底终结。

传统上,美国对印度洋地区的利益关切是极为淡薄的,甚至比起对地中海地区的漠视都有过之而无不及。这是因为,在美国接手全球霸权之前,它所秉承的战略安全观并不要求其关注过分偏远而又无法对美国利益形成威胁的环印度洋地区。① 与之相对地,作为英国殖民帝国链条中最为精华、最为宝贵的一环即印度的所在地,印度洋对于海权立国的英国来说堪称重中之重。早在 18 世纪,英国就完全形成了对印度洋海洋霸权的控制,这种控制在随后的 2 个世纪中更是被不断地强化,使得英国依托其殖民地,在印度洋逐步构建起了完备的军事基地体系和海军力量投射网络。②

在"二战"结束后,美国在迎来国力崩溃的英国的主动引导下,接手了全球治理的工作,同时也继承了英国的全球安全观。③ 伊朗危机后,秉承这种安全观的美国产生了在印度洋建立常态化军事存在的需要。而在这一需要诞生之时,英美已经建立起了同盟关系,为了尽快引入美国的帮助,英国提出了主动邀请,允许美国直接使用其在印度洋经年经营的基础设施体系,这样美国就无须在印度洋从头建立自己的军事基地网络。④ 这种做法虽然极大地方便了美方影响力的拓展,但是和英国太平洋舰队在"二战"末期的太平洋战场上所面临的情况类似,进驻印度洋的美国军事力量就此形成了对英国所提供的软硬件设施的高度依赖。因此直到冷战中期,印度洋海权的主导者都仍然是英国而非美国,在英国的帮助下,美国不存在对整片印度洋建立海权控制的需求,只满足于依托英国的印度洋海权,在类似于伊朗以及巴基斯坦等冲突焦点投射军事力量集中施压。

这一状态随着 1967 年 11 月爆发的又一次英镑危机迎来了终结,1967 年底,英国做出了彻底撤出东南亚以及中东地区、不再在印度洋和太平洋地区保留军事部署能力的决策,这一决定在北约内部引起了轩

① Mark A. Stoler. Allies and Adversaries: The Joint Chiefs of Staff, the Grand Alliance and U. S. Strategy in World War. Chapel Hill NC: University of North Carolina Press, 2000: 114-115.

② 刘娟. 美国海权战略的演进[D]: 博士. 武汉大学, 2010: 180-181.

③ Martin McCauly. Origins of the Cold War. New York NY: Routledge, 2015: 145-157.

④ Julian Lewis. Changing Direction: British Military Planning for Post-war Strategic Defence, 1942-47. London: Routledge, 2008: 82-84.

然大波，更是遭到了美国尤为激烈的反对，因为美国发现英国的衰退速度甚至比他们所期望的要快得多，而美国还根本没有做好全面接管英国战略防卫责任的准备。时任美国国务卿迪安·腊斯克毫不掩饰对于英方这一决定的失望和不满，而某位不知名的美国国务院官员更是在公开场合怒斥向国务院通报这一决定的时任英国外交大臣乔治·布朗："像个英国人一点啊，乔治，像个英国人一点！你们怎能如此背叛我们？(Be British, George, be British-how can you betray us?)"①在美国政府看来，英国至少需要在东南亚以及波斯湾继续保持军事存在，因为美国自己在这些地区仍然缺乏战略支点，他们仍然需要依赖英国的帮助在当地投射影响力。② 英国主动撤出、放弃这些战略支点的政策不仅让它对美国的合作价值大幅缩水，也让美国对英国的观感出现了倒退。时值1969年尼克松总统就任，美国同样启动了暂时性的战略收缩，可是英国从印度洋和太平洋，尤其是从也门的撤出，却逼迫美国不得不在战略收缩时期出手，和苏联争夺对印度洋的海权控制。

在冷战时期，美苏两国在印度洋进行了长期的海权相持。通过一系列外交手段，苏联在冷战中后期逐渐转向亲社会主义阵营立场的埃塞俄比亚获得了能够控制红海通道的海军基地，其辐射范围直达北部的地中海和南部的莫桑比克海峡，而美国则针锋相对地通过接管英国在印度洋的海军基地和加强进驻海军力量予以回应。③ 在海权相持中，苏联方面逐渐显露出了弱势，这是因为从海洋交通线来看，由于黑海海峡的封锁，苏联本土港口到印度洋海军基地的路途过于遥远，几乎都要从海参崴或是欧洲港口绕远路抵达，并且沿途也几乎不存在能够为苏联海军提供支持的战略支点，相对而言，美国一方由于掌握大西洋和太平洋的制

---

① David Reynolds. A 'Special Relationship'? America, Britain and the International Order Since the Second World War. International Affairs (Royal Institute of International Affairs 1944-), Vol. 62, No. 1 (1985-1986), pp. 1-20.

② David Reynolds. A 'Special Relationship'? America, Britain and the International Order Since the Second World War. International Affairs (Royal Institute of International Affairs 1944-), Vol. 62, No. 1 (1985-1986), pp. 1-20.

③ 刘娟. 美国海权战略的演进[D]；博士. 武汉大学, 2010；180-181.

海权，在印度洋部署海军力量更加方便。这一根本上的差距在部分程度上催动了苏联对阿富汗的入侵，苏联入侵阿富汗，其背后的主要意图之一便是直接在印度洋腹地建立本土陆路可以直通的海军基地。[①] 当然，这一努力随后迎来了失败，在黯然从阿富汗撤走之后不久，苏联就走向了解体，由此在和美国的印度洋海权斗争中也不战而败。至此，在失去了所有对手之后，印度洋海洋霸权也被美国纳入掌控。

在冷战时期，英美海权利益逐渐走向高度趋同。这是"二战"结束后，在没有紧迫的战争威胁的情况下，英美仍然得以实现和完成和平海权转移的重要因素。通过可控的权力让渡，英国成功保证了其核心战略利益在综合国力滑坡期也不至于受到伤筋动骨的损害。而对于美国来说，全球海洋霸权则是支持其在冷战和后冷战时代实现全球部署、全球存在的重要基础，也是美国实践其全球治理最有价值的资产之一。

第四节 小 结

对比美英两国的战后规划时间线就能看出，为了不重蹈"一战"覆辙，未雨绸缪的美国在"二战"启动战后规划的时间甚至比英国方面还要早上许多。依靠着充足的准备，美国在战争过程当中得以逐步产生出一整套全面的战后世界秩序建构规划，这其中当然也包括对海权的处置。在战后规划中，美国首先确定下了将除美英以外几乎所有主要国家，特别是日本以及诸欧洲传统强权"无害化"的目标，由此基本上消灭了这些国家在战后同美国海权利益出现冲突，并对美国提出海权挑战的可能性。然后，美国又基本上确定了在战后美国所希望达成的海权势力范围。和冷战时代极为不同，制定战后规划时期的美国政府在很大程度上依然秉承着其传统的半球防卫安全观，并不寻求在全球所有海域达成海洋霸权，只希望实现对太平洋以及大西洋海域的掌控，甚至在地缘

---

① 刘娟. 美国海权战略的演进[D]：博士. 武汉大学, 2010：181.

上作为环大西洋海圈一部分的地中海，美国在冷战格局来临前也并不存在在其中建立海权的需求。在世界的其他海域建立海洋霸权的需求是随着美国在英国的引导下逐步接管冷战格局下的全球治理事务出现的。

而在另一方面，在"一战"中凭借完备的战后规划最终"赢家通吃"的英国，在"二战"中的战后规划工作却由于初期所面临的巨大压力而启动得极为滞后，这导致了英国在两国战争初期所进行的、有关战争目标以及战后秩序的磋商中表现得极为被动。特别是在大西洋会议上，面对已经提出了基本成型的世界秩序构想的罗斯福一方，没有对等竞品的丘吉尔基本上只能够选择接受美方的构想，甚至对于其中与英国利益形成直接冲突的部分内容，也只能以拖延而非反对来应对。

于是，在战事的发展以及战后规划的发展两方面的共同作用下，英美两国在世界秩序的设置问题上基本上是以美方的诉求以及构想为主干的。在己方的战后世界秩序规划，特别是关于夺取殖民地等物质利益的规划基本破产之后，英国决策层很早就预见到了英国很可能会因为战后的经济转型困难而爆发一系列的危机，并使英国在战后的战略博弈和决策中陷入极大的被动。因此为了规避这一灾难性结局，英国在整个战争末期都在寻求经济的软着陆。但是这些努力基本上都完全迎来了失败。不出意料地，没有租借法案支持，也没有攫取到新的殖民地的英国在战后快速迎来了经济的硬着陆，国家财政被高居不下的内外债务和继续疯涨的外汇和英镑的需求前后夹击，很快就被逼到了绝境。财政上的绝境又连带着逼迫英国政府对美国在重大问题上作出妥协以换取金融援助，随后又是由于国内物资供给水平低迷而导致了政治危机，迫使英国政府牺牲海外利益以节省投入。就这样，在经历了战时的灾难性连锁反应后，英国在战争结束之后又经历了第二波灾难性的连锁反应，直接造成了20世纪40—60年代英帝国的解体和英国海外势力的总崩溃。不过，相对于战时，英国在战后的两轮国力崩溃前后所花的时间要漫长得多，这是因为战后时期英国所面临的内外矛盾的紧迫性和尖锐性都远不如战时的内外矛盾那样猛烈，矛盾的爆发也更不密集。这给了英国调整国家战略的时间，让它从拥有全球战略利益、维持全球战略存在的大国，逐渐转变为了依附美国而存在、拥有国际战略利益关切的大国，在这一过程中，英美之间的最后一轮海权转移也得以完成，而在这一时期，和全球海洋霸权的转移基本上同步发生的，还有英国的战略安全观以及全球治理思维模式向美国的转移。

通过展现主动顺应霸权转移的态度，英国将原本就已经同美国的海权形成利益高度重合的英国海权基本上顺利地让渡到了美国的控制之下。在历史的大背景下，这是国力处于无可挽回的衰退之中的英国将自己的战略利益同美国绑定，以此在丧失霸权后部分保留其国际地位以及既得利益的尝试的一部分。而在美国一方，在接管了全球海洋霸权之后，美国也基本上如英国所希望的那样，成了英国地缘战略和殖民政策遗产事实上的继承人。从这个角度来看，无论是英国，抑或是美国，实际上最后都没有能够完全按照自己的意愿来塑造新的世界秩序，英国最终失去了殖民帝国体系和其全球大国地位，而美国则并未能够成功摆脱阵营对立格局的历史循环。但在另一方面，英美两国却又都成了实际形成的世界秩序下的重要受益者和参与者，英国凭借可控的主动权力让渡，实现了由美国代管原本由其所负责的战略责任，而美国则获得了助力其赢得冷战胜利，成为唯一超级大国的全球海洋霸权。两国在历史的浪潮之下，在夹杂于理想与最终的现实之间所上演的精彩的政治与外交的博弈，至今仍具有重要的参考价值。

第六章　结　　语

本书之前的章节对 20 世纪英美海权和平转移的历史过程进行了较为细致、全面的分析和论述。而在结语部分，本书将会对英美全球海权和平转移的几点重要因素进行分析，并阐释这一海权转移过程在国际法上有何意义，最后，本书还将对英美全球海权和平转移的历史启示进行总结。

第一节　英美全球海权和平转移的诸因素分析

一、危机管控失败所引发的英国海权崩溃

纵观英国在"二战"时期国力快速崩溃的历史过程，我们不难发现一个高频出现的词汇："计划失控"。从 30 年代对德联合威慑的构建到 40 年代经济危机的过早来临，英国在这十几年中所面临的灾难性局面的源头基本上可以被概括为危机管控失败造成的危机提前爆发。

正如前文所述，作为全球霸权的英国是以一种"海洋群岛"式的模式存在的，无数英国的殖民地和海外自治领星星点点地分布在全球的各个角落。英帝国没有传统意义上的缓冲区，也没有传统意义上的大后方，所有的领土都可能成为直面矛盾与冲突的第一线，因此所有的领土都需要军队的保护。但是英国本身的经济根本不允许它在全球所有的领地同时供养为数不少的常备军，因此，英国全球殖民体系的安全在很大

程度上依赖英国通过海权将军事力量不停地在世界各地轮换、转移和部署的能力。这意味着英国缺乏同时应对全球多地同时爆发危机的能力，因为它的武装力量在同一时间只能够集中保护整个英帝国的少数几处地方。而由于客观条件的原因，在20世纪上半叶，英国开始越来越多地依赖以降低容错量、压榨国家潜力的方式来实现全球治理，这让整个英国从军事、经济再到政治的每一根弦都处于被绷紧的状态，也使得英国霸权的最大弱点被充分暴露出来。在许多方面，英国都没有能够为政策的失败预留足够的缓冲，导致其中每一环的崩坏都会非常容易地在短时间内引爆不可控制的恶性连锁反应。

从对德危机管控失败开始，欧洲战争的过早爆发导致了军备尤其是海军重振计划彻底胎死腹中，而战备的不足又导致了法国的快速失败，法国的战败导致意大利加入战争，欧战局势进一步恶化，战线扩大、殖民帝国大动脉告急。而战线的扩大和敌我军力的此消彼长又让扩建计划被撤销、主力舰数量不足的英国海军被迫钉死在西半球水域，亚太威慑力量不足，而亚太威慑力量不足又直接导致了日本对英美荷的战争爆发，战争态势进一步恶化，军力愈加捉襟见肘。军力的不足和战线的扩大一方面导致英国的战争消耗激增，财政濒临崩溃；另一方面又导致了其所依赖的大西洋后勤生命线缺乏保护，不断地遭受沉重的打击，对英国乃至整个盟军的后勤在长时间内都造成了巨大的压力。而这二者最终都使得英国对美国的经济、物资和装备援助的依赖一步步加强到无可挽回的地步，将自己在同美国的博弈中逼入了一个极端不利的位置，直至从政治上和物质上都失去了继续维持其海洋霸权所必需的能力。

而在战后，英国在战争中所建立的对美国经济、物资和装备援助的依赖以及战争所造成的的巨额财富消耗与财政亏空，又让刚刚走出战争的英国立刻陷入了经济上的绝境，迫使英国在尚未有机会喘息的情况下就必须继续向美国作出妥协，以换取维持国家正常运转和缓解危机所必须的借贷。而在借贷又因为客观条件的变化而比计划提前一年消耗殆尽后，走投无路的英国只得通过进一步放弃海外利益来减少投入。海外利益的放弃，尤其是核心殖民地印度的独立又更加地对英国长远的经济复苏产生了不利影响，经济的限制又反过来在长期制约了英国的内外政策选择，倒逼英国政府不断地作出战略收缩的决策。

正如我们所看到的，在经历了战时和战后两轮如多米诺骨牌一样的恶性连锁反应之后，英国在短短的几年之内就葬送了战前还风头正盛的全球海洋霸权，也连带着彻底改变了整个世界以及人类历史的走向。笔者认为，比起美国在 20 世纪前 50 年相对平稳的崛起，英国在 20 世纪 30—40 年代这短短的时间内宛如幻梦一般快速衰落的过程无疑更加具备借鉴和思考的价值。

二、战后环境下英国"主动"让渡海权的政策选择

由于美国的核攻击和苏联的参战，日本在德国被击败仅仅 4 个月后就宣布了无条件投降，也使得英国借助拖延战争状态抓紧进行战时经济转型的愿望成了泡影。日本投降后，由于美国立即中止了租借法案，英国失去了援助物资供应，又在战争中消耗掉巨额财富而债台高筑，立刻就陷入了严重的经济困境。财政和经济问题，成为了导致英国在战后出现两轮全球战略大撤退的最大、最根本的原因。

然而，战略大撤退却并不意味着英国甘心放弃它的海外利益关切。它仍然希望能够在全球各地继续维持着对苏联的遏制，仍然希望其殖民利益能够得到保护，在英国自身迫于形势无力开展这些行动的情况下，它选择让另一个有能力的国家代其行动，这个国家自然就是美国。为了能够让美国政府心甘情愿地自主作出帮助英国保卫其战略利益的政策选择，英国政府可谓殚精竭虑。正如本书前文所述，英国领导人最后所作出的决定，便是通过将美英战略利益绑定来实现英美目标的同化。这一大背景造就了冷战环境下英国主动向美国让渡出包括地中海以及印度洋海权在内的数项关键权力的行为。

对于当时的英国而言，战后获得美国的支持并不是顺理成章、天经地义的，在战争末年至战后初期，英美苏三方实际上正处在一个历史的十字路口上，三方彼此都同时存在着一定的合作空间和一定的战略猜

忌。即使是在个人外交意志更加明晰坚定的罗斯福总统去世，而更易受影响的杜鲁门总统接任初期，这一情况也仍然存在。

丘吉尔以及艾德礼虽然在波茨坦会议上借助美国领导层的变更成功扩大了美苏之间的隔阂，但是并没有一举成功引导美苏关系的崩盘。因为此时的美国固然和苏联存在着冲突，却也不一定和英国采取同一个立场。波茨坦会议时的杜鲁门以及美国军方依然没有确定战后和其他国家政治关系的基调，因此也自然还没有决定是否要和英国共同对抗苏联。正是出于这一考虑，杜鲁门在波茨坦会议上拒绝了丘吉尔所提出的在轴心国被击败后，将两国的联合参谋部变成永久性机构并进一步深化军事合作的提议。因为在杜鲁门看来，一个在联合国体制之外，具备永久性、排他性的美英军事联盟在此时他所设想的未来世界秩序之中显得过于突兀。在敌人已经不存在的情况下，这样一个军事联盟将要指向世界上的哪一个政权是一个高度敏感而棘手的问题。苏联可能会因为这样一个机制在战后的继续存在而感到不安和焦虑，因为在战后的世界，苏联是唯一一个可能具备足够的实力被英美联合针对的国家，这只会平白在美苏关系之间设下障碍。①

在波茨坦会议后至杜鲁门主义出台这段时间里，为了扭转美国的战略思维，诱使其接受英国共同抗苏的政策，工党政府做了许多努力。在波兰、希腊、伊朗、土耳其等地，英国不断地蓄意将英苏利益冲突的事态扩大化、性质严重化，意图将它和苏联之间的矛盾转嫁为整个西方阵营同苏联的矛盾，由此成功地煽动起了战后自认为西方阵营领袖的美国国家领导层团体对苏联的敌视。

这种潜移默化的思维影响最终在东地中海危机中为英国带来了巨大的回报，自战争结束以来，早已对苏联在东西方阵营交界处的频繁试探变得高度敏感的杜鲁门政府在1946—1947年开始将保卫黑海海峡不被突破看作美国所必须担负的责任。此时恰逢内外交困的英国迎来战后第

① Robert M. Hathaway. Ambiguous Partnership: Britain and America 1944-1947. New York NY: Columbia University Press, 1981: 172-173.

一轮全球战略大撤退，于是在双方的共同期望下，撤出地中海的英国和进驻地中海的美国完成了地中海海权的无缝交接。美国在这次事件中确实取代了英国，完全掌控了地中海的海洋霸权，但是这却在很大程度上是由实力衰退的英方所主动促成的。而掌握了地中海海洋霸权的美国最终也仍然是在为英国数百年来的战略利益服务，只不过此时英国早已通过各种外交手段成功将这一战略利益升化为了整个西方阵营共同的战略利益。

印度洋海权的转移也有着同样的性质。长期以来，美国并不主动寻求在印度洋建立海权，英国在印度洋的海洋霸权一直维持到了冷战中期的 20 世纪 60 年代，美国则满足于借助英国方面的协助来完成对环印度洋地区的影响力投射。例如，在环印度洋地区东西方阵营矛盾最为集中的伊朗-波斯湾地区，由于是英国的传统利益区，因而有着长期经营的殖民资产。而此时的美国还缺乏对伊朗-波斯湾地区发起影响力投射所需的基础设施以及资源，因此其与伊朗的接触在相当一段时期内都高度依赖英国的协助。

正如前文有关印度洋海权转移的正文部分所述，英国所作的撤出波斯湾、马来亚，并停止保留在苏伊士运河以东开展军事行动的能力的政策决定甚至遭到了美国的反对，因为美国并不希望代替英国主动承担控制印度洋海权以及完全自主维持对周边影响力的责任。因此甚至可以说，美国是在一种极为不情愿的情况下，从又一次主动选择了战略撤退的英国手中接过印度洋的海洋霸权的。而在掌握了印度洋海洋霸权之后，就像在地中海一样，美国最终也仍然在环印度洋地区服务着英国，而非美国数百年来所关心的战略利益。它在伊朗、巴基斯坦和阿富汗抵御着苏联南下的势头，并保卫着这一地区英国众多前殖民地以及英联邦成员国的安全。这又是一项被英国巧妙地包装成为西方阵营共同战略利益的、原本独属于英国的利益关切。

我们可以看到，利用自己"亲近美国、一致对苏"的身份，英国最终还是得以成功建立了战后美英军事同盟，随后它又借助这一同盟关系，将原本同自身密切相关、而并未牵涉到美国的地缘战略利益上升为美英军事同盟对苏的共同利益关切，这让美国在长期保护这一共同利益关切的过程中又潜移默化地将它自己变成了这些利益关切的牵涉方，一举转变了美国自立国开始所持有的对英国殖民体系的敌视情绪，并"无中生有"地构建起了美国对英国地缘战略政策的继承。从这个角度来讲，战后发生的地中海以及印度洋海权的转移，更多的是英国为了将美英战略利益绑定所支付的代价。甚至可以说，对美国而言，在地中海和印度洋的霸权确立与在大西洋和太平洋地区的海洋霸权确立不同，是负担大于收益的。而对于英国而言，顺应国力衰退而做出的包括两次主动的海洋霸权让渡在内的一系列举措，成功地让英国在世界秩序彻底翻新的情况下，仍然得以像在作为旧秩序领导者时一样以最大的获益者之一而存在。

三、英美软硬实力的消长对海权转移所起到的推动作用

早在"二战"爆发乃至更早之前，美国就在通过各种方式寻求着增强自身的海权影响力。在这一时期，最为被美国政府所重视方式便是海军舰队实力的增强以及海外基地体系的构建。这些硬实力的建设让美国在"二战"爆发前得以拥有一支规模不可小觑的庞大舰队和太平洋海域上横亘东西的海军基地网络。但是正如正文部分有关美国战前国家战略构建部分的内容所述，这些建设成果实际上并没有能够在"二战"爆发前帮助美国在相对于包括英国在内世界上其他海军强国而言的海权竞争能力上获得显著强化。这在很大程度上是由于美国政府在软实力建设上的长期缺位而造成的，在"二战"爆发前，美国的军队乃至国家决策体系在整体上都面临着组织结构松散、决策效率低下、人员专业素质参差不齐、各部门机构间缺乏有效沟通协调的问题。这些问题不仅导致了美国政府层面的战略规划滞后，也同样对美国海军夺取制海权造成了严重的阻碍。"橙色计划"便是一个最好的例子，在已经出台了对日作战计划的情况下，陆海两军却因为根本战略方针的选择差异而出现争执，直接使得这一计划陷入瘫痪，根本不具备在实际层面得到执行的可能性。

在对日战略事实上缺位，并且短期内无法弥补的情况下，此时的美国海军纵使总吨位远远超过日本海军，其在太平洋地区同日本海军争夺海权的能力恐怕也还是要大打折扣。

而同时期英美海军军事合作的进展困难也同样暴露了美国软硬实力所存在的严重的不匹配。在英国方面一直保持着积极推进合作的态度的前提下，英美海军军事合作的发展不畅，乃至一度陷入停滞，这在很大程度上就是美方军政决策机构的责任。直至Z舰队抵达新加坡，日本即将对盟军发动进攻的前夕，英美才通过海军军官之间的对话勉强达成了集合海军力量协防新加坡的共识。对于英国来说，此时的美国在联合海军行动的规划以及实行中所表现出的低效率正印证了第一海务大臣巴克豪斯曾经对它的评价，即美国无法成为一个有价值的合作对象。

在美国加入战争的早期，这样严重的软硬实力不匹配也在很长一段时间之内没有得到妥善的应对。这一点在战术战略两个层面上都有非常好的体现。

在战术层面上，参与到大西洋反潜作战中的美国海军在初期的表现令英国海军极为失望。和英国完全不同，此时同样作为海军大国的美国根本不具备成熟的护航反潜作战经验。在"二战"之前，由于在很大程度上忽视了护航反潜作战能力的建设，美国在如何在战时保护海上后勤线这一领域几乎没有任何的理论与实践经验的积累。这导致"二战"初期的美国在护航反潜的理论以及应用领域上实际存在严重落后和不足。落后的理论积累直接导向了美国海军决策层错误的作战策略，使得美国海军在早期根本没有能够实现对盟国海上后勤线的有效保护。直到大西洋反潜作战进入1943年，美国海军在关键技战术水平以及理念上的短板才在实战磨炼以及英方的教导下有所好转。

而在战略层面上，美国又陷入内部军政高层的战略之争，在战略和政策层面研究上也非常不足，在行政和外交斗争中则缺乏技术、缺乏纲领。美方的这些缺陷最终在卡萨布兰卡会议中被充分暴露出来。在两国军官团专业素质以及双方背后军政系统有效性的直接交锋中，英美双方的差距表现得淋漓尽致。英方军官团有着整个英国政府的统一支持，能够给出条理分明、思维清晰、思考全面、有理有据的行动方略，而美方军官团却完全不具备同等的竞争能力，不但无法做到内部的意见统一，也根本拿不出一整套成体系的、能够和英方方案相对抗的提议。美方所能提出的，只有重返太平洋和发动跨海峡登陆这两个完全无法在表面上形成联动的作战计划，而就是在仅有的两项提议中，美方既不能给出这两个作战方案的实施细节，也给不出作战结束后大体的善后方案以及解放区处置措施，更无法就这两个方案的实施对反法西斯战争的整体意义给出满意的答复。面对毫无准备、一盘散沙的美方，英国方面的提议在可行性、合理性、说服力等方面全面超过了对手，使得后者连像样的抵抗都做不出来，只能选择全盘接受英方的意见。

我们从前文不难看到，在1943年初，由于惨烈的战争消耗，英国包括军队、财政以及工业水平等在内的硬实力已经遭到了重挫，而美方则在转入战时体制后开始展现出远远超过英国的强大工业产能，在各项硬实力指标上都已经在同盟国阵营内位居第一，甚至还在一定程度上建立起了英国对美国的后勤、工业以及经济依赖。然而就在这样已经逐渐走向失衡的硬实力对比下，借助仍然占据绝对优势的软实力，英国仍然能够逼迫美国全盘接受它的战略规划，依然能够让美国包括海军在内的军事力量向英国所设定的战略目标倾斜资源。处在这种状况下的美国海军乃至美国政府，从根本上缺乏促成盟军内部指挥权以及英美海洋霸权转移的条件。这就是美国在很长一段时间忽视软实力建设所导致的恶果。如果美国没有及时认识到问题所在，没有及时进行大刀阔斧的组织结构改革，那么美国应当就很难像历史上那样，在盟军内部的战略路线之争中获得胜利，并在最终成为二战最大胜利者之一了。

在经历了卡萨布兰卡会议后，痛定思痛的美国立刻展开了紧张的决策体系素质建设和组织改革，由此让美国方面的软实力也初步具备了竞争力。这一改善所带来的效果非常显著，美国成功地在德黑兰会议上驳倒了英国，将美国而非英国所关注的战略目标升化为了盟军战略。同时在战争的过程中，由于英国方面硬实力的缺乏，在地区资源的投入上被美国远远拉开，在资源投入上的优势消失后，英国也顺理成章地失去了不依赖美国、独立实施进攻战略的能力。英国必须依赖美国，而美国不必依赖英国的格局就此形成，由此双方在盟军体系中的主从关系被完全倒转。而在两国关系倒转之后，盟国海权也就在很大程度上变成了由美方占据主导的议题，也正是从这一阶段开始，美国才得以借助整个盟军的力量确保它所最为关注的太平洋以及大西洋的海权利益，并得以在战争时期基本完成了太平洋海权的独霸以及大西洋对英海权优势的实现。

在战争末期以及战后，由于在大部分情况下都已经不再具备和美国展开斗争所需的资源以及物力，英国逐渐开始习惯于规避和美国的硬实力竞争，转而在国际关系格局以及决策思路等方面展开对美工作，专注以侧重软实力的对美外交与博弈换取政治影响力。这一方针总体而言获得了成功。正如前文所述，通过挑拨美苏矛盾，英国促成了东西阵营对立的诞生，使得英美军事同盟在战后得以继续延续。而在军事同盟框架下，英美两国的战略利益由于本身的高度一致而逐渐被同化。如此，在由英国所挑动产生的冷战格局下，英国的海权利益逐渐与美国的海权利益趋向基本等同，二者脱离了"二战"结束之前的竞争关系，成了共生共存的关系。在这样的模式下，英国本身是否实际掌握海洋霸权已经不再重要，即使是将海洋霸权让渡给美国，美国也将会运用被让渡的海洋霸权继续为英国的战略利益服务。由此，英国在"二战"结束后所产生的新的世界秩序下，从客观实际情况出发，在国力急剧衰退期基本上成功完成了从硬实力大国到软实力大国的转型。在这一过程中，英国丢失了其在"二战"前所享有的海洋霸权国家地位，但是在新的海洋霸权美国的支持下，英国的核心战略利益却得以基本保全。

第二节　英美全球海权和平转移的国际法分析

20世纪上半叶所发生在英美之间的霸权转移是一场全方位的权力转移，伴随着海洋控制权的转移一同发生的，还有国际秩序的彻底翻新以及基于新国际秩序而出现的国际法体系的变革。其中，国际海洋秩序以及国际海洋法更是经历了十分重大的变化与发展。

一、英国主导下国际海洋秩序的发展

英国全球海洋霸权之下的国际海洋秩序发端于 17 世纪中后期，并在历经数次变革之后于 19 世纪晚期逐渐定型。在这一时期，受到帝国主义因素极大影响的国际海洋秩序，呈现出极为深重的不公正、不平等、不民主的特点。

17 世纪中期，英国颁布了名为航海条例的法案，该法案意图通过禁止英国殖民地同其他国家展开贸易的手段，实现英国对殖民地经贸，乃至欧洲海上贸易的垄断。此时的英国政府几乎将海洋看作独属于其一国的私产，意图实现英国船只对全球海洋贸易活动的事实性独占。这一态度当然招致了当时欧洲其他国家的断然回击，同样意图发展本国海洋贸易的荷兰、西班牙和法国等传统欧洲强权通过包括支持英国殖民地独立、对英国船只发动私掠等手段挑战了英国的海洋霸权。在这种情况下，认识到由本国独占海上贸易活动并不现实的英国政府在之后的一段时间内开始逐步调整了政策，开始承认其他国家商船进行海上贸易活动的正当性。

在克里米亚战争结束后，各参战国于 1856 年在巴黎和会上通过了《关于海战的巴黎宣言》。在宣言中，英国提出了"海上航行自由"，承认了海上贸易活动的自由性和开放性，这被认为是英国海洋政策转变的里程碑。从巴黎宣言开始，英国不再追求由一国完全垄断海洋商贸活动的国际海洋秩序，而是开始转变为追求构建由世界各国共同参与，并由英国一国"管辖"的国际海洋秩序。在对这一目标的追求过程当中，英国作了许多有关国际海洋法建设的探索，希望奠定国际海洋秩序的法律基础。然而，由于深刻的帝国主义局限性，这种探索工作的实际成果较为有限。

在 19 世纪晚期至 20 世纪早期这段时间里，世界上所存在的国际海洋法并不成体系，其结构较为零碎松散，形式也较为混乱。正如前文所述，英国在这一时期转而开始追求成为国际海洋秩序唯一的管理者和仲裁者，它并不希望将这些任务交由某一个国际组织来完成。因此，除了一般意义上的双边、多边条约和国际公约以外，如英国这样的海权强国所颁布的国内法在此时也扮演着国际海洋法的角色，在很大程度上规制着国际上的海洋活动。

在这之中，最为典型的案例便是有关领海的裁定，1878 年英国颁布了《领海管辖法》，率先以法律形式确立了领海制度，并将英国的领海范围确定为 3 海里。这一举动在之后也被各沿海国家以及海权大国所效仿，纷纷建立起了自己的领海管辖制度。在这样的潮流下，1930 年，国际联盟在海牙召开了会议，希望能够通过缔结多边条约以在国际法上确立起统一的领海制度以及规则。然而这一努力却遭到了失败，与会各国完全无法就领海长度问题达成一致，如英国等主要的海军大国和海权大国坚定支持 3 海里的划分，并拒绝认可其他海权较弱的国家所提出的更大范围的领海宽度。而在当时的国际秩序下，这一利益冲突在国际调解途径和工具仍然极为缺乏的情况下无法解决，国际统一的领海制度规则也因此无法成为现实。① 英国继续以 3 海里为标准定义着本国以及其他国家的领海范围，并以此定义制定海洋政策、开展海洋活动。

另一个同样非常典型的案例则是战时对敌国以及中立国商船的登临、查验以及拿捕行为的规定。如前文第一章部分所述，英国长期以来习惯于通过封锁敌国港口、扣押商船的方式来施加政治压力，这一权力不来自任何国际组织，也并非基于国际社会的共识，而是英国通过国内立法单方面授权，是对国际社会整体毫无益处、仅对其自身利益服务的设置。在 1899 年和 1907 年的两次海牙和平会议上，包括英国在内的与会各国尝试将包括海战在内的战争规则进行编纂。两次海牙和会编纂了共计 16 个公约，其中有 9 个公约关注了海战规则的制定和规范，并且几乎都同战时商船地位以及对商船捕获权有关。包括《关于 1906 年 7 月

① R. R. Churchill, A. V. Lowe. The Law of the Sea. Manchester: Manchester University Press, 1999: 73-74.

6日日内瓦公约原则适用于海战公约》(以及 1899 年 7 月 29 日的同名公约)、《关于中立国在海战中的权利和义务公约》、《关于战争开始时敌国商船地位公约》、《关于商船改装为军舰公约》、《关于战时海军轰击公约》、《关于海战中限制行使捕获权公约》、《关于敷设自动触发水雷公约》和《关于建立国际捕获法院公约》。① 在这之中，国际捕获法院在以英国为首的部分国家的阻挠下未能成功建立，由此英国等国得以继续在国内法的规制下单边开展对商船的拿捕和扣押行为，国际监督和国际协调成为空中楼阁。

此外，英国治下的国际秩序认可和支持主权国家之间通过使用武力解决冲突，这一点同样也反映在了当时的国际海洋秩序上。在英国掌握全球海洋霸权时期，国家之间的海权利益冲突最重要、最主要的解决方式之一便是海战。而对海战本身的规制则成为了 19 世纪中晚期到 20 世纪前中期条约规范的重心。前文提到的 1856 年巴黎宣言，以及 1899 年和 1907 年的两次海牙会议，都是以规制海战行为为主要内容的会议。这表示，在英国掌握全球海洋霸权的时代，海战是被国际法所认可和尝试规范的、合理合法的冲突解决手段，这是毋庸置疑的、对海军强国单方面有利的国际法设置。在这一时期的海军弱国，如中国、奥斯曼以及西班牙等国，其海洋主权和权益常被其他国家通过武力手段野蛮侵犯，侵犯者亦无需为其行为承担后果。虽然在"一战"过后，英国等国为了不再"重蹈覆辙"，开始积极投身于海军军备限制协商之中。但是海战本身作为争端解决的手段之一，其合法性并未得到否决，而国联则一无国际社会的普遍参与，二无管理国际海洋秩序的职权。因此，海军强国凭借武力在国际争端解决中合理合法地获得单方面优势，并且不需要为使用武力负责的根本问题没有能够得到解决。这也为英国所构建的国际海洋秩序最终在战争中迎来崩坏埋下了祸根。

从以上所述不难看出，英国霸权治下的国际海洋秩序，存在着非常

---

① Treaties, States Parties and Commentaries, IHL Database, International Committee of the Red Cross. https://ihl-databases.icrc.org/ihl.Accessed Mar 3, 2021.

浓厚的帝国主义、霸权主义色彩，"裁判员"和"运动员"的角色长期不能分离，国际法建设进展遥遥无期，普遍的国际参与被刻意地阻止。无论是在法理，抑或是在实践上，对英国等海权强国、海军强国单方面有利的设置比比皆是，国际公平、国际正义无处实现。而由于以上的因素，这一时期的国际海洋法的建设也鲜有积极性的成果，国际社会在关键问题上无法形成有效共识，国际组织缺位，导致除部分有关海战规则的法律以外基本没有出现有意义的发展和进步。

尽管如此，英国海洋霸权时代所建设的国际海洋秩序在当时来看，仍然存在着一定的进步性和正当性。在英国的全球海洋霸权初步建立之时，在全球各处肆虐的海盗组织仍然非常猖獗，海上航线的和平与稳定受到极大威胁。为了应对这一威胁对海洋商贸活动造成的损失，在数百年的时间里，英国持续投入海军力量严厉地打击了海盗活动，并基本上肃清了盘踞在大西洋、印度洋和东南亚海域的各海盗组织。从 19 世纪晚期开始，英国治下的国际海洋秩序随着海盗威胁基本消亡而实现了相较于之前的和平性与稳定性的长足进步。在非战争时期，海上航行的危险性极大降低，海上活动的安全性有了基本保障。

当然，由于主权国家之间使用海军武力解决争端的现象在当时仍然非常普遍，因此英国治下的国际海洋秩序距离实现真正的、总体性的和平与稳定仍然颇为遥远。英国打击海盗犯罪，并非为国际社会的利益服务，而是因为其本国以及遍布世界的殖民地的海上商贸活动最为繁荣，也是海盗活动最大的受害者。英国对海盗的打击实际上是出于利己，而非实践国际治理的目标。因此这与英国"既当裁判又当运动员"以及承认主权国家武力争端解决正当性等态度并不矛盾，都是为了英国一国的利益最大化而非国际社会整体的利益最大化，这也充分反映了英国所构建的国际海洋秩序在总体上的落后性。

二、美国主导下的国际海洋秩序的发展

作为同英国存在着较为显著海权利益冲突的大国，美国长期以来都

坚决要求在国际上彻底落实海洋航行与商贸活动自由，这一理念同英国管理下所谓的"海洋自由"有颇多的区别，具体来说，主要就表现为对主权国家(英国)是否有权随意拿捕和扣押第三国船只这一问题的立场分歧。在第一次世界大战时，总统威尔逊将美国在战争中的贡献视作参与对包括国际海洋秩序在内的国际治理工作的筹码，并提出了十四点意见。要求无论何时海洋均应保持开放，唯有国联有权全部或部分地关闭海洋，这一要求实际上是希望英国至少能够在法理层面上将海洋秩序的管理者和海洋秩序的参与者这两个角色进行分割，由国联取代英国，管理和仲裁海洋事务。威尔逊政府提出，在和平状态下，一切船只在海洋上可以自由航行；当发生战争时，中立国家的中立贸易权利应得到保证，国联有权出于维护国际责任的目的，限制违反国际条约的国家的航行自由。①

但是，正如前文有关凡尔赛体系的内容所述，美国在巴黎和会上并没有能够成功实现对战后国际秩序构建的参与，自身也并未加入国联，在缺乏制衡力量的情况下，国联几乎成了法国支持下的英国的一言堂，美国所期望的国际海洋秩序的变革因而未能在此时得以实现。

不过，随着第二次世界大战所带来的历史机遇，英美海洋霸权的转移加快了步伐。在战争时期，藉由硬实力以及话语权上的优势，美国迫使英国同意在战后致力于协助塑造包含符合美式理念的海洋自由原则的、新的世界海洋秩序。这是美国将其海洋自由理念在全球进行贯彻的关键一步。

在第二次世界大战时期，国际社会从技术到政治领域都发生了极为深刻的变化，这直接导致了海洋资源开发的概念发生了极大的拓展，在渔业资源开发之上出现了全新的维度。通过对海洋自然资源的勘探，以美国为首的部分国家开始意识到从海洋中获取油气以及矿产资源的可行性。

自"二战"晚期开始，美国逐渐在大西洋和太平洋确立起了海洋霸权。一方面，随着战事的进展和对美国世界地位的设想以及美国社会经济的发展，美国政府乃至工商界都出现了占有并开发更多战略资源的需求；而在另一方面，美国也具备强大的海军力量支持其实现对邻近海域的强化管理。在双重因素的推动下，美国政府开始寻求对本国大陆架行使独占性的权利。1945年，杜鲁门总统发布了《关于大陆架的底土和海床自然资源政策的公告》，史称《杜鲁门公告》。

《杜鲁门公告》认为，与美国海岸相毗邻的公海海底的大陆架资源属于沿海国，并受其专属管辖。为了规避其加强海域管辖的立场和一直以来的海洋自由立场之间可能的冲突，美国政府在《杜鲁门公告》中特别提出大陆架的上覆海域并非领海，美国仍然坚持3海里领海规则，并只对大陆架的资源开发行使独占性权利，在大陆架上覆海域的航行活动不受任何影响。同时，美国还分化了海洋自由的概念，提出海床与底土不应受到该概念的限制，因而可以成为被主权国家所占有的对象。

然而，虽然美国政府做出了上述的规避设置，但是对大陆架资源的独占性管辖归根结底仍然构成了国家海域管辖范围的扩大，从而还是对美国一直以来所坚持、并在战后刚刚得以确立的、以海洋自由理念为核心的国际海洋秩序形成了冲击。在《杜鲁门公告》诞生后，一大批国家紧跟着发表了类似的对于大陆架以及其所蕴藏的资源拥有归属权的宣言，开始"哄抢"对海洋资源的独占性开发权。但是，由于对大陆架的权利在国际社会上是一个新问题，此前并没有成熟的、可供参考的国际惯例，因而跟随美国宣布对大陆架拥有权利的各个国家所提出的主张，从权利的性质到大陆架范围的定义都各不相同，甚至有国家借此机会拓宽领海要求。而在这一批已经宣布了大陆架权利的国家之后，还有一大批新兴国家正在考虑海洋资源的开发问题，并势必将要按照他们自己的理解来主张大陆架权利。由此，国际上快速出现了主权国家纷纷以国内立法扩大海洋管辖权的混乱热潮。

面对这一在很大程度上由其自身所引发的国际乱象，美国政府开始寻求运用此时仍然受到其深度影响的联合国组织来作为协商解决问题的平台，希望借助联合国对当时已经基本广泛参与到联合国体系中的国际社会施加影响力。在美国的推动下，联合国责成1948年设立的国际法委员会对包括大陆架问题在内的海洋问题进行研究，为后续将要由其主持召开的联合国海洋法会议做准备。

在作出由联合国出面、以国际法形式处理海洋问题争端的决定之时，美国政府在事实上促成了数个有着重大意义的国际海洋秩序变革的诞生。

其一便是由拥有广泛国际参与的国际组织而非某一主权国家实行对国际海洋秩序的管理以及海洋争端的解决。在美国的主导和推动下，新的国际海洋秩序终于在法理上实现了将"裁判"和"运动员"的角色分离开来。并且，由于联合国本身有着国际社会的普遍参与，除了传统海军强国、海权强国之外的众多主权国家也得以通过联合国这一平台加入对国际海洋秩序构建的讨论，并在秩序构建基本完成后也得以以平等地位参与到对该秩序的管理工作之中。从公平性的角度而言，这确实是相较于英国海洋霸权时代的显著进步。

其二便是争端解决的方式去武力化。在战后，以联合国宪章为基础衍生出的国际法体系禁止主权国家之间使用武力解决争端。从法理上看，战后国际社会的武力使用权被集中到了联合国安全理事会，因此在原则上杜绝了国与国之间大规模海军武装冲突的情况发生，1929年非战公约由此得以成功拓展为国际社会所普遍遵循的基本原则。这代表战后的国际社会以联合国的名义剥夺了主权国家以海战形式完成海权争夺这一做法的合法性。美国所提出的由联合国主持国际会议解决大陆架划界乱象的提议，为后续国际社会围绕海洋权益争端的和平解决创立了具有正面意义的范本。

其三便是国际海洋法体系化建设的重大进步。1958年于日内瓦召开的第一次海洋法会议产生了日内瓦海洋法四公约。这些公约以国际共识的形式确定了领海的定义、领海主权、无害通过权、公海自由、大陆架划界原则、大陆架主权权利等多个极为重要的基础性概念。这是国际社会第一次成功地完成对国际海洋法，特别是非军事性的和平海洋规则的较为系统的编纂工作，是极为有益的重大发展。

对比英国海洋霸权时代碎片化、零散化的海洋法，1958年的国际海洋法会议在海洋法的体系化、系统化上迈出了重要的一步。在1958年的日内瓦会议上，标准的、受国际社会认可的国际海洋法创制流程逐步成型，由联合国统一负责国际海洋法的讨论、编纂以及制定工作成为了惯例，这对后续国际海洋法的继续完善有着重要的意义。然后便是一系列非军事化的国际海洋法规则的成功确立，包括对旧有的国际习惯的编纂以及新规则的创制。这是国际海洋秩序和平化、规范化进程道路上的重要里程碑，对国际社会和平开发和利用海洋资源、和平处理海洋权利争端都有着正面意义。

当然，这些有益的变革可能并非当时的美国政府有意为之，在20世纪40年代末至50年代，美国仍然能够对联合国组织施加无人能比的影响力，其根本诉求是借助联合国为工具，在战后国际政治环境下合法化对国际海洋秩序的一国专制。然而，随着历史的发展进步，联合国这一组织自冷战后期开始逐渐向公平化、民主化的方向迈进，以中华人民共和国为代表的、大量的第三世界国家在联合国中逐渐成为不可忽视的力量，并积极参与到对包括国际海洋秩序以及国际海洋法体系建设等工作在内的一系列重要事务中。美国不再能够独占联合国的决策权，其早年将权责交给联合国的举动因而便在客观上促成了上述这些具备积极意义的后果。

此外，1958年的海洋法会议也确定了美国主导下的世界海洋秩序的总基调，即在坚持整体的海洋自由的前提下，确保海洋主权得到一定程度的拓展，以满足国际社会以及美国国内的普遍诉求。在这样的基调下，美国主导下的世界海洋秩序的核心要素仍然是海洋自由。无论是包括军舰在内的外国船只在他国领海不须通报和批准便能享有的无害通过权，还是公海上所有国家的船只都能够享有、不限于公约规定的公海自由，都是美国长期以来所秉承的海洋自由理念的具体体现。在随后的第二和第三次国际海洋法会议中，美国始终保持着对国际海洋法体系建设工作的高参与度，并持续地以其海洋自由为主的理念影响着联合国的讨论。可以说，在很大程度上，正是在海洋自由理念以及强化海洋主权诉求的共同作用下，战后的国际海洋法体系才得以诞生，国际海洋秩序才能够实现相较于战前的重大变革。

我们可以看到，美国接管英国的全球海洋霸权，为国际海洋秩序的发展进步、为海洋法体系的建设带来了具有进步意义的进展。然而，我们也不难发现，美国治下的国际海洋秩序仍然存在一些自英国霸权时代便存在的历史遗留问题，其中最为具有代表性的遗留问题便是国内法超越国际法在国际社会上的应用。以《联合国海洋法公约》为例，该《公约》中所包括的有关领海、专属经济区以及自由航行权等条款为构建国际社会所全体认可的海洋秩序提供了极为重要的参考和指导。从理论上而言，《联合国海洋法公约》在很大程度上正是长久以来美国所鼓吹的全球海洋自由航行权理念的具现化，但是在实践中，美国政府并不满足于被《联合国海洋法公约》的条款所限制，迄今也并未批准该《公约》。为了维持其全球海洋霸权，美国将国内法超越《联合国海洋法公约》进行应用，擅自对国际社会其他国家的海洋活动进行定义，对其是否构成所谓对海洋航行自由的侵犯进行认定，并依照认定结果予以对应的行动。这些行动并不是在联合国抑或国际法院等国际组织的授权下进行的，而是美国一国的单边行为，其同旧时代英国维持海洋霸权的行为一样，饱含了霸权主义色彩，并仍然保留了一定程度的不公正、不平等、不民主的性质。它的存在，正说明了当前的美国实际上效仿了旧时代的英国，将其海洋霸权置于其他所有国家合理合法的海权利益以及诉求之上，这也正是当前国际海洋秩序改良以及国际海洋法体系建设所应当继续瞄准的方向。

第三节　英美全球海权和平转移的历史启示

一、英国海权衰落与美国海权兴起的原因探讨

英国海权的衰落，从很大程度上来说同英国综合国力的衰落是同步

的，而在另一方面，美国海权的兴起，从很大程度上来说也是同美国综合国力的兴起是同步的。因此，如果我们想要站在一个相对客观、全面的角度来看待英美之间的海权和平转移历史过程，首先就必须要真正理解英美在 20 世纪上半叶国力相对消长的模式。本书《导论》的文献回顾部分已经介绍了目前西方学界存在的两大主流的解释英美国力消长模式的理论，即以保罗·肯尼迪和柯瑞利·巴奈特等人所代表的传统长年表理论和以马特尔、雷诺兹、麦克尔彻和达尔文等人所代表的的新兴短年表理论。而通过全书的论述分析不难发现，在英美海权转移的历史过程中，短期性和偶然性扮演了非常重要的推动作用。这更符合短年表理论而非长年表理论的论述。

在二战之前的间战期，正如本书第一章所论述，英国仍然牢固地掌握着包括海洋秩序在内的世界秩序的领导权，在彼时的世界中心欧洲，英国也是地位最为超然的国家。而此时的美国虽然已经拥有了不容小觑的经济规模以及工业实力，却仍然是一个或多或少地游离于世界体系边缘的角色，让它取代英国掌控世界秩序的领导权在此时看起来仍然是一个遥不可及的想象。然而，在欧洲局势失控、全面战争爆发后，英国在一系列突发的灾难性决策失误以及战略失败中迎来了塌方式的国力崩溃。这种短时间、快速而又全面的总崩溃，正是英国在 20 世纪 40 至 50 年代这一关键时期对美国在经济、军事、政治、外交、战略等多个重大领域作出妥协的根源所在。在"大崩溃"中，英国所经历的军事危机首先逼迫它不得不在战略上靠近美国以获取支援，这样就形成了英美关系不容破裂的大前提，在这样的大前提下，英国在与美国的交流中就天然地处在被动的请求帮助的位置。

而随着战事的发展，英国所面临的长时间持续的军事危机又连带着造成了严重的后勤危机与经济金融危机，英国对美国的依赖由此快速形成并逐步加强至无法挽回的地步，这种依赖在之后的两国交锋中又被美方频繁地利用作为获得博弈优势的重要砝码。帮助美国在多个重大战略议题的争斗中赢得胜利，并直接帮助决定了战后世界的走向。

从这个角度而言，西方一部分历史与国际关系方面学者将 1940 年投降的法国看作"改变世纪走向的支点（Fulcrum of the Century）"是不无道理的。① 正是法国的快速投降彻底打碎了英国围绕英法同盟所构建的对整个欧洲乃至对世界的战时战略规划，让原本还是世界秩序领导者的英国在顷刻之间就面临着生死存亡。在战略上的绝境中，英国才或主动或被迫地大量向新的盟友，即美国，让渡出它原有的权力，以求换取战争的胜利以及自身的生存。而在确实赢得战争后，英国又因为在战争中所形成的不可逆转的对美依赖而无法从美国手中拿回它原先所让渡的权力，包括海洋秩序在内的世界秩序的归属由此也永久性地发生了改变。

　　分析到这里，我们或许能够对短年表理论所强调的英美海权转移过程中的"短期性"因素有更加充分的认识。但是仅仅片面地认识到英美海权转移的短期性也是不够全面、不够客观的，我们同时还必须认识到英美海权转移当中同样存在的长期性属性。如果仅仅从1940年英国遭遇国力崩溃的危机开始观察英美海权转移的过程，那么其实就在相当程度上忽视了英美两国海权转移实际发生之前一系列至关重要的铺垫性变化。

　　首先，通过前文的论述可以得知，在"二战"爆发之后，美国在很短的时间内就建立起了在太平洋、大西洋和地中海战场的主导地位，并且很快就通过其巨大的工业产能优势对英国军事后勤和民生经济形成了垄断，这一看似在短时间内完成的过程是英美海权转移的重要组成部分。但是，这一过程得以实现的基础本身却依赖美国在战争爆发以前国内建设成果的长期积累。如果没有自19世纪末开始的经济腾飞以及随之而出现的国内工农业的爆炸式发展，美国就不可能在"二战"开始后迅速凭借其产能优势垄断盟国的后勤，并让英国在短时间内就形成对美援的依赖。而如果没有自20世纪初开始的大规模军事建设，美国也很难在加入战争后在各条战线上迅速承担起战争主导国的职责，也就不可能在短时间内获得对盟军战略方向的话语权优势。

---

　　① David Reynolds. 1940: Fulcrum of the Twentieth Century? International Affairs (Royal Institute of International Affairs 1944-), Vol. 66, No. 2 (1990), pp. 325-350.

　　而除此以外更重要的是，美国对成为海洋霸权这一目标本身的认识也并非在一夜之间形成的。自美西战争之后，美国经历了一个持续数十年的建构国家战略目标的过程。正是在这个过程中，美国社会上下才逐渐发现他们所拥有的世界观、价值观以及他们理想中的世界秩序，与在英国的主导下所构筑的世界秩序存在巨大的、不可调和的根本性冲突。也正是在这一过程中，美国政府才逐渐发现，美国对于海洋航行自由与全球贸易自由的追求是英国所不可能支持的，而英国将殖民地经济循环对外封闭的贸易保护主义行为也让美国所深恶痛绝。在巴黎和会上，美国试图通过和平参与现行世界秩序治理、从内部改良的尝试又遭到了完全的失败，这证明以温和手段创造有利于美国的世界秩序是不可行的。正是在这些长期的认识以及经历中，美国政府和美国社会才逐渐认识到，必须完全颠覆英国所创造并维持的世界秩序，从头建立有利于美国的新的世界秩序，而海洋霸权的建立正是实现这一目标的必要一步。

　　其次，英美海洋霸权转移这一过程能够以和平的形式进行，本身也绝非短期内的偶然因素所促成的。第一次世界大战结束之后，在巴黎和会上空手而归的美国和英国的关系由于包括海洋航行自由权之争在内的多个利益攸关话题立场上的剧烈分歧而立刻变得极为紧张，两国甚至一度出现过因为这些争端而引爆直接战争的可能性。自柯立芝总统开始，英国和美国启动了逐渐缓和双方关系的持续努力，至第二次伦敦海军会议，英美双方的关系才改善到足够产生战略和军事合作，这为战争爆发后美国先期同情英国的立场打下了重要的基础。可以看出，如果没有历经十年之久的这一系列和英国缓和矛盾、促进互相理解的努力，英国也很难在"二战"开始后迅速赢得美国的同情和支持，美国完全有可能基于旧有的对英敌意和在数十年发展历程中出现的利益冲突而选择站到英国的对立面去，从而让英美的和平海权转移不复存在。

　　最后，英美的海权转移过程作为发生在国际社会的重要历史过程，实际上也是有着世界上其他国家和地区的参与的，而这些国家和地区长期以来对英美两国政策所形成的观感则在很大程度上决定了这些国家在参与过程中的态度。

从本质上而言，英国所维持的以殖民霸权为核心的世界秩序具备纯粹利己的自私性和生产关系上的落后性。为了保证殖民帝国内部的经济健康运转，英国对外实行歧视性的经贸政策，大部分的经济体量都对外界封闭。此外，英国还奉行对海上航行自由权和贸易自由权的限制，这些政策对世界的总体繁荣发展构成了阻碍，许多国家的对外经贸利益也因为英国的这一海洋政策无辜受害。此外，由于长期致力于维持一个全球性的殖民帝国不受外界挑战，以及自身作为一个岛国在欧洲政治事务中的地位，英国的欧洲乃至全球政策都是以分化和遏制等手段为基础的。英国需要在不同的时期打击和拉拢不同的国家以维持总体的均势，这导致在长时间的霸权统治中，英国与世界上几乎其他所有国家都积累了非常深层的矛盾，这些矛盾最终都会呈现为国际社会对英国所建设和主导的，包括海洋秩序在内的世界秩序的总体反感。

而与此同时，美国所希望建立的世界秩序理念则同英国相比有一定的进步性。美国希望消除殖民地和殖民经济统治体系，在全世界推行机会均等的自由贸易体系，并且长期以来，美国都是带头反对英国对海洋航行自由与贸易自由限制的标杆国家，追求世界海洋秩序的彻底更新。正是因为出于对英国主导的世界旧秩序的反感，以及对美国所提出的一系列设想的认同和期待，法国、意大利和其他很多欧洲国家乃至斯大林所领导的苏联，才愿意选择美国作为战时和战后的首要政治与经济合作对象，并愿意承认美国所确立的海洋霸权的相对合法性。而这种对英国的反感和对美国的欢迎并非国际社会短期变化的产物，而是数十年乃至上百年以来世界各国对英国主导的世界秩序的不满的积累，这同样是英美海权转移过程中不可忽视的长期性因素。

因此，虽然从表面上看，英美和平海权转移的大部分过程是在1940—1942年的短短数年中快速完成的，但是实际上这一过程实现所需要满足的各种条件无一不是在国际社会长期的发展过程中出现并成熟的。

从这个角度来看，英美海权转移的过程本质上是英美两国长期性因素与短期性因素的交错。其中英国一方以由短期性因素为主的内外因为主线，在国力衰退中失去了海洋霸权，而美国一方则以由长期性因素为主的内外因为主线,在国力上升中扩张了海洋霸权。

在"二战"爆发前的一段相对较长的时间中,美国在英国主导海洋霸权的格局下,实现了工业、经济与军事规模显著、稳步的提升。而同时期的英国则在竞争压力日趋强大的情况下,通过自我压榨的途径勉力实现着对世界霸权以及全球海洋霸权的控制。在"二战"爆发后,英国所维持的这一局面被来自多方的挑战快速打破,随之出现了英国综合国力的剧烈缩水以及大规模的战略收缩。面对这一剧变,美国政府认识到了历史机遇的来临,并及时作出了决策,成功将其在之前数十年中所积累的发展成果转化为大国博弈以及海权竞争中的强大实力,并一举实现了海洋霸权的确立和国际地位前所未有的上升。

二、英美海洋霸权和平转移的历史对中国海洋强国战略的启示

在当前的国际社会,中国正在寻求和平崛起的发展道路。但在西方国家,对中国威胁论的炒作却一刻都不曾停止,西方的部分学者以及政论家对中国能否在崛起过程中规避同美国的"修昔底德陷阱"也抱有悲观的心态。曾在国务院与五角大楼任职的美国外交政策学者科里·谢克(Kori Schake)就是其中非常具有代表性的一员。她所著的《安全通路:英美霸权的交接》一书认为,英美在20世纪中叶所达成的和平海权转移是在满足了一系列极度苛刻的条件之后才得以发生的。这一过程是由包括政治、科技、社会和经济等方面在内众多不可控性极高的内外因素合力达成的结果。基于这一论断,谢克给出了一个非常明确的态度,即鉴于中美之间远比英美之间要少的共性,和当前国际环境与当时国际环境之间具体情况的极大不同,以复制英美权力转移的模式来规避中美之间的海权利益冲突是不切实际的。①

---

① Kori Schake. Safe Passage The Transition from British to American Hegemony. Cambridge MA: Harvard University Press, 2017: 271-294.

　　这种悲观态度的源头从很大程度上产生于对过往霸权转移过程，尤其是 20 世纪上半叶英美和平海权转移的研究。在对历史案例进行研究后，部分西方人士便悲观地认为，和平权力转移的条件要求是极为严苛的，而英美海权和平转移是不可复制的。而由于这一案例的不可复制，便没有已知的促成中美维持和平博弈格局的可行途径。前文中，科里·谢克的论述正体现了这一思维模式。客观而言，这一思维模式在目前的西方学界颇有市场。但是我们需要认识到谢克以及西方的其他学界与政界人士所作的类似判断中存在的根本性缺陷，即历史观体系的缺陷。

　　从谢克所作的典型论述中不难看出，其将参与这两个历史过程中的中美、英美两对国家看作在一个相对较长的历史时期内沿着固定不变的轨道发展与互动的实体。只能够被动地等待着某一个"注定"时刻的来临。在中美博弈中，这一"注定"的时刻便是两国的直接武装冲突，而在英美海权转移中，这一"注定"的时刻便是英国无可避免地被美国超越。根据本书《导论》的文献回顾部分关于博特利耶对目前西方学界英美海权转移历史过程的研究成果的系统梳理与总结，我们可以发现这种历史观具有非常强烈的长年表理论的色彩。

　　长年表理论的逻辑便是大国博弈与国力兴衰的过程完全由国内外的长期性环境条件或者固定的属性等永久或半永久性存在并产生影响的因素而决定，而国家自身，特别是被超越的一方，在这一过程中实际上更多的是一个被动等待改变来临的受体。传统的长年表理论学派在解释英美海权转移过程时，往往会片面地注重历史必然性的论述，过分强调国家在长期历史潮流中的被动性，认为长期因素所塑造的历史进程是必然无法在相对较短的时期内被偶然因素改变的。

　　相对而言，较新的短年表理论则认为，造成英美国力对比态势出现这一剧变的最主要原因并非外部因素的宏观演变，例如国际经济和政治局势的长期发展，而主要是由于短期内制定和产生影响的一系列主观政治决策，以及不可预料的突发性事件。包括博特利耶在内的一部分西方学者据此认为，英美海权和平转移这一历史过程最主要的特殊性并非在于其和平属性，而在于其诠释了国际社会的重要演化趋势。随着人类的发展进步，国际社会已经演变成了一个非常微妙而精巧的政治环境，而在极短的时间内发生的不可预见的剧变就能够极大地改变这个政治环境的生态，而绝无仅有的和平海权转移只是伴随这一演化趋势所出现的一部分表征。

短年表理论这一理论分支的确跳出了过往长年表理论旧有的框架，并在相当程度上批判了长年表理论的缺陷与弊端。然而正如前文所论述，这一理论本身也有失偏颇，与长年表理论过分强调宿命论、片面观察英美海权转移长期性的理念相反，短年表理论"矫枉过正"，又在很大程度上忽视了影响到两国之间博弈的长期性与必然性因素，并将大国博弈过程中体现在外的那一小部分内容简单地看作过程本身。因此这一理论同样是不客观、不全面的，也仍然还有继续进步和完善的空间。

虽然如此，但是众多学者近年来对短年表理论的探索，也终于打破了以往西方学界中对英美海权转移过程的解释一家独大的垄断局面。在之前的分析中，我们可以看出，正是由于受到了长年表理论中所潜藏的"长期存在的内外部因素与相对固化的先天和后天属性，是大国博弈走向最主要且不可抗拒的影响因素"这一逻辑的深刻浸染，谢克等人才会以诸如历史文化隔阂、语言隔阂、价值观隔阂等长期要素出发，先入为主地对中美两国关系在未来的走向作出悲观的判断。从这个角度而言，新生的短年表理论从理论基础的层面给了我们一个打破这种判断垄断的机会。从第一章的分析中我们不难发现，英美两国在间战期逐步积累起了涉及政治、经济、社会、海权以及价值观等领域，多层次、多维度的矛盾与冲突。在 20 世纪 20 年代末，这些矛盾与冲突逐步激化形成的紧张局势一度将两国引向战争。但是在随后爆发的第二次世界大战（典型的无可预见的短期因素）中，英美却还是能够规避两国仍然存在的许多龃龉，通过逐渐形成趋同的、包括海权利益在内的一系列利益关切建立起牢固的战略合作关系，并将这种关系一直保持到当代。

从短年表理论的视角来看，英美和平海权转移的历史过程实际上对于当下的中美关系有着积极的启示意义，它实际上昭示了中美之间是有可能在不爆发直接冲突的前提下规避或者解决两国争端的。然而，我们同时也需要认识到，作为全球霸权的美国在当代确实同中国存在着全方位的、远比曾经的英美矛盾尖锐的结构性矛盾。美国建制派团体对中国抱有持久深刻的成见，对中国不信任、不友善、不认可的情绪在美国社会也已经随处可见。而随着中国未来综合国力的持续增长，美国决策团体和社会群体对中国的反感乃至敌意都会逐渐加强，在未来，中美关系的对抗一面应当会长期处于较为紧张的状态。

不过，作为两个大国，中美也在维护世界和平稳定、促进全球发展繁荣等方面存在着相当程度的共同利益，这些显著的共同利益与关切当然也反映在海洋上。中美两国都希望维持现有以航行自由理念为核心的世界海洋秩序，并支持通过和平的多边合作途径使其逐步完善。同时，中美两国也都存在着保护国际贸易航路，使其不受国际恐怖主义和地区不稳定因素影响的关切；在关于海洋资源的和平开发与利用，以及海底光缆等基建设施的建设工作上，中美也存在普遍性的利益共同点。笔者认为，这些都为两国形成包括海权利益在内普遍的利益趋同打下了良好的基础。结合前文论述，在合作与对抗中持续摇摆，就是中美两国博弈的长期性与必然性所在。

而在另一方面，参照英美和平海权转移的案例，以及短年表理论对于短期因素的论述，中美之间现有的这一关系格局，在未来有可能会被某一个突发性事件催化并改变，而引导这种改变向着正面的、有建设性的方向发展，则需要中美两国的共同努力。中美双方需要基于现有的、包括海洋利益在内的利益趋同点加强合作对话，管控分歧、减少冲突，而另一方面，中国也需要加强软硬实力建设，形成有效的对美政策杠杆，使美国无法承受中美对抗以及"脱钩"的代价，从而为未来将会出现的短期因素创造有利于其发挥建设性作用的条件和环境，以求推动对"修昔底德陷阱"的成功规避。

主要参考资料

（一）英文参考资料

英文档案

［1］ADM 1/9081/340, Admiralty, and Ministry of Defence, Navy Department: Correspondence and Papers, Naval strength: proposed new standard, 1937.

［2］ADM 116/3922, Admiralty: Record Office: Cases, Naval Co-operation with USA: discussions and conversations with Captain Ingersoll USN, 1936-1939.

［3］ADM 116/4302, Admiralty: Record Office: Cases, Exchange of Naval information between USA and Britain, 1937-1940.

［4］ADM 167/56, Board of Admiralty: Minutes and Memoranda, Board Minutes, 1919.

［5］BT 87/12, Ministry of Production: Ministers' and Officials' Papers, Minister of Production-The Rt. Hon. Oliver Lyttelton-2nd visit to U. S. A. Oct. -Dec. 1942, 1942.

［6］CAB 16/37/1, Committee of Imperial Defence, Ad Hoc Sub-Committees: Minutes, Memoranda and Reports, Capital Ship in the Navy: report and proceedings, 1920-1921.

［7］CAB 16/80, Committee of Imperial Defence, Ad Hoc Sub-Committees: Minutes, Memoranda and Reports, Belligerent Rights: Technical Sub-Committee, 1929.

[8] CAB 16/112, Committee of Imperial Defence, Ad Hoc Sub-Committees: Minutes, Memoranda and Reports, Defence Requirements Sub-Committee: report, proceeding and memoranda, Vol II, 1935.

[9] CAB 53/5, Committee of Imperial Defence: Chiefs of Staff Committee: Minutes and Memoranda, Minutes of Meetings nos 131-170, 1934 July 3-1936 Mar 31.

[10] CAB 65/10, War Cabinet and Cabinet: Minutes (WM and CM Series), Cabinet Conclusions, (40) 281-(40) 312, 1940 Nov 1-Dec 31.

[11] CAB 69/1, War Cabinet and Cabinet: Defence Committee (Operations): Minutes and Papers (DO Series), Meetings 1 (40)-52 (40), 1940 May 10-1940 Dec 28.

[12] CAB 67/7/33, War Cabinet: Memoranda (WP(G) Series), Papers Nos. 151(40)-200(40), Memorandum: Merchant Shipping, 12 July 1940.

[13] CAB 79/27/35, War Cabinet and Cabinet: Chiefs of Staff Committee: Minutes, War Cabinet and Cabinet: Chiefs of Staff Committee: Minutes, Minutes of Meetings nos. 91-149, Post Hostilities Planning Sub-Committee, 1943 Aug 11.

[14] CAB 79/70/20, War Cabinet and Cabinet: Chiefs of Staff Committee: Minutes, War Cabinet and Cabinet: Chiefs of Staff Committee: Minutes, Minutes of meetings (O) nos. 31-60, Control Commission Planning Machinery. PHP(44)6(Final), 1944 Feb 17.

[15] CAB 79/72/15, War Cabinet and Cabinet: Chiefs of Staff Committee: Minutes, Minutes of meetings (O) nos. 91-112, Post Hostility Planning Organisation, 1944 Mar 30.

[16] CAB 79/75/9. War Cabinet and Cabinet: Chiefs of Staff Committee: Minutes, Minutes of meetings (O) nos. 171-190, FUTURE RELA-

TIONS WITH FRANCE. PHP(44)32(Final), 1944 June 01.

[17]CAB 80/27, War Cabinet and Cabinet: Chiefs of Staff Committee: Memoranda, Memoranda Nos. 201-300, 1941 Mar 30-1941 May 10.

[18]CAB 80/82/17, War Cabinet and Cabinet: Chiefs of Staff Committee: Memoranda, Memoranda (O) Nos. 306-390, Strategic Aspect of the Discussions on Oil Policy. Report, 1944 Apr 5.

[19]CAB 84/20, War Cabinet and Cabinet: Joint Planning Committee, later Joint Planning Staff, and Sub-committees: Minutes and Memoranda (JP, JAP and other Series), Memoranda Nos 515-559, 1940 Oct 4-23.

[20] CAB 119/65, War Cabinet and Cabinet Office: Joint Planning Staff: Correspondence and Papers, Post-war planning: proposals for international bases; strategic requirements in the Middle East, 1942-1943.

[21] FO 371/12823, Foreign Office: Political Departments: General Correspondence from 1906-1966, United States. Code 45 File 133 (papers 1753-end), 1928.

[22] FO 371/13548, Foreign Office: Political Departments: General Correspondence from 1906-1966, United States. Code 45 Files 1586-2335, 1929.

[23] FO 371/18733, Foreign Office: Political Departments: General Correspondence from 1906-1966, United States. Code 45 File 22 (papers 3407-5263), 1935.

[24] FO 371/23561, Foreign Office: Political Departments: General Correspondence from 1906-1966, Japanese foreign policy, Anglo-American naval conversations. Code 23 file 456 (papers 3889-9034), 1939.

[25] FO 371/24710. Foreign Office: Political Departments: General Correspondence from 1906-1966, Far Eastern situation: British policy: United States views: Japanese-American relations: Japanese-Axis Agreement: Anglo-American cooperation in the Pacific: Soviet attitude towards Far Eastern question: Far Eastern Committee: Singapore Conference: Japanese inten-

tions in the Far East: British-American-Dutch conversations: Anglo-American staff talks: financial aid to China: Soviet army in the Far East, etc.. Code 61 file 193 (papers 4648-5203), 1940.

[26] FO 371/25208, Foreign Office: Political Departments: General Correspondence from 1906-1966, POLITICAL: WESTERN: Co-ordination, 1940.

[27] FO 371/26151, Foreign Office: Political Departments: General Correspondence from 1906-1966, POLITICAL: AMERICAN United States, Aid for Britain. Code 45 file 18 (papers 5245-end), 1941.

[28] FO 371/26219. Foreign Office: Political Departments: General Correspondence from 1906-1966, Anglo-United States staff talks. Code 45 file 384 (to paper 2337), 1941.

[29] MT 40/41, Sea Transport: Correspondence and Papers, Convoys: Ministry of Shipping demand for increased naval protection, 1940.

[30] MT 59/871, Shipping Control and Operation: Correspondence and Papers, Steel: memorandum to Prime Minister on import and production, 1940.

[31] PREM 3/271/9, Prime Minister's Office: Operational Correspondence and Papers, MEDITERRANEAN, Effect of Anvil on Italian campaign, 1944 July.

[32] DDE, Eisenhower Papers, 3: 1708, Marshall to Eisenhower, 7 Feb. 1944,

[33] DDE, Eisenhower Papers, 3: 1712, Diary Entry, 7 Feb. 1944,

[34] DDE, Eisenhower Papers, 3: 1793, Eisenhower to Marshall, 27 Mar. 1944,

[35] FDRL, Adolf A. Berle, Jr., Papers, Box 213, Berle Diary, 8 July. 1941.

[36] FDRL, President's Secretary's File (Franklin D. Roosevelt Administration), Box 142, London Naval Conference, 1934-1935.

[37] FDRL, Sumner Welles Papers, Box 61, T Document 202, The Italian Empire: Political Considerations, 29 Dec. 1942.

[38] FDRL, Sumner Welles Papers, Box 193, P Document 213, Agenda for the Meeting of March 13, 1943: Part I: Treatment of Japan, 10 Mar. 1943.

[39] FDRL, Sumner Welles Papers, Box 193, Problems confronting the United States in connection with the British Empire, 12 Dec. 1942.

[40] FDRL, Sumner Welles Papers, Box 199, Milwaukee Town Hall Speech, 23 Oct. 1950.

[41] FRUS, The Conferences at Cairo and Tehran, Memorandum by the United States Chiefs of Staff, 18 Nov. 1943.

[42] FRUS, The Conferences at Cairo and Tehran, Minutes of the Presidents Meeting With the Joint Chiefs of Staff, November 19, 1943, 2 P. M., Admiral's Cabin, U. S. S. "Iowa", 19 Nov. 1943.

[43] FRUS 1952-1954, Vol. VI, Part 1, United States Delegation Minutes of the Second Formal Meeting of President Truman and Prime Minister Churchill, 7 Jan. 1952.

[44] FRUS 1952-1954, Vol. VI, Part 1, Memo by Special Assistant to the Secretary of State (Battle) of a Meeting Between President Truman and Prime Minister Churchill, 8 Jan. 1952.

[45] FRUS 1952-1954, Vol. VI, Part 1, Secretary of Defense (Lovett) to the Supreme Allied Commander, Europe, 24 Jan. 1952.

[46] RG 165, Records of the War Department General and Special Staffs, ABC 381(9-25-41), Section 7, Embick and Fairchild to Marshall, 4 Jan. 1943.

[47] RG 218, Records of the U. S. Joint Chiefs of Staff, CCS 381 (4-24-43), Section 1, Part 1, Agenda for Next United Nations Conference, 24-26 Apr. 1943

[48] RG 218, Records of the U. S. Joint Chiefs of Staff, CCS 381 (4-

24-43), Section 1, Part 1, JWPC 14, 'Conduct of the War, 1943-1944, 7 May. 1943.

[49]RG 218, Records ofthe U. S. Joint Chiefs of Staff, CCS 381 (4-24-43), Section 3, JCS 283/1, Current British Policy and Strategy in Relationship to That of the United States, 8 May. 1943.

[50] Naval Archives, Ingersoll File, Record of Conversations with British in Regard to Bringing Ingersoll Conversations Up-to-Date, 13 Jan. 1939.

[51]Naval Archives, U. S. Serial 09212-6, US-UK Conversations Minutes, 31 Jan. 1941.

[52]Naval Archives, U. S. Serial 09212-10, US-UK Conversations Minutes, 10 Feb. 1941.

英文著作

[1]Alan P. Dobson. Anglo-American Relations in the Twentieth Century: Of Friendship, Conflict, and the Rise and Decline of Superpowers. London: Routledge, 1995.

[2]Alan P. Dobson. US wartime aid to Britain 1940-1946. London: Croom Helm, 1986.

[3]Alex Danchev, Daniel Todman, ed. Field Marshall Lord Alanbrooke, War Diaries, 1939-1945. London: Phoenix Press, 2002.

[4]Alfred D. Chandler, ed. The Papers of Dwight David Eisenhower: The War Years, Vol. 2. Baltimore MD: Johns Hopkins University Press, 1970.

[5]Andrew Baker. Constructing a Post-War Order: The Rise of US Hegemony and the Origins of the Cold War. London: I. B. Tauris, 2011.

[6]Andrew Buchanan. American Grand Strategy in the Mediterranean During World War II. Cambridge: Cambridge University Press, 2014.

[7]Anthony Eden. The Eden Memoirs: The Reckoning. London: Cas-

sel, 1965.

[8] Ashley Jackson. The British Empire and the Second World War. London: Hambledon Continuum, 2006.

[9] B. J. C. McKercher. Anglo-American Relations in the 1920s: The Struggle for Supremacy. London: Macmillan, 1991.

[10] B. J. C. McKercher. Transition of Power: Britain's Loss of Global Pre-Eminence to the United States, 1930-1945. Cambridge: Cambridge University Press, 1999.

[11] B. J. C. McKercher. The Second Baldwin Government and the United States, 1924-1929: Attitudes and Diplomacy. Cambridge: Cambridge University Press, 1984.

[12] Bernard Brodie. A Guide to Naval Strategy. Princeton NJ: Princeton University Press, 1944.

[13] Charles Wilson. Winston Churchill: The Struggle for Survival, 1940-1965. London: Houghton Mifflin Company, 1966.

[14] Christopher D. O'Sullivan. Sumner Welles, Postwar Planning, and the Quest for a New World Order, 1937-1943. New York NY: Columbia University Press, 2008.

[15] Christopher Hall. Britain, America, and Arms Control, 1921-1937. London: Palgrave Macmillan, 1987.

[16] Christopher M. Bell. Churchill and Sea Power. Cambridge: Cambridge University Press, 2014.

[17] Christopher M. Bell. The Royal Navy, Seapower and Strategy Between the Wars. Stanford CA: Stanford University Press, 2003.

[18] Clark G. Reynolds. Command of the Sea, The History and Strategy of Maritime Empires. New York NY: William Morrow & Company, Inc. 1974.

[19] Clark G. Reynolds. History and the Sea: Essays on Maritime Strategies. Columbia SC: University of South Carolina Press, 1989.

264

［20］Colin S. Gray, Roger W. Barnett, ed. Seapower and Strategy. Annapolis MD: Naval Institute Press, 1989.

［21］Correlli Barnett. The Collapse of British Power. London: Eyre Methuen Limited, 1972.

［22］D. Cameron Watt. Succeeding John Bull: America in Britain's Place 1900-1975. Cambridge: Cambridge University Press, 1984.

［23］Daniel Moran, James A. Russel, ed. Maritime Strategy and Global Order: Markets, Resources, Security. Washington DC: Georgetown University Press, 2016.

［24］Daniel Owen Spence. Colonial Naval Culture and British Imperialism, 1922-67. Manchester: Manchester University Press, 2015.

［25］David A. Baldwin. Power and International Relations: A Conceptual Approach. Princeton NJ: Princeton University Press, 2016.

［26］David Brown. The Road to Oran: Anglo-French Naval Relations September 1939-July 1940. London: Routledge, 2004.

［27］David C. Gompert. Sea Power and American Interests in the Western Pacific. Santa Monica CA: Rand Corporation, 2013.

［28］David Dilks ed. The Diaries of Sir Alexander Cadogan, 1938-1945. New York NY: G. P. Putnam's Sons, 1972.

［29］David Reynolds. From World War to Cold War: Churchill, Roosevelt and the International History of the 1940s. Oxford: Oxford University Press, 2007.

［30］David Rigby. Allied Master Strategists: The Combined Chiefs of Staff in World War II. Annapolis MD: Naval Institute Press, 2012.

［31］Davis Forrest. The Atlantic System: The Story of Anglo-American Control of the Seas. London: George Allen & Unwin Limited, 1943.

［32］Donald J. Lisio. British Naval Supremacy and Anglo-American Antagonisms: 1914-1930. Cambridge: Cambridge University Press, 2014.

［33］Edward John Sheehy. The U. S. Navy, the Mediterranean, and the Cold War, 1945-1947. Westport CT: Greenwood Press, 1992.

[34] Edward S. Miller. The U. S. Strategy to Defeat Japan. 1897-1945: War Plan Orange. Annapolis MD: Naval Institute Press, 1991.

[35] Eric H. Arnett. Gunboat Diplomacy and the Bomb: Nuclear Proliferation and the U. S. Navy. New York NY: Praeger, 1989.

[36] Frank D. McCann Jr. The Brazilian-American Alliance 1937-1945. Princeton NJ: Princeton University Press, 2015.

[37] G. H. Bennett. The Royal Navy in the Age of Austerity 1919-22: Naval and Foreign Policy under Lloyd George. London: Bloomsbury Academic, 2016.

[38] George C. Herring. From Colony to Superpower: U. S. Foreign Relations since 1776. Oxford: Oxford University Press, 2008.

[39] George Martin Alexander. The Prelude to the Truman Doctrine: British Policy in Greece 1944-1947. Oxford: Oxford University Press, 1982.

[40] George W. Baer. One Hundred Years of Sea Power The U. S. Navy, 1890-1990. Stanford CA: Stanford University Press, 1994.

[41] Greg Kennedy, ed. Britain's War at Sea, 1914-1918: The War they Thought and the War they Fought. London: Routledge, 2016.

[42] H. C. Allen. Great Britain and the United States: A history of Anglo-American Relations (1783-1952). New York NY: St. Martin's, 1955.

[43] Henry Butterfield Ryan. The Vision of Anglo-America: The US-UK Alliance and the Emerging Cold War, 1943-1946. Cambridge: Cambridge University Press, 2004.

[44] Hew Strachan. The First World War, Vol 1. Oxford: Oxford University Press, 2001.

[45] Ian Hamill. The Strategic Illusion: The Singapore Strategy and the Defence of Australia and New Zealand, 1919-1942. Singapore: Singapore University Press, 1981.

[46] James C. Bradford, ed. America, Sea Power, and the World. Malden MA: Wiley Blackwell, 2016.

[47] James R. Leutze. Bargaining for Supremacy: Anglo-American Naval Collaboration, 1937-41. Chapel Hill : University of North Carolina Press, 1977.

[48] James W. Peterson. American Foreign Policy: Alliance Politics in a Century of War, 1914-2014. New York NY: Bloomsbury Academic, 2014.

[49] Jill Edwards. Anglo-American Relations and the Franco Question 1945-1955. Oxford: Oxford University Press, 1999.

[50] Jo Inge Bekkevold, Geoffrey Till, ed. International Order at Sea: How it is Challenged. How it is Maintained. London: Palgrave Macmillan, 2016.

[51] John A. Adams. If Mahan Ran the Great Pacific War: An Analysis of World War II Naval Strategy. Bloomington IN: Indiana University Press, 2008.

[52] John B. Hattendorf, ed. Mahan on Naval Strategy: Selections from the Writings of Rear Admiral Alfred Thayer Mahan. Annapolis MD: Naval Institute Press, 1991.

[53] John B. Hattendorf, ed. Naval Policy and Strategy in the Mediterranean. London: Frank Cass, 2000.

[54] John Baylis. Anglo-American Defence Relations 1939-1980. New York NY: St. Martin's, 1981.

[55] John Cotesworth Slessor. The Central Blue: The Autobiography of Sir John Slessor, Marshal of the RAF. London: Cassell, 1956.

[56] John Darwin. The Empire Project, the Rise and Fall of the British World-System 1830-1970. Cambridge: Cambridge University Press, 2011.

[57] John Garofano, Andrea J. Dew, ed. Deep Currents and Rising Tides: The Indian Ocean and International Security. Washington DC: Georgetown University Press, 2013.

［58］John H. Maurer, Christopher M. Bell, ed. At the Crossroads Between Peace and War: The London Naval Conference of 1930. Annapolis MD: Naval Institute Press, 2014.

［59］Jon K. Hendrickson. Crisis in the Mediterranean: Naval Competition and Great Power Politics: 1904-1914. Annapolis MD: Naval Institute Press, 2014.

［60］John M. Lillard. Playing War: Wargaming and U. S. Navy Preparations for World War II. Lincoln NB: University of Nebraska Press, 2016.

［61］John R. Harrision. Fairwing-Brazil: Tales of the South Atlantic in World War II. Atglen PA: Schiffer Military History, 2014.

［62］John Robert Ferris. The Evolution of British Strategic Policy, 1919-1926. London: Macmillan, 1989.

［63］John Wheeler-Bennet. King George VI: His Life and Reign. London: St. Martins, 1958.

［64］Joshua R. Itzkowitz Shifrinson. Rising Titans, Falling Giants: How Great Powers Exploit Power Shifts. Ithaca NY: Cornell University Press, 2018.

［65］Julian Go. Patterns of Empire: The British and American Empires, 1688 to the Present. New York NY: Cambridge University Press, 2011.

［66］Julian Lewis. Changing Direction: British Military Planning for Post-war Strategic Defence, 1942-1947. London: Routledge, 2002.

［67］Kevin Smith. Conflict over Convoys: Anglo-American Logistics Diplomacy in the Second World War. New York NY: Cambridge University Press, 1996.

［68］Kori Schake. Safe Passage The Transition from British to American Hegemony. Cambridge, MA: Harvard University Press, 2017.

［69］Louis Morton. The War in the Pacific: The Fall in the Philippines. Office of the Chief of Military History, Department of the Army, 1973.

［70］Mark A. Stoler. Allies and Adversaries: The Joint Chiefs of Staff, the Grand Alliance and U. S. Strategy in World War. Chapel Hill NC: University of North Carolina Press, 2000.

[71] Mark R. Brawley. Political Economy and Grand Strategy. New York NY: Routledge, 2010.

[72] Martin Gilbert, ed. Winston S. Churchill, Companion, Volume. V, Part 1, The Exchequer Years 1922-1929. London: Houghton Mifflin Company, 1979.

[73] Martin Mace, John Grehan, ed. The War at Sea in the Mediterranean: 1940-1944. South Yorkshire: Pen & Swords Maritime, 2014.

[74] Martin McCauley. Origins of the Cold War: 1941-1949. New York NY: Routledge, 2015.

[75] Matthew Jones. Britain, and the United States, and the Mediterranean War 1942-1944. New York NY: St. Martin's Press, 1996.

[76] Maurice Matloff. United States Army in World War II—The War Department: Strategic Planning for Coalition Warfare, 1943-1944. Office of the Chief of Military History, Department of the Army, 1959.

[77] Melissa Yeager, Charles Carter, ed. Pacts and Alliances in History: Diplomatic Strategy and the Politics of Coalitions. London: I. B. Tauris, 2012.

[78] Michael A. Palmer. Origins of the Maritime Strategy: The Development of American Naval Strategy, 1945-1955. Annapolis MD: Naval Institute Press, 1988.

[79] Michael Eliot Howard. The Mediterranean strategy in the Second World War. London: Greenhill Pr, 1993.

[80] Michael G. Carew. The Impact of the First World War on U. S. Policymakers: American Strategic and Foreign Policy Formulation, 1938-1942. Lanham MD: Lexington Books, 2014.

[81] Michael J. Struett, Jon D. Carlson, and Mark T. Nance, ed. Maritime Piracy and the Construction of Global Governance. New York NY:

Routledge, 2013.

[82] Michael Simpson, ed. Anglo-American Naval Relations, 1919-1939. Surry: Ashgate Publishing, 2010.

[83] Michael Vlahos. The Blue Sword: The Naval War College and the American Mission, 1919-1941. Newport RI: Naval War College Press, 1980.

[84] Milovan Djilas. Conversation with Stalin. New York NY: Harcourt, Brace & World, 1962.

[85] Nicholas Tracy ed. The Collective Naval Defence of the Empire, 1900-1940. London: Ashgate, 1997.

[86] Patrick J. Hearden. Architects of Globalism: Building a New World Order during World War II. Fayetteville: University of Arkansas Press, 2002.

[87] Paul Kennedy. The Rise and Fall of Great Powers: Economic Change and Military Conflict From 1500 to 2000. London: Fontana Press, 1989.

[88] Peter Clarke. The Last Thousand Days of the British Empire, Churchill, Roosevelt, and the Birth of the Pax-Americana. New York NY: Bloomsbury Press, 2008.

[89] Peter Dombrowski, Andrew C. Winner, ed. The Indian Ocean and US Grand Strategy: Ensuring Access and Promoting Security. Washington D. C.: Georgetown University Press, 2014.

[90] R. R. Churchill, A. V. Lowe. The Law of the Sea. Manchester: Manchester University Press, 1999.

[91] Randall Bennett Woods. A Changing of the Guard: Anglo-American Relations, 1941-1946. Chapel Hill : University of North Carolina Press, 1990.

[92] Richard W. Fanning. Peace and Disarmament: Naval Rivalry and Arms Control 1922-1933. Lexington KY: University Press of Kentucky, 1995.

[93] Robert C. Stern. The US Navy and the War in Europe. Annapolis MA: Naval Institute Press, 2012.

[94] Robert M. Hathaway. Ambiguous Partnership: Britain and America, 1944-1947. New York NY: Columbia University Press, 1981.

[95] Robin Edmonds. Setting the Mould: The United States and Britain 1945-1950. Oxford: Clarendon Press, 1986.

[96] Stephen Roskill. Naval Policy Between the Wars. London: Collins, 1968-1976.

[97] Stephen Roskill. The War at Sea, 1939-1945. London: H. M. Stationery Office, 1954-1961.

[98] Stephen Roskill. The Strategy of Sea Power: Its Development and Application. London: Collins, 1963.

[99] Steve Weiss. Allies in Conflict: Anglo-American Strategic Negotiations, 1938-44. London: Macmillan, 1996.

[100] Steven T. Ross, ed. American War Plans, 1919-1941, Vol. 2. New York NY: Routledge, 1992.

[101] Thomas Mahnken, Joseph Maiolo, and David Stevenson, ed. Arms Races in International Politics: From the Nineteenth to the Twenty-First Century. Oxford: Oxford University Press, 2016.

[102] Vincent P. O'Hara. In Passage Perilous: Malta and the Convoy Battles of June 1942. Indianapolis IN: Indiana University Press, 2013.

[103] Vincent P. O'Hara. Struggle for the Middle Sea: The Great Navies at War in the Mediterranean Theater, 1940-1945. Annapolis MD: Naval Institute Press, 2008.

[104] Warren F. Kimball, ed. Churchill and Roosevelt: The Complete Correspondence. London: Collins, 1984.

[105] Warren F. Kimball. Forged in War: Roosevelt, Churchill, and The Second World War. New York NY: Harper Collins, 2011.

[106] William Roger Louis. Imperialism at Bay: The United States and the Decolonialization of the British Empire, 1941-1945. New York NY: Ox-

ford University Press，1978.

［107］Winston Churchill. The Second World War. New York NY：Houghton Mifflin Company，1948-1953.

英文论文

［1］Andrew Ehrhardt. The British Foreign Office and the Creation of the United Nations，1941-1945. London：Kings College London，2020.

［2］George Vincent Fagan. Anglo-American Naval Relations，1927-1937. Philadelphia PA：University of Pennsylvania，1954.

［3］Robert H. Levine. The Politics of American Naval Rearmament，1930-1938. Cambridge MA：Harvard University，1972.

［4］Stephen George Xydis. The American Naval Visits to Greece and the Eastern Mediterranean in 1946. New York NY：Columbia University，1956.

英文期刊

［1］Alan P. Dobson. Churchill at the Summit：SACLANT and the Tone of Anglo-American Relations in January 1952. The International History Review，Vol. 32，No. 2（2010），pp. 211-228.

［2］B. J. C. McKercher. ‘Our Most Dangerous Enemy’：Great Britain Pre-Eminent in the 1930s. The International History Review，Vol. 13，No. 4（1991），pp. 751-783.

［3］Brian Benjamin Crisher & Mark Souva. Power at Sea：A Naval Power Dataset，1865-2011，International Interactions，Vol. 40，No. 4（2014），pp. 602-629.

［4］Charles H. Cramp. Sea Power of the United States. The North American Review，Vol. 159，No. 453（1894），pp. 137-149.

［5］Christopher M. Bell. Thinking the Unthinkable：British and American Naval Strategies for an Anglo-American War，1918-1931. The International History Review，Vol. 19，No. 4（1997），pp. 789-808.

［6］David Reynolds. A ‘Special Relationship’? America，Britain and the International Order Since the Second World War. International Affairs (Royal Institute of International Affairs 1944-), Vol. 62, No. 1 (1985-1986), pp. 1-20.

[7] David Reynolds. 1940: Fulcrum of the Twentieth Century?. International Affairs (Royal Institute of International Affairs 1944-), Vol. 66, No. 2 (1990), pp. 325-350.

[8] David. Reynolds. Power, Wealth and War in the Modern World. The Historical Journal, Vol. 32, No. 2 (1989), pp. 475-487.

[9] Ernest J. King. Applied Strategy of World War II. Naval War College Review, Vol. 22, No. 9 (1970), pp. 62-70.

[10] George Aston. British Sea Power. The North American Review, Vol. 218, No. 816 (1923), pp. 589-598.

[11] George W. Baer. U. S. Naval Strategy 1890-1945. Naval War College Review, Vol. 44, No. 1 (1991), pp. 6-33.

[12] Gordon Martel. The Meaning of Power: Rethinking the Decline and Fall of Great Britain. The International History Review, Vol. 13, No. 4 (1991), pp. 662-694.

[13] J. M. Galloway. The Public Life of Norman H. Davis. Tennessee Historical Quarterly, Vol. 27, No. 2(1968), pp: 142-156.

[14] John MacVicker Haight, Jr. Franklin D. Roosevelt and a Naval Quarantine of Japan. Pacific Historical Review, Vol. 40, No. 2 (May, 1971), pp. 203-226.

[15] John R. Ferris. 'The Greatest Power on Earth': Great Britain in the 1920s. The International History Review, Vol. 13, No. 4 (1991), pp. 726-750.

[16] John W. Davis. Anglo-American Relations and Sea Power. Foreign Affairs, Vol. 7, No. 3 (1929), pp. 345-355.

[17] Joseph S. Nye. U. S. Power and Strategy After Iraq, Foreign Affairs, Vol. 82, No. 4 (2003), pp. 60-73.

[18] Keith Neilson. 'Greatly Exaggerated': The Myth of the Decline of

Great Britain Before 1914. The International History Review, Vol. 13, No. 4 (1991), pp. 695-725.

[19]Stephen E. Ambrose & Ernest J. King. Grand Strategy of World War II. Naval War College Review, Vol. 22, No. 8 (1970), pp. 20-28.

[20]Stephen E. Ambrose & Ernest J. King. Seapower in World Wars I and II. Naval War College Review, Vol. 22, No. 7 (1970), pp. 26-40.

[21]Th. W. Bottelier. Of Once and Future Kings: Rethinking the Anglo-American Analogy in the Rising Powers Debate. The International History Review, Vol. 39, No. 5 (2017), pp. 751-769.

英文网络资源

[1]Asian Development Bank, https://www.adb.org/

[2]Forbes, https://www.forbes.com/

[3]International Monetary Fund, https://www.imf.org/

[4]IHL Data bases, International Committee of the Red Cross, https://ihl-databases.icrc.org/ihl

[5]JAMA Network, https://jamanetwork.com/

[6]National Archives, https://www.archives.gov/

[7]Naval History, https://www.naval-history.net/

[8]The National Archives, http://www.nationalarchives.gov.uk/

[9]The Navy Records Society, https://www.navyrecords.org.uk/

(二)中文参考材料

中文著作

[1]白海军. 海洋霸权：美国的全球海洋战略[M]. 南京：江苏人民出版社, 2014.

[2]胡德坤. 第二次世界大战史纲[M]. 武汉：武汉大学出版社, 2005.

[3]胡杰.海洋战略与不列颠帝国的兴衰[M].北京：社会科学文献出版社，2012.

[4]黄琪轩.大国权力转移与技术变迁[M].上海：上海交通大学出版社，2013.

[5]刘娟.美国海权战略的演进[M].北京：社会科学文献出版社，2014.

[6]阎学通.世界权力的转移：政治领导与战略竞争[M].北京：北京大学出版社，2015.

[7]章骞.不列颠太阳下的美国海权之路[M].上海：上海交通大学出版社，2016.

[8]张炜、许华.海权与兴衰[M].北京：海洋出版社，1991.

[9]张啸天.大国权力转移[M].北京：新华出版社，2019.

中文学位论文

[1]陈向阳.1945—1955年英国防务战略研究[D]：博士.北京：首都师范大学，2013.

[2]侯自强.从多边主义思想到国际制度建立：美国创建联合国的经验[D]：博士.北京：外交学院，2013.

[3]李文雯.美国海洋航行自由原则的演变及其对美国海军力量发展的影响(美国建国—第二次世界大战结束)[D]：博士.北京：外交学院，2014.

[4]刘笑阳.海洋强国战略研究——理论探索、历史逻辑和中国路径[D]：博士.北京：中共中央党校，2016.

[5]徐瑶.美国海外基地体系的演变——一项基于战略认知的研究[D]：博士.上海：复旦大学，2013.

[6]薛晨.美国海权研究：成因与变迁[D]：博士.上海：复旦大学，2011.

[7]袁伟华.权力转移、国家意志与国际秩序变迁[D]：博士.天津：南开大学，2014.

[8]岳鹏.战略对接对崛起国家海权发展成败的影响研究[D]：博

士. 天津：天津师范大学，2017.

[9]张丽滢. 美国崛起与国际法创制研究[D]：博士. 长春：东北师范大学，2019.

中文期刊

[1]卞秀瑜. 二战期间美国世界海权霸主地位的确立[J]. 山西大学学报(哲学社会科学版)，2013(04)：72-76.

[2]卞秀瑜，胡德坤. 从海权强国向海权霸主的转变——第二次世界大战期间美国海权战略探析[J]. 江汉论坛，2013(09)：140-144.

[3]陈晓山，苏平. 二战时期海上战略交通线作战的历史分析及启示[J]. 海军工程大学学报(综合版)，2015(04)：4-7.

[4]高兰. 海权发展模式研究与中国海权理论构建[J]. 亚太安全与海洋研究，2019(05)：29-48.

[5]胡德坤，钱宇明. 争论与发展：西方学界英美霸权转移理论评议[J]. 江汉论坛，2021(01)：108-117.

[6]梁芳. 美国控制海上战略通道的理论实践与启示[J]. 中国海洋大学学报，2019(05)：39-46.

[7]李春放. 1945—1947 年的伊朗危机[J]. 外交学院学报，1995(04)：88-96.

[8]刘梦然. 浅析二战中美国孤立主义的终结[J]. 传承，2015(07)：142-143.

[9]刘煊霖. 从突尼斯与埃及骚乱看美国二战后的理想主义外交理念——兼论其面临的现实困境[J]. 文史博览(理论)，2012(06)：32-36.

[10]刘志青. 战后初期美苏在伊朗、土耳其、希腊的角逐. 甘肃社会科学，2005(05)：184-202.

[11]倪昕. 二战时期英国对法国维希政权的政策探析[J]. 北华大学学报(社会科学版)，2011(02)：96-99.

[12]倪学德. 战后初期英国在巴勒斯坦问题上的政策选择及其得失[J]. 辽宁大学学报(哲学社会科学版)，2005(02)：69-75.

[13]钱宇明. 二战时期大国博弈背景下美国战略决策机制的发展与

成熟[J].江汉论坛,2022(04):109-113.

[14]曲升.从海洋自由到海洋霸权:威尔逊海洋政策构想的转变[J].世界历史,2017(03):4-16.

[15]师小芹.海权战略思想寻迹[J].史学月刊,2018(02):17-21.

[16]苏素锦.维希法国外交关系研究(1940—1942)[J].中山大学研究生学刊(社会科学版),2015(02):10-28.

[17]孙晓飞,王誉晔,陈兵.二战前美欧关系渊源回顾[J].群文天地,2012(04):196.

[18]田原.二战时期大西洋海上战略通道争夺战论析[J].军事历史研究,2011(02):124-130.

[19]王贞.血缘文化情结:二战时期英美"特殊关系"的助搏器[J].河北师范大学学报(哲学社会科学版),2007(06):129-136.

[20]王宗涛,王伟.二战后切斯特·尼米兹海军思想初探[J].历史教学(下半月刊),2013(12):55-61.

[21]杨永锋.试析《租借法案》在英美经济霸权转移中的作用[J].中南大学学报(社会科学版),2014(03):266-272.

[22]杨震,周云亨,郑海琦.美国海权思想演进探析[J].国外社会科学,2016(05):99-109.

[23]张华.二战时期的加美安全关系[J].史学月刊,2015(12):79-93.

[24]张志梅.浅析二战时期美国调整外交政策的缘起[J].沧桑,2014(06):26-28.

[25]张应华,洪勇.二战期间英美两国基于国际金融主导权博弈的历史考察及启示[J].广义虚拟经济研究,2020(1):70-80.

[26]周远力.论二战期间美国外交政策的转变[J].黔南民族师范学院学报,2015(02):112-115.

[27]朱方琴.从建国到二战时期美国防务外交的历史演进[J].军事历史研究,2013(01):136-140.

后 记

　　在博士学习期间，我师从胡德坤教授，主要侧重于"二战"时期英美海洋关系研究，本书便是由我的博士学位论文修订而成。修订内容主要包括原稿中出现的外国人名和社会团体的外文名称，以及原先存在的其他一些疏漏。在本书付梓之时，我要衷心感谢授业恩师胡德坤教授对我多年的悉心指导和培养；感谢中国国际问题研究院诸位领导同事的关心帮助；感谢武汉大学出版社对本书出版给予的大力支持！

　　英美海洋霸权的和平转移是国际关系研究和史学研究的热点题目，相关研究著作繁多。在动笔之时，我曾设想以国外新兴理论为抓手，从多个层面重新审视两国海洋霸权和平转移的历史进程，并借此进一步引出对两国全球霸权和平转移过程的分析。但在写作中，受篇幅及个人能力所限，未能完全达到理想效果。且现在看来，当初就学之时所作研究论述，无论文笔、论证过程，抑或是切入角度，均颇为稚嫩。由此深感自身才疏学浅。书中缺点错误之处，恳请读者多加批评指正，我定当虚心接受。今后自应兢兢业业、刻苦钻研、不断进取，只求不负恩师厚望、父母期盼。

钱宇明

2022 年 11 月于北京